丝路经济与文化文库

中国（西安）丝绸之路研究院科学研究重大项目（2017SD03）

丝路沿线区域消费环境指数评价

——以我国中西部主要城市为例

李佼瑞 于思琦 高杰 著

中国经济出版社
CHINA ECONOMIC PUBLISHING HOUSE
·北 京·

图书在版编目（CIP）数据

丝路沿线区域消费环境指数评价：以我国中西部主要城市为例 / 李佼瑞，于思琦，高杰著 . -- 北京 ：中国经济出版社，2022.9（2025.4 重印）
ISBN 978-7-5136-7093-7

Ⅰ.①丝… Ⅱ.①李… ②于… ③高… Ⅲ.①消费-经济环境-研究-中国 Ⅳ.①F126.1

中国版本图书馆 CIP 数据核字（2022）第 170866 号

责任编辑　郭国玺
责任印制　李　伟
封面设计　任燕飞工作室

出版发行　中国经济出版社
印 刷 者　北京艾普海德印刷有限公司
经 销 者　各地新华书店
开　　本　710mm×1000mm　1/16
印　　张　15.25
字　　数　224 千字
版　　次　2022 年 9 月第 1 版
印　　次　2025 年 4 月第 3 次
定　　价　98.00 元
广告经营许可证　京西工商广字第 8179 号

中国经济出版社　**网址** www.economyph.com　**社址** 北京市东城区安定门外大街 58 号　**邮编** 100011
本版图书如存在印装质量问题，请与本社销售中心联系调换（联系电话：010-57512564）

序 言

消费是推动经济增长的引擎，在人类文明的演变中发挥着重要的作用。近年来，以习近平新时代中国特色社会主义思想为指导，我国积极探索创新，不断深化“放管服”改革。在此背景下，2017 年，西安财经大学受陕西省市场监督管理局委托对陕西省消费环境指数进行评价，旨在助推全省范围内的放心消费创建工作。根据陕西省政府办公厅印发的《陕西省开展放心消费创建工作实施方案》，全省围绕安全放心、质量放心、价格放心、服务放心、维权放心“五个放心”消费的要求，按照“突出重点、分步实施”原则，到“十三五”末，努力建成一批放心消费创建先进（示范、品牌）单位、示范行业和放心消费示范县、市。近 5 年的实地调研发现，陕西省放心消费创建工作已取得一定成效。与此同时，部分丝绸之路沿线省份尤其是非沿海部分省份的经济活跃性不足。课题组经过充分探讨和研究后认为，若能通过对这些经济活跃度较低的省份进行消费环境评价以引起当地监管部门的重视，那么，这种测评机制将会对促进丝绸之路沿线省份或地区的消费环境提升、经济活跃度提高发挥一定的实质作用。

为了确保数据质量，课题组招募了大量统计学、公共管理学等专业的硕士研究生和高年级本科生调查员。为节约时间和路途经费成本，课题组向兰州财经大学和新疆财经大学智库团队寻求支持，完成了兰州市和乌鲁木齐市的调研工作。本书的出版得到了中国（西安）丝绸之路研究院“丝绸之路沿线区域消费环境调查研究”（2017SD03）项目和陕西省自然科学基金委“极端经济环境下经济政策的动力学建模和分析”（2021J-Q853）项目的资助，在此，向中国（西安）丝绸之路研究院和陕西省自然科学基金委表示感谢。同时，也特别感谢课题组全体成员为本书的调研实施、数据处理、数据分析工作等所付出的努力。

本书的撰写由李佼瑞、于思琦和高杰完成，林子飞、李栋等参与了部分撰写，西安财经大学统计学院的赵佳丽、梁晏铭、叶亮、袁柳、祁继云、顾若琳等硕士生参与了本书的修改和校对等工作，在此表示感谢。

统计调查与分析难免存在误差，如有不当之处，欢迎读者批评指正。

作　者

2020 年 10 月

目　录

引　言

第一节　研究背景

2013 年 9 月和 10 月，中国国家主席习近平先后提出建设“新丝绸之路经济带”和“21 世纪海上丝绸之路”的合作倡议，简称“一带一路”倡议。该倡议一经提出，沿线国家纷纷响应，积极参与。“一带一路”倡议旨在实现经济大融合，增强各国对外开放水平，通过贸易、融通、交流促进“一带一路”经济带各国经济平稳增长。“一带一路”倡议对我国现代化建设、推动经济发展、脱贫致富、全面建成小康社会具有重大意义，同时，对其他沿线国家的经济发展也具有促进作用。而消费作为拉动经济增长的“三驾马车”之一，其良好环境的营造对提高消费者的市场预期、扩大消费能力具有重要作用。因此，本书对国内丝路沿线中西部主要城市的消费环境进行了指数测评，并结合各地实际提出了较有针对性的建议，旨在为改善消费环境、扩大消费做出基础性贡献。

习近平总书记提出的构建丝绸之路经济带的伟大构想，逐步推动了区域大融合，实现了丝绸之路经济带“五通”，即政策沟通、道路联通、贸易畅通、货币流通、民心相通，其中，道路畅通和贸易联通是丝路经济带发展的重中之重。党的十八届五中全会第二次全体会议上，习近平总书记又提出了“创新、协调、绿色、开放、共享”的新发展理念，以此指明“十三五”乃至更长时期内我国的发展思路、发展方向和发展着力点。在此背景下，国家市场监督管理总局高度重视营造安全放心的消费环境问题，结合新发展理念，围绕四个方面展开工作部署，以保障放心消费创建工作的顺利推进，其中一项工作即为建立消费环境的测评体系。为顺应形势要求，课题组经过长时间的资料收集与市场调查，围绕“五个放心”构建了消费环境测评指标体系，并通过第一手资料，对各地消费环境现状进行精准画像。这些对丝路沿线地区的放心消费创建工作推进具有一定的现实意义。

在市场经济深入发展的今天，提高人民的生活水平，丰富人民的物质文化生活，全面建成小康社会，这一切都与消费息息相关。人们的消费行为都是在一定的环境中进行的，环境质量是影响消费质量的一个重要因素。营造良好的消费环境是促进人的全面发展、经济良好运转和建设社会主义和谐社会的重要保证。消费环境是消费的重要组成部分，既能反映一个国家消费水平、消费需求和消费质量的现实状况，又能衡量国民经济是否良性循环。通过对消费环境的理论与实证分析来研究消费环境对经济发展的重要作用，对于人民生活质量的提高，经济发展的预测和相关政策的制定都具有重要意义。①

一、问题的提出

消费环境指数（Consumption Environment Index，CEI），是用量化的形式综合反映一定时期、一定地域范围消费环境总体状况的信息指数。当前，我国经济已由高速增长阶段转向高质量发展阶段，正处在转变发展方式、优化经济结构、转换增长动力的攻关期。党的十八大以来，习近平总书记就消费和消费经济发展问题发表了一系列重要论述，这些论述构成了习近平新时代中国特色社会主义经济思想的重要组成部分。习近平总书记在党的十九大报告中指出，要完善促进消费的体制机制，增强消费对经济发展的基础性作用。2017 年 12 月，中共中央政治局会议再次强调，推动高质量发展是当前和今后一个时期确定发展思路、制定经济政策、实施宏观调控的根本要求。习近平总书记关于消费经济的重要指示和论述来源于实践又高于实践，是新时代中国特色消费经济发展的经验总结和理论升华，既有深刻的经济学思想，又有

① 周萍．江苏区域消费环境指数研究取得阶段性成果［N］．中国工商报，2017-06-24（002）.

中国特色社会主义特征。①

随着我国社会主要矛盾发生转变，为满足人民日益增长的美好生活需要，必须坚持以习近平总书记关于消费经济的重要论述为指引，进一步挖掘消费潜力，提高消费质量，更好地改善民生。实现经济高质量发展涉及诸多方面，促进消费转型升级、完善消费体制机制、发挥消费对经济增长的引领作用等都是高质量发展的重要内容，也是解决人民日益增长的美好生活需要和不平衡、不充分的发展之间的矛盾的有效途径。从国家统计局发布的数据看，2011 年以来，在拉动中国经济增长的“三驾马车”中，“消费”已经开始取代“投资”成为中国经济的“第一引擎”。② 2012 年之后，我国居民消费迈入从相对富裕水平向富裕水平升级的新阶段，这是中国特色社会主义进入新时代的重要特征，也是改革开放 40 多年以来我国消费经济发展的必然趋势。到 2017 年，中国社会消费品零售总额升至 36.6 万亿元，比 2016 年同比增长 10.2%，实现连续六年同比增长两位数。其中，最终消费支出对经济增长的贡献率高达 58.8%，连续四年成为我国经济增长的第一驱动力。

虽然目前消费形势持续向好，但我国仍有巨大的消费潜力未被激发、激活，这就需要市场监管有关部门为社会营造更加良好的消费环境，政府各部门协同培育新的经济增长点，释放消费需求的潜在动力，有效发挥消费环境对拉动消费，乃至对经济增长的基础性作用。为全面贯彻落实党的十九大精神，进一步推进放心消费创建工作，根据《消费者权益保护法》等法律法规及《国务院关于印发“十三五”市场监管规划的通知》等文件精神，2017 年 12 月 27 日国家市场监督管理总局等 27 部门联合印发了《关于开展放心消费创建活动营造安全放心消费环境指导意见》（以下简称《意见》）。《意见》指出，全面贯彻党的十九大精神，以习近平新时代中国特色社会主义思想为指导，认真落实党中央、国务院决策部署，坚持以人民为中心，牢固树立和贯彻落实“创新、协调、绿色、开放、共享”的发展理念，以推进供给侧结

① 周萍，李奎泉．积极开展“放心消费”创建工作 打造国际化营商环境［N］．中国工商报，2017-09-20（001）．

② 卢嘉瑞．优化消费环境 提高消费质量［J］．河北经贸大学学报，2006（6）：16-23．

构性改革为主线，积极完善促进消费的体制机制，大力开展放心消费创建工作，落实经营者主体责任，推动消费维权社会共治，营造安全放心的消费环境，保护消费者和经营者合法权益，不断释放人民群众日益增长的消费需求，更好地满足人民群众对美好生活的期待，增强消费对经济发展的基础性作用，让人民群众有更多的获得感。因此，深入分析、准确判断国际国内和丝绸之路沿线消费环境现状、消费趋向变化以及影响消费的可能性因素，有效推进放心消费创建工作，营造安全放心的消费环境，是助力丝绸之路沿线经济高质量发展的题中应有之义。

二、国内外消费环境背景

（一）我国面临的国际消费环境背景及趋势

“十三五”期间，国际消费环境态势总体稳定，局部略有改善，但不确定性与风险仍较为突出，我国消费形势也随之呈现出新的变化特征。同时，国际金融危机带来了世界经济、政治格局的变化，使得国际经济发展的重心从大西洋地区逐渐向亚洲和环太平洋地区转移，亚太地区的经济影响力也逐年增强。①

2020年初，新冠肺炎疫情暴发并在全世界传播、蔓延，对世界贸易体系的正常运转造成了较大干扰。在全球经贸下行压力加剧、外部发展环境不确定性较大的情况下，作为世界第一大货物贸易国，我国进出口贸易将不可避免地受到负面影响，主要包括以下几个方面：进、出口同比增速将有所下降；外贸企业将面临新增压力；生产加工企业可能面临突出困难；等等。总体而言，尽管本次疫情具有全球性特征，但对我国的国际经济影响力不会产生全局性影响，到2020年第三季度，从全球范围来看，中国经济的恢复势头最强。

（二）国内消费环境背景及趋势

随着我国经济的发展和社会的进步，有关监管部门在改善消费环境方面

① 陈丽芬，郭君平．“十三五”消费环境和影响因素分析［J］．中国经贸导刊，2016（24）：52-54.

做了大量工作，但目前国内的消费环境仍不容乐观，在市场内部消费层面和外部消费层面主要存在以下问题。

1. 市场内部消费环境方面

市场内部消费环境主要立足于宏微观经济学视角，分析影响国民消费的各种宏观因素，如消费者购买力、消费需求构成，商品和服务的供给能力与供给构成等。①“十三五”期间，国内消费环境形势如下：

（1）国内经济环境及其对消费需求的影响

自2013年以来，我国经济发展逐渐步入“新”常态，我国经济发展的条件和环境也发生了转变，经济增长基本告别了过去多年的高速增长模式，经济增幅收窄，居民对未来收入增长预期降低，随之而来的是消费能力、消费意愿的下降，而物价持续上涨也在一定程度上制约了总体消费能力和消费需求。②

（2）国内供给环境对消费的影响

伴随“供给侧结构性改革”的深入推进，消费供给的现有制度性不合理约束解除，市场将在资源配置中发挥更大作用，并且商品和服务的有效供给不足、消费结构性保障等问题逐渐消除，更多高品质产品供给量提升，其他不同层次的供给需求适配性更为充分。同时，税收法律法规体系将逐步完善，不合理收入渐次被清理取消，现代税收制度体系建设向科学发展、社会公平、市场统一方面深入推进。③ 这一切不仅能有效降低企业发展的制度性交易成本，调整消费品结构，也有利于激发城乡居民将潜在的消费需求转化为实际的消费行动。此外，随着知识产权保护力度及对制售假冒伪劣产品等违法违规行为打击力度的不断加大，有效促进了创新制度的进一步完善，企业新的供给动力不断形成，可能带来消费潜力的进一步释放。

① 陈丽芬，郭君平．“十三五”消费环境和影响因素分析［J］．中国经贸导刊，2016（24）：52-54.

② 周萍，李奎泉．积极开展“放心消费”创建工作　打造国际化营商环境［N］．中国工商报，2017-09-20（001）.

③ 卢嘉瑞．优化消费环境　提高消费质量［J］．河北经贸大学学报，2006（6）：16-23.

(3) 国内市场环境对消费的影响①

国内市场环境对消费的影响主要体现在三个方面：首先，在消费者主权时代，若产品和服务的安全质量没有保证，就会严重抑制居民消费，未来随着消费领域法律法规陆续颁布和实施，市场秩序会更加公平、公正，市场行为逐步规范，居民在消费过程中的信任危机将进一步消解；其次，市场诚信体系逐步完善，个人消费信用制度将着手建立，消费信用发育程度提高等将共同促进消费需求的释放；最后，城乡水、电、交通、通信、电子商务等基础设施的整体功能和建设规划不断增强，不仅为居民提供了更便利的消费条件和更高的商品供给效率，还改变了很多居民的消费习惯和当期消费需求。②

2. 市场外部消费环境方面

市场外部消费环境，即人们在现实消费过程中所伴随的外界环境因素。消费行为实现的外部条件主要分为以下三个方面：

(1) 自然生态环境方面

自然生态环境，指构成地球表层的各要素及其相互作用所形成的自然生态系统，是消费得以实现的自然生态空间。我国人口密集、自然资源开发过度、环境保护方面技术落后且投入不足等因素，综合造成了我国自然环境的恶化，导致了诸如全球气候变暖、水体污染严重、空气质量下降、耕地面积减少、水土流失加重、自然灾害频发等一系列生态问题。中国科学院世界可持续发展报告研究组发布的《2015 世界可持续发展年度报告》中显示：中国在实现可持续发展时间的排名中居第 18 位，预计到 2079 年实现可持续发展。③ 自然生态环境是人类索取物质资料并得以生存的条件，自然生态环境的恶化会使消费质量降低，在一定程度上影响消费者的生存与发展。

(2) 人工物质环境方面

人工物质环境是指在自然界原有条件基础上，通过人类加工创造用于满

---

① 尹志宏．消费经济学［M］．北京：中国人民大学出版社，2004：10-25.

② 国家工商总局消费者权益保护局．《工商总局等 27 部门关于开展放心消费创建活动营造安全放心消费环境的指导意见》解读［N］．中国工商报，2018-01-24（003）.

③ 冯之凌．基于 ACSI 模型的健身教练培训顾客满意度研究［D］．上海：上海体育学院，2020.

足消费实现的基础设施和物质条件。从基础设施来看，基础设施状况与生活质量、居民消费动力、消费结构等有着较为直接的关系。我国在基础设施建设方面，对人力、物力、财力的投入力度逐渐加大，尤其是“十三五”时期以来，随着脱贫攻坚工作持续深入，城乡基础设施状况均有了很大改善。尽管如此，我国基础设施在一些方面仍不能满足国民经济增长和城乡居民消费结构升级的需要，难以解决我国目前面临的主要社会矛盾。比如电力、交通等因素，是维系我国经济持续平稳发展的掣肘因素，在一定程度上阻碍了城乡居民消费结构升级和消费质量提高。电力的供给不足和电价的上调，影响了农民购买家电的热情；城市道路的拥挤，限制了公民购买私家车的热情；通向旅游景区的道路不畅，限制了人们的旅游消费热情。除此之外，计算机和现代通信技术的发展为人类创造了一个快速而及时的信息传输的网络环境，到目前为止，它是人类沟通交流、收集和保存各种信息资源、进行网上交易的最方便快捷的通道。然而，人类在积极驾驭这一新兴技术的同时，又面临着网络运行的安全性、运行速度的不确定性和不健康内容传播等问题，网络消费的监管更面临着跨地区监管难、网络违法交易挖掘难等问题。

（3）社会文化环境方面

社会文化环境指人们在消费时所依存和面对的社会经济文化因素。国内社会文化环境对消费的影响主要表现在三个方面：①经济制度促进或制约着消费。中国传统的计划经济体制是一种压抑消费、注重积累的制度；而社会主义市场经济体制是一种促进消费、注重通过满足消费需求来实现人的全面发展的制度。②政治与法律制度为消费提供安全的保障。政治体制改革的逐步深入和法律制度的健全及完善，在维护社会稳定和社会主义经济秩序（包括市场秩序）、规范企业运行、保护企业竞争、打击假冒伪劣、保障消费者权益和社会的长远利益等方面均发挥了重要作用。③国家的方针、政策促进或抑制消费。市场消费有关政策对居民消费具有重要支撑作用。

在社会保障体系愈加健全的背景下，首先，居民养老、医疗、住房等社会保险制度改革渐次取得突破性进展，居民尤其是中等收入群体的不确定性预期和预防性储蓄降低，从而使居民消费倾向将有较大程度的提高。同时，精神文化消费、绿色消费、旅游消费、假日消费、教育消费等方面配套政策的提出，也将对扩大消费需求提供引导性支撑。其次，在反腐败斗争的高压态势下，消费结构将面临结构性的调整，“三公”消费受到更加严格的限制，汽车、公务接待、会议、会展消费将大幅下降，尤其是高端商品、高端餐饮消费将持续下降。最后，日新月异的社会文化影响着每个消费者的宗教信仰、价值观念、生活方式、消费心理以及购买行为等，并形成消费时尚、习俗。① 但与此同时，社会文化环境还存在许多亟待解决的严重问题。假冒伪劣商品威胁着广大消费者的消费安全和生活质量；商业欺诈行为花样不断翻新，令消费者防不胜防；落后的消费习俗和消费习惯仍然存在，高品质消费的宣传和引导工作仍有待推广；维护市场公平交易和保护消费者权益的法律法规有待进一步完善，相关监管部门的执法力度还有待进一步加强，以发挥对不法行为的震慑作用。②

（三）丝路经济带沿线消费环境背景

2013年9月7日上午，中国国家主席习近平在哈萨克斯坦纳扎尔巴耶夫大学发表重要演讲，提出共同建设“丝绸之路经济带”的构想。为使欧亚各国经济联系更加紧密、合作更加深入、发展空间更加广阔，采用创新的合作模式，共同建设“丝绸之路经济带”，这是一项造福沿线各国人民的大事业。丝绸之路经济带是在“古丝绸之路”概念基础上形成的一个新经济发展区域，其东牵亚太经济圈，西临欧洲经济圈，因此被称为“世界上最长、最具有发展潜力的经济大走廊”。丝绸之路经济带贯穿我国西北及中亚地区，总面积超5000万平方公里，覆盖人口近30亿，关联城市60余个，既是未来中国西部生产力布局的主轴线，也是历史上中国空间跨度最大、建设周期最长、实现难度最高的经济带。整体而言，该区域地理界域辽阔，自然、矿产及旅游资源遗存丰富，历史文化积淀深厚，国家安全战略地位突出，然而总体交通条件却相对滞后，区域生态环境较为脆弱，与中东部沿海、沿江其他经济带甚

---

① 陈丽芬，郭君平．“十三五”消费环境和影响因素分析［J］．中国经贸导刊，2016（24）：52-54.

② 卢嘉瑞．优化消费环境　提高消费质量［J］．河北经贸大学学报，2006（6）：16-23.

至与同期提出建设的“海上丝绸之路”相比，该经济带所涵盖的地区均为欠发达地区，且存在明显的“两端高，中间低”的断层落差。2013 年 11 月，中共十八届三中全会通过《中共中央关于全面深化改革若干重大问题的决定》，明确推进丝绸之路经济带、海上丝绸之路建设，以形成全方位开放新格局。由此，“丝绸之路经济带”建设在内政外交中均被确立为中国实现下一阶段发展的重大国家战略。“丝绸之路经济带”所涵盖的地区并不仅局限于中亚地区，而是试图以穿越中亚的丝绸之路为中间桥梁，由东向西将亚太经济圈和欧洲经济圈串联起来，最终将丝绸之路经济带的辐射范围覆盖整个欧亚大陆。这一构想虽然由中国率先提出，但并不是由单一国家主导，而应由区域内的各个国家合力推进，达成开放、多元的合作方式，形成互助、互利、共赢的利益共同体。

开展放心消费创建工作是政府和国家市场监督管理总局部署的一项重要工作，从提升全国消费环境水平来看，对丝绸之路经济带的区域消费环境的提升具有重要作用。因此，课题组对丝绸之路沿线区域的九个节点城市进行了消费环境的实地调查和指数测算研究，也是国内跨省范围消费环境指数研究的首次尝试，希望借此机会为响应国家“一带一路”倡议做出积极的贡献。

近年来，各省（市、自治区）大力推进放心消费创建工作，着力优化消费环境，为保护消费者合法权益，促进经济社会发展，维护社会和谐稳定发挥了积极作用。为营造更加良好的消费环境，各地市场监管部门已经在积极地探索并开展消费者满意度或消费环境指数评价的研究工作，目前工作成效初显。国家市场监督管理总局（以下简称“总局”）对数据的分析与应用十分重视，总局会同中国工商学会与中国人民大学课题组，对过去近 10 年的全国 12315 平台数据（以下简称“12315 数据”）进行数学建模和计量分析，在反复验证的基础上，完成了 12315 数据分析模型和“12315 消费维权指数体系”的课题任务，自 2015 年起将其应用于季度和年度分析报告，并用此指标对各地开展消费维权情况进行评估。消费者权益保护委员会先后开展品牌满意指数研究和消费者信心指数研究，并制定消费者满意指数测评规范，助力市场监管和消费维权。中国消费者报社开展中国网民消费情绪指数研究，并与阿里巴巴合作开展了电商消费维权指数研究。①

在消费者满意度指数和消费环境指数研究方面，不少地方也进行了积极探索。四川省在2015年初部署全省消费者满意度大型调查项目，会同西南财经大学联合组建课题组，编制形成《2015年度四川省消费者满意度指数报告》，并在此基础上扩大数据来源，完善方法路径，近五年连续发布了《四川省消费者满意度指数报告》。通过对消费者满意度指数的研究，力求客观公正地反映全省消费市场现状，把握消费者消费意愿的变化趋势，为改善消费环境、推动消费升级做出了积极努力。② 江苏省市场监督管理局委托南京审计大学统计与大数据研究院，研究编制了江苏省区域消费环境指数，运用大数据的思维和理念，通过采集、整合相关职能部门和社会中涉及消费环境的大数据，建立指标体系与评价模型，对江苏省区域消费环境进行了评价和分析，并对消费环境与经济发展的关系展开了初步论证，对江苏省12个地级市消费环境做出了客观评价，为提高消费领域决策指导水平助力。③ 上海市市场监督管理局开展了消费者投诉与消费环境的分析研究，分别分析了消费者投诉与消费市场环境的关系、消费者投诉与消费制度环境的关系，以及消费者投诉与消费文化环境的关系，为研判和把握消费趋势特征、发现消费领域短板、营造安全放心的消费环境发挥了较为有效的作用。④

2017年，受陕西省市场监督管理局委托，西安财经大学作为第三方评测机构对陕西省消费环境指数展开了评价工作，并于2018年3月14日由陕西省人民政府新闻办公室发布了《陕西省2017年度消费环境指数（CEI）报告》。此后，西安财经大学不断完善测评指标和评测方法，丰富调查手段和数据来源，改变调研方式、调整调查流程，对消费环境指数报告的编制工作进行完

---

① 周萍，李奎泉．积极开展“放心消费”创建工作　打造国际化营商环境［N］．中国工商报，2017-09-20（001）．

② 青云．指数稳中有升　消费信心提振［N］．中国工商报，2017-06-24（002）．

③ 王元慧．营造“三大环境”让数据说话　靠数据管理［J］．中国市场监管研究，2017（8）：18-22．

④ 李晓玉，常宁，陈颖．上海财经大学上海市消费者信心指数编制研究［J］．上海财经大学学报，2008（5）：73-80．

善，较为系统地展示了陕西省消费环境的构成和现状，得到了陕西省政府的高度认可，被包括国务院新闻办公室等在内的多家媒体关注和报道。在此基础上，课题组进一步改进消费环境指数编制的方法，并参考丝路沿线地区消费环境特点，联合兰州财经大学和新疆财经大学自 2017 年 12 月至 2019 年 1 月对西安、郑州、洛阳、开封、银川、兰州、天水、酒泉、乌鲁木齐九个丝路经济带国内节点城市的消费环境开展了调研与指数评测工作，并将调查与评价结果汇编成本书。

第二节　研究目的和意义

一、消费环境指数简介及特点

消费环境指数（Consumption Environment Index，CEI），是用量化的数字化形式综合反映一定时期、一定地域范围消费环境总体状况的信息指数。到目前为止，消费环境的评价指标体系暂未形成统一的范本，我国仅有少数几个省份在近几年进行了初步尝试，且每个省份的评价指标均存在一定的差异性，因此通常只有省域研究成果，而缺乏国内或一定区域范围内的横向比较。本书对丝路经济带国内 5 个重要省份 9 个节点城市的消费环境指数，采用统一的评价体系、测算方法进行了评价，形成横向可比的消费环境评价指数结果，对推进不同省份地区的放心消费创建工作具有较强的参考价值。该评价指标体系由 15 个评测指标、98 个测度点综合编制而成，是一个既有综合指数又有分项指数的较为完善的指数体系。

丝路经济带国内节点城市消费环境指数，具有评测理念超前、指标体系全面、数据客观真实、计算程序科学等特点，是在深入开展、专业分析的基础上进行的一次有意义的实践。具体来说：①评测理念超前。消费环境指数是一个全新的概念，到目前为止，我国仅有少数几个地区在近两年进行了初步尝试，西安财经大学作为第三方评级机构对陕西省 2017 年的消费环境状况进行了积极探索和深入实践，目前已取得了阶段性成果，并首次使用 Consumption Environment Index（CEI）进行命名。本次丝路经济带国内节点城市消费环境指数，即是在陕西省消费环境指数研究基础上进行的拓展。②指标体系全面。在认真梳理国内外消费环境理论文献、政府政策文件、当前消费维权突出问题的基础上，设计了由5个分项指数、15个评测指标、98个测度点构成的评价指标体系，是一个既有综合指数又有分项指数的较为完善的指数体系，其测度覆盖范围广，不仅能够测度丝路经济带国内节点城市各个地市的总指数、分项指数，而且可以测度各个行业的总指数、分项指数。③指数专业性较强。为了保证指数编制的质量，课题组在方案设计、数据采集、数据分析、形成报告各个阶段均采取了严格的质量控制手段，使指数能够客观反映丝路经济带国内节点城市消费环境的真实状态。为了确保指数研究的专业性，课题组所采用的技术处理手段、指数编制方法、数值表达方式，均是国际较为成熟的指数测算通用做法，且重点借鉴了居民消费价格指数（CPI）、消费者信心指数（CCI）、消费者满意度指数（CSI）等消费指数的编制方法。坚持用数据说话，以客观反映消费环境状况为原则，不受利益影响，最大限度地实现指数评价结果的公正性。④计算程序科学。首先，根据98个测度点，设计调查表和问卷；其次，将收集到的各类数据，通过数据处理，测量出15个测度指标的数值；再次，根据15个指标数据，利用指数模型，计算出5个分项指数值；最后，基于5个分项指数值，利用综合指数模型，计算出综合指数，并引入不等距分割法和黄金分割法设计消费环境指数的层级划分，对消费环境总指数进行等级划分。

二、丝路沿线区域消费环境指数评价的目的和意义

开展消费环境指数测评研究，是对放心消费创建工作的科学评估，更是对消费在经济高质量发展中的驱动作用做出的科学分析与研判。此项研究着眼于建立一个可衡量、可考查的指标评价体系，充分运用大数据思维和理念，通过采集、整合相关职能部门和社会中其他涉及消费环境的大数据，建立指

标体系与评价模型，最终，通过数据刻画丝路经济带国内节点城市消费环境状况。①

开展消费环境指数测评研究具有重要的积极意义。一是有利于客观反映消费环境状况。在传统工作思路与方法的基础上，充分运用大数据思维和理念，通过采集与消费环境相关的数据，建立指标体系与评价模型，让数据为丝路沿线区域（市）、行业消费环境“精准画像”。②二是有利于针对性地开展市场整治。发布消费环境指数，能客观反映区域、行业放心消费创建工作的成效与存在的问题，有助于丝路沿线区域各市、各行业坚持问题导向，正视存在问题，采取有效措施。三是有利于适应新的市场监管模式。消费环境指数测评发布工作，是贯彻落实国务院“全面推开‘双随机、一公开’监管方式”的要求，强化社会监督的一种评价模式，其评价结论较公正，可信度较强。

当前是我国经济转型和体制完善的关键时期，加强自身建设，深入推进职能转变，为人民提供优质高效的服务是政府职能转变的方向。强化市场监管能力、维护市场秩序、优化市场环境是实现这一职能转变的重要途径和主要任务。2020 年是全面打赢脱贫攻坚战的收官之年，也是我国全面建成小康社会目标的实现之年。尽管 2020 年初新冠肺炎疫情的暴发，给我国经济带来了一定程度的影响，但全面打赢脱贫攻坚战、全面建成小康社会依旧是必须完成的目标。因此，我们将通过本次指数研究工作，不断促进市场消费领域相关管理部门进一步加快政府职能转变，深化“放管服”改革，建立良好的市场秩序、营造良好的市场环境，从而推动供给侧结构性改革、助力丝路经济带国内节点城市地方政府的决策部署，为丝路经济带国内节点城市经济社会发展服务。

丝路经济带国内节点城市消费环境指数的研究，旨在进一步加强交流合作，打造丝路经济带发展的命运共同体。具体内容如下：

---

①② 周萍，李奎泉．积极开展“放心消费”创建工作　打造国际化营商环境［N］．中国工商报，2017-09-20（001）．

（一）深化丝路经济带国内节点城市供给侧结构性改革

对消费环境指数的研究，为进一步加强丝路经济带节点城市市场主体的有效联通，提高供给体系的质量与效率，改善部分地区、部分行业存在的“供需不均衡”状况提供理论基础。

（二）加强丝路经济带节点城市科研院所的互通和交流

本次消费环境指数评价研究工作的顺利实施和完成，与西安财经大学、兰州财经大学和新疆财经大学的合作密不可分。该研究对加强西北地区三所财经类院校之间的沟通、合作起到了积极的促进作用。

（三）深化丝路经济带节点城市消费领域的沟通协作

本次研究希望通过对丝路经济带国内节点城市消费环境与教育文化、医疗卫生、旅游、金融保险、房地产等十个主要行业消费环境状况的评价与分析，发现各地的优势，实现经济带沿线节点城市之间资源互通互补，有利于促进消费转型升级，激发经济发展潜能，构建区域间的需求和供给互动发力格局，助力丝路经济带国内节点城市政府部门的联合决策部署，共同提高丝路经济带国内节点城市经济发展的辐射能力。

第三节　国内外研究综述

一、国外研究现状

随着社会政治经济的发展，消费相关理论也在不断地发展和完善：20 世纪 30 年代以前，人们对消费理论的研究相对简单，当时马歇尔的需求理论在社会中占据支配地位。① 20 世纪 30 年代后，凯恩斯将消费问题引入宏观经济领域中，他把消费看作是国民收入流通的基本形式之一；在分析消费概念的基础上，凯恩斯又提出了平均消费倾向、边际消费倾向等概念，使消费理论

① 马歇尔．经济学原理［M］．北京：商务印书馆，1981.

增添了新的含义。① 关于消费的理论研究从未停止过，后来，又出现了莫迪利安尼的生命周期消费理论、杜森贝利的相对收入消费理论、弗里德曼的持久收入消费理论等。可见，“消费”是宏观经济学中的一个基本概念，也是与我们生活息息相关的一个重要的经济学变量。②

（一）关于消费理论的研究

Keynes（1936）的绝对收入假说理论认为，消费主要取决于消费者的当期收入，而不受其他任何因素的影响。③ Duesenberry（1949）的相对收入假说理论认为，居民的消费非常容易受到过去收入的影响，特别是过去高峰时期的收入的影响，而与现期收入的关系并不大。④ Modigliani（1954）的生命周期理论则认为，消费行为不仅与当期收入有关，消费者还会在更长时期内计划生活消费支出，以达到一生消费效用最大化。⑤ 人的一生中，虽然收入具有不稳定性，但是消费却相对稳定。Friedman（1957）的持久收入理论把消费分为持久性消费和暂时性消费，尽管收入具有不稳定性，但消费却是平稳的，消费支出取决于持久收入，而与暂时性收入无关。⑥ Hall（1978）的随机游走假说引入了理性预期，从而将消费理论的研究从确定性条件推进到了不确定性条件。⑦ Flavin（1981）发现了消费对收入的过度敏感。⑧ Combell 和

---

① 凯恩斯．就业、利息和货币通论［M］．北京：商务印书馆，1997.

② 莫迪利安尼，等．效用分析与消费函数——对横截面资料的一个解释［Z］//青尼斯·栗原．凯恩斯学派经济学［M］．北京：商务印书馆，1964.

③ Keynes J M. The General Theory of Employment, Interest and Money［M］. New York and London: Harcourt Brace and Co., 1936.

④ Duesenberry J S. Income, Saving and the Theory of Consumer Behavior［M］. Cambridge: Harvard University Press, 1949.

⑤ Modigliani F, Brumberg R. Utility Analysis and the Consumption Function: An Interpretation of Cross section Data［C］//Kurihara K K. Post-Keynesian Economics［M］. New Brunswick: Rutgers University Press, 1954.

⑥ Friedman M. A Theory of the Consumption Function［M］. Princeton: Princeton University Press, 1957.

⑦ Hall R E. Stochastic Implication of the Life Cycle-permanent Income Hypothesis: Theory and evidence［J］. Journal of Political Economy, 1978, 86 (6): 86.

⑧ Flavin M A. The Adjustment of Consumption to Changing Expectation about Future Income［J］. Journal of Political Economy, 1981, 89 (5): 1020-1037.

Deaton（1989）提出了消费的过度平滑性。① Leland（1968）在消费函数中引出不确定性因素，提出了预防性储蓄假说。② Zeldes（1989）提出了流动性约束假说，证明流动性约束不论何时发生，都会大量减少一个人的消费，即使是流动性约束对未来的预期也会减少当期消费。③ 由此可见，目前关于消费问题的前沿研究，其核心问题大都是各种不确定性。

（二）关于消费需求不足的研究

西斯蒙第（1773—1842）把有效需求不足归因于流动性偏好、资本边际效率递减和边际消费倾向递减这三个基本心理因素的作用，④ 并认为经济出现萧条和失业都是市场机制本身无法解决有效需求所导致的。⑤ 之后，新剑桥学派对有效需求不足理论进行了扩展，提出了收入分配理论，该学派认为造成有效需求不足的原因是资本主义市场经济运行中收入分配的不合理。⑥

二、国内研究现状

（一）消费环境内涵的界定

由于中国在消费环境方面的研究历史并不久远，且由于消费环境内涵的综合性和融合性，使得国内学术界在消费环境的内涵和外延上并没有一致的界定。为更好地实现本次研究的目的，需要首先对消费环境的内涵进行界定，以便明确研究的内容和范围。国内关于消费环境的研究首先是由尹世杰在研究消费质量时提及的，他认为消费质量是在消费者与消费资料、消费环境的

---

① Combell J, Deaton A. Why is Consumption so Smooth［J］. Review of Economic Study, 1989, 56（3）: 357-373.

② Leland H E. Saving and Uncertainty: The Precautionary Demand for Saving［J］. Quarterly Journal of Economics, 1968, 82（3）: 466-473.

③ Zeldes S P. Optimal Consumption with Stochastic Income: Deviations from Certainty Equivalence［J］. Quarterly Journal of Economics, 1989, 104（2）: 275-298.

④ 西斯蒙第. 政治经济学新原理［M］. 北京：商务印书馆，1977.

⑤ 约翰·梅纳德·凯恩斯. 就业、利息和货币通论［M］. 高鸿业，译. 北京：商务印书馆，2002.

⑥ 房爱卿. 我国消费需求发展趋势和消费政策研究［M］. 北京：中国经济出版社，2006.

相互联系中表现出来的一种规定性，只有在这种联系中才能够得以表现出来。① 后来，尹世杰与蔡德容将消费环境定义为消费者在生存和发展过程中面临的、对消费者具有一定影响的、外在客观的制约因素，主要包括消费的自然环境和社会环境。② 林白鹏认为，消费环境指消费者在消费过程中得以存在的外部条件，包括自然环境、人口环境、社会环境。③ 然而，以上关于消费环境内涵的界定均不够全面。李新家认为，消费环境是一个复杂的系统，可以概括为自然生态环境、人工物质环境和社会文化环境三个子系统。④ 消费环境从研究视角层面来分类，主要可分为微观消费环境和宏观消费环境。微观消费环境主要指围绕商品的生产、流通等各个环节的空间环境，比如商品种类的丰富程度、质量优劣、售后服务等微观因素。宏观消费环境是指与经济总量相关的基础设施、政策制度等宏观因素。⑤ 上述学者对于消费环境内涵的界定对本次研究均具有一定的借鉴和启发意义。

（二）消费环境评价的内涵及表现形式

编制消费环境指数，需要在准确界定消费环境内涵的基础上建立一个可衡量、可考核的指标评价体系，据此对消费环境进行全面测评，实现消费环境的量化。综观国内关于消费环境测评的文献、政策文件以及实践依据可以发现，定量评价方面，微观消费环境数据获取的难度系数较高。从宏观视角来看，马莉莉等选择从基础设施建设水平、金融政策环境、社会保障政策等宏观消费环境出发，构建消费环境指标体系；⑥ 文苑棠从政府职能可达性的宏观层面，将消费环境划分为市场环境、文化环境、社会保障环境、物质基础

---

① 尹世杰．优化消费环境　弘扬和谐文化［J］．湘潭大学学报（哲学社会科学版），2007（1）：54-59.

② 蔡德容．以消费和谐促进社会和谐［J］．消费经济，2007（2）：16-18.

③ 卢嘉瑞．优化消费环境　提高消费质量［J］．河北经贸大学学报，2006（6）：16-23.

④ 李瑢．消费环境优化对消费质量的影响分析［D］．长沙：湖南大学，2009.

⑤ 邓国用．略论尹世杰消费经济思想的升华——读尹世杰教授 2000 年以来的三本著作［J］．消费经济，2009，25（1）：24-27.

⑥ 马莉莉，费园梅，谢钦．消费环境对我国消费增长影响的实证研究——基于省际动态面板数据的系统 GMM 分析［J］．湖北社会科学，2017（2）：98-103.

环境和虚拟消费环境五个一级指标，从而构建消费环境综合评价指标体系。① 从微观视角来看，江苏省在区域消费环境指数的研究中用安全度、诚信度、便利度、维权度四个维度来评价区域消费环境质量。② 但截至目前，对于消费环境指数的定量评价至今并未达成共识，评价结果的科学性和实践指导性也有待商榷。

三、研究评述

一般而言，消费环境包括基础设施、网络消费环境、医疗卫生条件、自然环境、消费者文化素质、国际环境、社会保障、市场环境、政策环境、教育环境等多个方面。③ 综观以往学者对于消费环境的相关研究，其共同点是将消费环境定义为消费者在消费过程中存在的外部条件，且从研究初期的界定不全面到目前全面、系统、客观地描述消费实现的外部条件，从宏观上清晰界定了消费环境的内涵。④ 在微观消费环境方面，由于微观消费环境数据获取的难度系数较高，且微观消费环境和宏观消费增长之间难以建立直接联系，因此，从微观视角进行消费环境的研究较少。由于本次研究的目的是通过对丝路经济带沿线节点城市消费环境的定量化测评，为不断改善消费环境提供定量化的依据，最终实现促进丝路经济带经济社会发展的目标，因此，参考前人对消费环境的理解和界定，本研究中消费环境指的是影响消费的安全、质量、价格等微观消费环境。⑤

从我国消费环境研究现状来看，现有的对我国消费环境的研究大多停留在定性分析上，或者只是做局部分析，而对消费环境进行指数编制，研究指定行政区域或经济区域消费环境发展情况的文献较少。同时，定量分析消费环境对某因素影响的有关研究也较少，其中，运用实证方法分析的研究侧重于影响消费环境的某一因素，而缺乏全面的综合分析。同时，考虑时间和区

① 文苑棠．消费环境对广州城市居民消费的影响研究［J］．探求，2015（3）：6-18.

② 周萍．江苏区域消费环境指数研究取得阶段性成果［N］．中国工商报，2017-06-24（002）.

③ 赵云．大数据背景下长江经济带消费环境指数研究［D］．芜湖：安徽师范大学，2018.

④ 张贵敏．我国城市居民体育消费环境需求探析［J］．天津体育学院学报，2004（1）：70-72.

⑤ 费园梅．消费环境对我国消费增长的影响研究［D］．武汉：武汉大学，2017.

域差异对消费环境影响的研究较少，考虑时间和区域差异研究消费环境与经济增长关系的文献也较少。①

本研究试图将理论分析与现实情况分析相结合，具体问题具体分析，建立消费环境指数评价体系。由于本研究的直接目的是为全面分析丝路经济带沿线部分节点城市的消费环境，挖掘现存的问题与发展点，为市场监督管理局及其他相关部门进一步加快政府职能转变，深化“放管服”改革，建立良好的市场秩序，营造良好的市场环境，推动供给侧结构性改革，促进经济高质量增长等提供依据，因此，本次研究的评价内容除了符合文献综述中对消费环境内涵的界定外，还应与实现以上研究目的相适应。

消费环境最终表现为消费者权益得到良好保障。因此，对消费环境的评价可转化为对消费者权益是否充分维护与是否得到全面保障的评价。为此，课题组依据《消费者权益保护法》和国际消费者联盟确定的消费者基本权利，结合消费经济学中对消费环境的定义，以消费者权益的“五个放心”为核心，设计了由质量、安全、价格、服务、维权“五个放心”指数构成的消费环境总指数。其中，“五个放心”形成一个完整闭环系统，辐射整个消费链条，覆盖消费全过程，全面反映消费环境的综合水平，是一次具有创新与现实意义的探索和尝试。②

① 赵云．大数据背景下长江经济带消费环境指数研究［D］．芜湖：安徽师范大学，2018.

② 杜锐，徐文智，向军．五个放心　四项机制　一个平台　一个小组［N］．中国工商报，2017-07-19（002）.

第一章　消费相关指数的研究与借鉴

消费是社会再生产过程中的一个重要环节，也是最终环节，它是指利用社会产品来满足人们各种需要的过程。① 消费又分为生产消费和个人消费，前者指物质资料生产过程中的生产资料和生活劳动的使用和消耗，后者指人们把生产出来的物质资料和精神产品用于满足个人生活需要的行为和过程。它是恢复人们劳动力和劳动力再生产必不可少的条件。在本研究中，消费环境指的是个人消费。

指数是一种表明社会经济现象动态的相对数，运用指数可以测定无法直接相加或不能直接对比的社会经济现象的总动态，可以分析社会经济现象总变动中各因素变动的影响程度，也可以研究总平均指标变动中各组标志水平和总体结构变动的作用。

第一节　主要消费相关指数研究

一般而言，指数作为一种动态相对数，通常用来测度不同的社会经济现象。将“消费”与“指数”结合，形成与消费相关的指数，有利于客观地开展与消费相关的评价工作。当前，最常被提及的消费相关指数有居民消费价格指数、消费者信心指数与消费者满意度指数等，以下将对这三个指数进行详细说明。

① 张梦镁．老年人消费心理初步研究［D］．重庆：重庆师范大学，2017.

一、居民消费价格指数（CPI）

（一）CPI 的概念及用途

居民消费价格指数（Customer Price Index，CPI）① 又称为“消费者物价指数”，是衡量住户购买或以其他方式获得的用于直接或间接满足其自身需求的产品和服务价格变化的指数。它是反映与居民生活有关的消费品及服务价格水平的变动情况的重要宏观经济指标，也是宏观经济分析与决策以及国民经济核算的重要指标。

起初，居民消费价格指数主要用来反映职工的工资水平和通货膨胀状况，但随着社会的发展，指数理论不断丰富，居民消费价格指数理论日渐成熟，并被用于通货膨胀的衡量、购买力补偿等方面。除此之外，居民消费价格指数还有很多其他用途，比如：在编制居民消费价格指数的过程中，可用于编制其他的经济指数；将居民消费价格指数用于横向比较不同国家的实际购买力、研究居民消费价格指数与股市的关系，等等。

我国的居民消费价格指数主要用途可以概括为：②

1. 作为通货膨胀指数

CPI 可以用来度量一个经济体的整体通货膨胀情况以及该经济体各部门的通货膨胀情况，政府或央行可据此对其经济政策进行调整。

2. 作为补偿指数

CPI 可用于对由通货膨胀导致的居民购买力水平的下降进行补偿，如工资、利息、租金、养老金和社会保障金、合同支付等货币存量的指数化。

3. 作为缩减指数

在国民经济核算中，对住户部门的现价最终消费进行缩减，得到住户不变价最终消费。

居民消费价格指数在其他一些国家也有不同的作用，如美国、荷兰和瑞

---

① 陈玉海．我国 CPI 预测数量研究［D］．长沙：中南大学，2009.

② 王彬．中国不同经济区域 CPI 的编制与应用问题探讨［D］．厦门：厦门大学，2014.

典编制居民消费价格指数旨在反映一定时期内居民的生活费用的变动程度，衡量住户为了消费而获得、使用或支付有关消费品和服务的总体价格水平在一定时期内的变动，以及价格变动对实现某一不变生活水准（效用或福利）的费用所产生的影响；澳大利亚编制居民消费价格指数旨在反映纯粹的价格变动情况；日本居民消费价格指数反映的是全国居民消费者购买同等质量（固定篮子）商品和服务价格变动的幅度；英国居民消费价格指数被用于计算本国绝大多数住户以消费为目的的购买与服务的价格的平均变化。①

（二）CPI在中国的发展

新中国成立前，我国经济发展较为缓慢，统计技术不够成熟，各项理论基础薄弱，统计工作结构较为简易。新中国成立后，我国积极发展经济，逐步加强与其他国家的经济合作，以刺激国内消费市场，努力激发市场活力。因此，我国的消费市场逐渐活跃起来，商品不再像以前单一紧缺，丰富多样的物品使物价统计的范围逐步扩增，统计调查方法也逐步规范完备。我国的居民消费价格指数的调查编制工作正是跟随国内统计事业的建立和发展而逐步发展起来的，历经数十年，形成如今较为成熟的指数体系。我国在居民消费价格指数测度工作方面的发展可大致分为三个阶段，分别是萌芽阶段、起步阶段和发展阶段。②

1. 萌芽阶段（1926—1993年）

1926年，我国开始在天津、上海与北平三大城市开展针对不同类型工人的调查，主要围绕食物、衣着、房租、燃料与杂项类等生活支出项的价格展开调查，据此编制并形成工人生活费用指数。1949年以后，商业部物价局采用固定数量加权综合法，编制了北京、天津和上海的职工生活费用价格指数，1953年，又编制了其他7个城市的职工生活费用价格指数。1956年，我国采用统一的方法对包括北京、天津、上海、重庆及各省会城市在内的29个城市历年（自1951年以来）职工生活费用价格指数和零售物价指数进行了编制或

① ILO. IMF, OECD, UNECE, Eurostat, and the World Bank. Consumer Price Index Manual: Theory and Practice［M］. Geneva: International Labour Office, 2004.

② 徐国祥．统计指数理论及应用［M］．北京：中国统计出版社，2009.

补编，并根据各城市的指数汇总，按照一定原则编制了全国城市零售价格指数，根据各县的指数汇总编制了全国农村零售物价指数。1957 年，在全国范围内建立起了包括 110 个城市和 103 个县的零售物价指数季报。通过汇总全国各城市有关指数，我国编制了涵盖范围更广的全国城市零售物价指数和职工生活费用价格指数。与此同时，通过合并编制职工生活费用价格指数与城市零售价格指数，将城市价格指数与城市服务项目价格指数加权平均，计算出了新的职工生活费用价格指数。1985 年，开始实行居民消费价格指数。此后，居民消费价格指数（CPI）和零售物价指数（PRI）成为我国度量价格总水平变动的两个重要指标。1990 年，国家统计局确立了商品及服务项目的价格调查目录，并编制出全国生活费用价格总指数和零售价格总指数。在此价格调查目录中，必报商品共 434 种，其中消费品 352 种、服务项目 30 种、农业生产资料 52 种。

2. 起步阶段（1994—1999 年）

1994 年，我国开始单独编制居民消费价格指数。随着经济的持续发展，我国的统计体系也开始进行改革。由于居民消费价格指数与零售价格指数之间的差异并不明显，1994 年国家正式取消了生活费用价格总指数和零售商品物价总指数的编制，此后，分别对居民消费价格总指数和商品零售价格总指数进行单独编制。在此阶段，国家测度价格变动的主要指数为商品零售价格指数，居民消费价格处于从属地位，并且该时期的商品零售价格指数主要是通过城乡零售商品价格变化来反映全社会价格总水平的变动情况。此时的调查项目共分为 8 个大类、43 个中类，其中包括了 325 种必报项目，规定各地区可以根据当地实际情况适当增减部分项目，但增加项目不可超过 45 种。关于权数的计算，应根据当年居民住户调查资料中的“居民住户消费支出调查表”数据，采用加权算术平均法获得。然而在此阶段，我国市场经济虽然逐步发展，但是我国居民消费价格指数的编制理论、计算方法等受计划经济时期统计核算和传统习惯的影响，难以适应市场经济条件下各方面的需要；并且在此阶段中，我国第三产业的发展势头迅猛，居民的服务消费在其家庭支出中所占比重持续上升，商品零售价格指数已无法准确地反映社会总体消费品价格变动。因此，对居民消费价格指数的编制进行完善，不仅是工作的迫切需要，而且具有较强的现实可行性。

3. 发展阶段（2000 年至今）

基于我国经济高速发展现状，国家统计局和国家发展改革委对居民消费价格指数编制方法进行了大量的调查研究工作，设计了一套既与国际接轨，又符合我国实际情况的居民消费价格指数的编报制度。自 2001 年起，我国价格指数的统计、公布和使用均由曾经的“以商品零售价格指数为主”改为“以居民消费价格指数为主”，并规定自 2001 年 1 月 1 日起，对比基期固定在 2000 年，以后每 5 年或 10 年变换一次对比基期，计划每年调整一次权数。

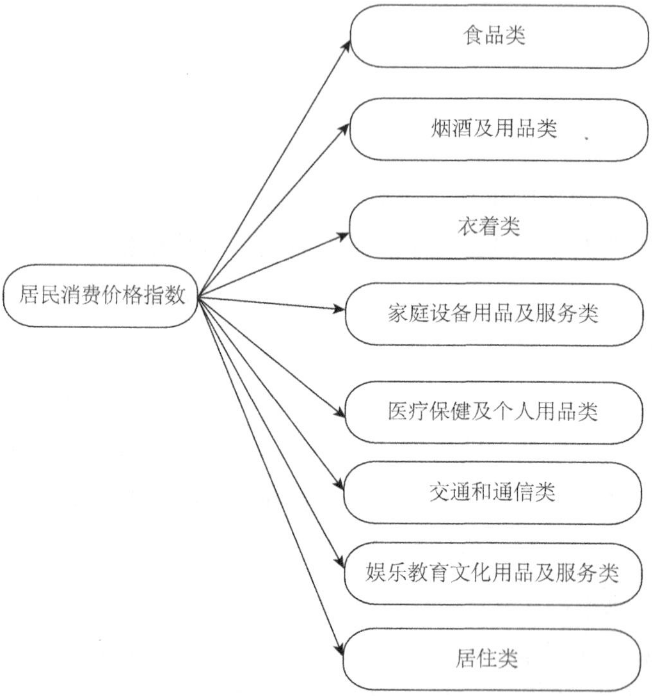

图 1-1 居民消费价格指数常见分类

资料来源：谭杰．山东调查年鉴［M］．北京：中国统计出版社，2008：4-5。

新的居民消费价格指数仍然分为 8 大类，包括：食品类、烟酒及用品类、衣着类、家庭设备用品及服务类、医疗保健及个人用品类、交通和通信类、娱乐教育文化用品及服务类和居住类（见图 1-1）。

（三）中国 CPI 的编制

1. 调查范围

调查数据来源于全国 31 个省（区、市）、500 个市县、8.3 万余家价格调查点，包括商场（店）、超市、农贸市场、服务网点和互联网电商等。

2. 调查方法

我国采用随机调查的方法进行调查实施。首先，按照大中小兼顾及地区分布合理的原则，按照分层抽样的方法抽选需要调查的市县，然后抽选价格调查点，其中，需要先将全国所有省（自治区、直辖市）的城镇按照城镇规模分为三个层次：大中城市（地级和地级以上的城市）、县级市、县城（镇）。其次，需要根据各层次人口数量占全省（自治区、直辖市）人口的比例进行每层样本量的分配。最后，需将各市（县）以其年社会消费品零售额为标志从高到低进行排序，再累计各市（县）人口数量，依据所需调查市（县）的数量进行等距抽样。需要注意的是，各市（县）在对价格调查点进行选择时，应派遣调查队对当地零售企业、农贸市场的基本情况（经营品种、零售额等指标）进行摸底调查，然后在此基础上选择经营品种齐全且零售额大的中心市场、农贸市场作为价格调查点，按照“定人、定点、定时”的原则，直接派人前往调查点采集原始价格。

3. 代表规格品的选择及价格采集

根据全国统一规定（价格采集过程是根据我国制定的《居民消费价格调查目录》进行代表规格品的选择），我国居民消费价格指数（CPI）涵盖全国城乡居民生活消费的食品烟酒、衣着、居住、生活用品及服务、交通和通信、教育文化和娱乐、医疗保健、其他用品和服务等 8 大类、39 个种类和若干个小类，共 262 个基本分类的商品与服务价格。

需要注意的是，选择代表规格品时要遵循以下原则：①选择消费量较大的项目；②选中的代表规格品与未选中商品的价格变动越相关越好；③在市场销售份额大致相等时，同一基本分类下的代表规格品性质差异越大越好；④选择生产及销售前景较好的；⑤选中的工业消费品必须为合格产品。总之，在采集代表规格品价格时，必须遵循真实性、科学性和准确性原则。

4. 权数的确定

权数反映了商品和服务的相对重要性，在编制居民消费价格指数时，需要用到的权数有大类、中类、小类权数以及地区权数等。大多数国家计算权数的主要来源有两个，分别是住户支出调查与国民核算中对住户最终消费支出的估算。我国权数是通过居民家庭住户调查资料及相关统计资料整理得到的，必要时辅以典型调查数据或专家评估进行补充和完善。随着经济的不断发展，人们的消费习惯也在不断变换，所以，固定不变的权数无法适时反映最新的情况。我国在2001年之前，权重的调整周期为5年，2001年以后，为了适应高速发展的经济现状以及变化快速的居民消费结构，我国采用了适时调整的固定加权方式，每年都会进行不同程度的微调，同时每5年会对权重进行一次大调整。关于居民价格指数中某个商品或服务的“权数”确定，规定每年根据上一年度城镇居民家庭生活消费支出调查资料和农民生活消费现金支出调查资料整理计算，年内固定不变。①

5. 指数的计算

我国指数计算的步骤为：②

（1）计算代表规格品平均价格

代表规格品的月度平均价格在我国的统计实践中采用简单算术平均法计算，计算出代表规格品在一个调查点的平均价格后，再根据各个调查点的价格算出月度平均价格。

（2）计算代表规格品相对数

代表规格品的相对数就是“价比”，表示的是代表规格品的平均价格的相对数，该指数首先按月环比方式计算。

（3）计算基本分类指数（低层指数）

①计算基本分类月环比指数：根据所属代表规格品变动相对数，采用几

① 李平. 对我国现行CPI统计方法的思考及完善意见［J］. 价格理论与实践，2007（3）：56-57.

② 陈龙. 中国居民消费价格指数（CPI）之理论与实践的若干问题研究［D］. 厦门：厦门大学，2012.

何平均法计算各基本分类指数的月环比指数；②基本分类月定基指数：报告月定基指数为报告月环比指数与上月定基指数的乘积，即从固定基期开始，逐月将相邻的月环比指数相乘。

（4）计算高层指数

使用加权算术平均法计算基本分类以上（小类、中类和大类）的所有指数，具体步骤为先编制月定基指数，再推算月环比指数和月同比指数。

（5）计算年度价格指数

年度环比价格指数是通过月度价格指数直接转换而来的，而我国的年度定基指数采用的是链式指数法。

二、消费者信心指数（CCI）

（一）消费者信心指数的概念及用途

消费者信心（Consumer Confidence），也称为“消费者情绪”（Consumer Sentiment），是指消费者根据国家或地区的经济发展形势，对就业、收入、物价、利率等问题的综合判断后得出的一种看法和预期。① 消费者信心指数被认为是预测经济走势和消费趋向的一个先行指标，同时，它也是用于监测宏观经济周期变化的一个重要依据。②

消费者满意指数和消费者预期指数共同构成了消费者信心指数，其中消费者满意指数是指消费者对当前经济生活的评价，它主要会受到微观因素的影响；消费者预期指数是指消费者对未来经济生活发生变化的预期。值得注意的是，消费者满意指数和消费者预期指数又分别由不同的二级指标构成。③

（二）消费者信心指数的发展历史

美国密歇根大学在 20 世纪 40 年代承担了由美国联邦储备局资助的消费者资金年度调查项目，该调查研究中心为探究消费需求对经济周期的影响，

① 佚名．消费者信心指数（CCI）［J］．天津经济，2009（9）：84.

② 李晓玉．消费者信心指数的理论背景与实际意义［J］．统计教育，2006（1）：27-29.

③ 郑良玉．山东银座集团零售业态选择及发展战略研究［D］．天津：天津大学，2009.

编制出了消费者信心指数。此后，一些欧洲国家也先后开始采取类似的方法建立并编制消费者信心指数。时至今日，美国、中国、韩国、欧洲各国和澳大利亚等许多国家都已经编制并发布了各自的消费者信心指数，如欧盟组织编制的欧盟国家经济信心指数以及万事达卡消费者信心指数。①

中国经济景气监测中心于 1997 年 12 月开始编制中国消费者信心指数。随着我国经济的快速发展，首都北京在广泛借鉴国内外相关经验的基础上，率先于 2002 年初在省市一级建立了消费者信心指数调查制度；北京市统计局于 2002 年第四季度正式向社会发布了“北京消费者信心指数”。② 此外，部分民间研究机构、大学以及地区性组织也纷纷加入调查、研究与发布地区范围的消费者信心指数队伍。目前，北京、上海、浙江、广东、山东、福建和四川等多个省市的统计部门或高等院校，均编制并发布了本地消费者信心指数，比如上海财经大学调查、编制并发布的上海市消费者信心指数，包括经济形势、收入、就业与耐用消费品购买意愿 4 项分指数；③ 西南财经大学秉承“贡献于政府科学调控经济、企业明智投资经营决策、百姓增强扩大消费者需求信心”的宗旨，正式编制并发布了四川消费者信心指数，力求精准把握四川省经济社会的发展变化，准确体察与反映城乡消费者的评价与诉求；中央财经大学和首都经济贸易大学联合港澳台地区大学定期发布两岸四地消费者信心指数，该指数反映的是消费者对经济形势、物价水平、就业状况、生活状况、购房和投资六个方面的主观感受。④

（三）中国消费者信心指数的编制

目前，中国消费者信心指数的更新频次为每月一次，是由独立的第三方研究机构编制的发布最频繁的中国消费者信心指数。该指数由现指数和预期

---

① 郭洪伟．基于网络大数据的消费者信心指数编制［J］．统计与信息论坛，2015，30（6）：111-112.

② 刘赛平．投资者情绪与 A 股收益影响研究［D］．长沙：长沙理工大学，2011.

③ 廖颖林，张鸣芳，徐国祥．上海市消费者满意度指数编制研究［J］．上海财经大学学报，2009，11（3）：76-83.

④ 任栋，夏怡凡，王青华，等．四川消费者信心指数的编制与运行［J］．财经科学，2013（7）：110-116.

指数构成，涵盖房地产、耐用消费品、汽车和股票投资等四个主要行业，并且提供按照年龄、收入水平和地域划分的详细统计数据。通过十多年的实践，中国消费者信心指数已经成为中国经济景气指数体系的重要组成部分，受到了国内外各界人士的关注。不同国家及地区在消费者信心指数编制的方法上存在一定的差异，主要体现在指数构成内容、基数、指数加权方法、指数结果的表示以及实地调查时间间隔等方面。同时，不同国家和地区所编制的消费者信心指数在方法和意义上又具有一定相似性。中国经济景气监测中心所发布的消费者信心指数，主要是通过对全国 20 个主要城市进行随机抽样的调查问卷编制而成。调查问卷中主要涉及五个方面的问题，分别是：受访者对当前经济形势的判断、对家庭收入的看法、对目前购买商品时机的判断、消费者满意度指数以及对未来整体经济和自身收入的评判。①

（四）中国消费者信心指数的计算

尽管各指数的调查编制之间具有差距，但是其分指数的计算基础是一致的，即均是由乐观比例与悲观比例差值加上基数。

具体步骤如下：②

①将每个问题的回答选项分为五档：很好、较好、一般、较差、很差。调查完成后对每个问题各选项的频率表进行统计。

②假设问题对应的指数 X 的回答情况的频率分别为：A、B、C、D、E，则 $X=A\times100+B\times50+C\times0-D\times50-E\times100+100$。

③计算各分指数的预期指数 X_1 与现状指数 X_2，每项分指数 $=W_1\times X_1+W_2\times X_2$，其中，$W$ 为权数，$W_1+W_2=100\%$。

消费者信心指数的计算与各项分指数的计算类似：

消费者信心指数=消费者现状信心指数（各分项现状看法信心指数 X_1 的加权平均）$\times W_2$+消费者预期指数（各分项预期信心指数 X_1 的加权平均）$\times W_2$，其中，W 为权数，$W_1+W_2=100\%$。

---

① 刘伟，朱立龙．我国居民消费影响因素分析及管理对策研究［J］．中国管理科学，2012，20（S1）：232-236.

② 郭洪伟．消费者信心指数的编制比较［J］．中国统计，2010（6）：51-52.

信心指数取值范围在 0~200，0 表示最没信心，200 表示最有信心，当信心指数大于 100 时，说明持乐观看法的比例高于持悲观看法的比例，代表消费者具有积极的信心；[①] 反之，当信心指数小于 100 时，则表示持悲观看法的比例大于持乐观看法的比例，代表消费者的信心是消极的；信心指数等于 100 时，表示消费者所持态度是中立的。[②]

（五）其他常见消费者信心指数的编制[③]

1. 美国密歇根大学 SRC 指数编制

密歇根大学使用 SRC 指数测度消费者信心的历史有 60 年左右，调查问卷包括约 50 个问题，内容涉及形势、就业、收入、物价、利率、耐用品购买意愿等。

具体步骤如下：首先，计算各问题相对得分 X：$X_i = X_i$ 乐 $- X_i$ 悲 $+100$，其中，X_i 乐是第 i 个问题持乐观看法的消费者比例；X_i 悲是第 i 个问题持悲观看法的消费者比例；X_i 表示第 i 个问题的得分（$i=1, 2, 3, 4, 5$）；100 为基数。其次，根据得分值采用算术平均法分别计算得出消费者满意指数、预期指数和信心指数。

2. 欧盟的经济信心指数编制

欧盟的消费者调查始于 1972 年。目前，欧盟的消费者信心指数是其公布的经济信心指数（ESI）的组成部分。欧盟的消费者调查涉及对未来 12 个月的家庭收入、国家经济形势、消费价格、购买大件消费品时机、储蓄时机的估计。计算指数时涉及的问题一共有 4 个，仅涉及消费者预期，由此说明欧盟的消费者信心仅指消费者预期。问题选项一共 5 项，分别是："非常积极""积极""中立""消极"和"非常消极"，分别使用 PP、P、E、M、MM 来表示，每个问题的比例差为：$B = (PP+0.5P) - (0.5M-MM)$，基数取值 100。将四个问题的得分进行简单平均计算后便可得到欧盟各成员国的消费者

---

① 李晓玉，常宁，陈颖．上海财经大学上海市消费者信心指数编制研究［J］．上海财经大学学报，2008（5）：73-80.

② 庄学敏．投资者教育与权益保护研究［D］．广州：暨南大学，2008.

③ 郭洪伟．消费者信心指数的研究［D］．北京：首都经济贸易大学，2012.

信心指数，将各成员国的信心指数加权平均后便得到综合消费者信心指数。

3. 日本消费者信心调查与指数编制

日本消费者信心调查的重点在于了解消费者的感觉（情绪）、消费支出计划、拥有的财产状况以及耐用消费品的购买变化，共由5个问题构成，问题选项一共5项。日本在对问题的5档结果计算比例差时，进行如下的点数分配：积极的回答（改进+1，有所改进+0.75）、中立的回答（无变化+0.5）、消极的回答（轻微恶化+0.25，恶化+0）。指数的基数为50，其取值范围为50~100。

三、消费者满意度指数（CSI）

（一）消费者满意度概述

消费者满意度指数（Customer Satisfaction Index，CSI），又称为“顾客满意度指数”。① 消费者满意度指数是根据顾客对企业产品和服务质量的评价，通过建立模型，再通过计算而获得的一个指数，是一个测量顾客满意程度的经济指标。其测评指标体系分为四个层次，分别为：第一层次：总测评目标“消费者满意度指数”，为一级指标；第二层次：顾客满意度指数模型6大要素（顾客期望、顾客对质量的感知、顾客对价值的感知、顾客满意度、顾客抱怨、顾客忠诚），为二级指标；第三层次：具体展开二级指标所得到的指标，要符合不同行业、企业、产品或服务的特点，为三级指标；第四层次：将三级指标具体展开成为问卷上的问题，便形成四级指标。

（二）消费者满意度的发展

瑞典于1989年首创瑞典消费者满意度指数（Swedish Customer Satisfaction Barometer，SCSB），时至今日，全球已经有20多个国家和地区先后开展了消费者满意度指数的测评工作。其中最具代表性的是1994年创建的美国消费者满意度指数（American Customer Satisfaction Index，ACSI），ACSI是Fornell等

① 周瑾娴．顾客满意度评定模型在现代汽车物流企业中的应用研究［D］．上海：上海交通大学，2008.

基于瑞典顾客满意度指数模式（SCSB）所创建出来的消费者满意度指数模型。①

（三）美国消费者满意度指数（ACSI）

1. ACSI 模型

ACSI 是用于衡量经济产出质量的一个宏观指标，是一个基于产品和服务的消费过程。衡量顾客满意度水平的综合评价指数，由四个层次构成，分别是：国家整体满意度指数、部门满意度指数、行业满意度指数以及企业满意度指数，是目前体系最完整、应用效果最好的一个国家消费者满意度理论模型。

该模型自创建以来，每年都会进行调查并在《财富》杂志以及《华尔街日报》等著名财经刊物上发表调查报告。这些研究成果在人们不断的扩展累积中，已经形成了大量的基于不同层面分析得到的消费者满意度指数，并且通过分析研究得到了很多有价值的结论。比如：企业的盈利水平在一定程度上可以由消费者满意度指数来度量，这一结论与“满意—利润链”相契合，即提高消费者满意度，可直接影响消费者对企业的忠诚度，从而间接促进企业的业绩；通过分析 ACSI 的调研结果可以看到，ACSI 平均得分高的公司的市场增量显著高于 ACSI 平均得分低的公司；消费者满意度指数能够较准确地衡量经济发展态势，并且 ACSI 与道琼斯工业指数之间存在高度相关关系。②

ACSI 模型能够很好地解释消费经过与整体满意度之间的关系，并且能够清晰地展示出满意度高低所带来的后果，因而 ACSI 模型中的整体满意度就具有了向前预期的特性。③

2. ACSI 模型的 6 个变量

ACSI 模型由 6 个结构变量组成（见图 1-2），其中顾客满意度是要求的目标变量，顾客满意度的原因变量为顾客预期、感知质量、感知价值，顾客满

---

① 廖颖林，张鸣芳，徐国祥．上海市消费者满意度指数编制研究［J］．上海财经大学学报，2009，11（3）：76-83.

② 佟成军．消费环境对城镇居民消费增长影响的动态面板分析［J］．商业经济研究，2018（21）：34-36.

③ 汤海霞．移动通信企业客户管理模型与方法研究［D］．南京：东南大学，2004.

意度的结果变量为顾客抱怨和顾客忠诚。

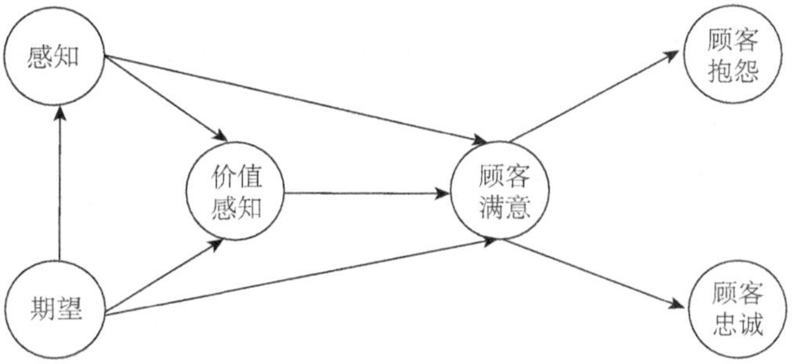

图 1-2 ACSI 模型的 6 个结构变量

（1）顾客预期①（Customer Expectations）

顾客预期是指消费者在购买和使用某种产品或服务之前对其质量的估计。3 个变量决定顾客预期，分别是：产品顾客化（产品符合个人特定需要）预期、产品可靠性预期与对产品质量的总体预期。

（2）感知质量②（Perceived Quality）

感知质量是指顾客在使用产品或服务后对其质量的实际感受，这其中便包括顾客对产品可靠性的感受以及对产品质量总体的感受。

（3）感知价值③（Perceived Value）

感知价值体现的是顾客在综合了产品或服务的质量和价格两个因素以后对其所得利益的主观感受。感知价值有 2 个观察变量，分别是：给定价格条件下对质量的感受以及给定质量条件下对价格的感受。

（4）顾客满意度④（Customer Satisfaction）

顾客满意度是通过计量经济学变换最终得到的顾客满意度指数。ACSI 模型选择了 3 个观察变量，分别是：实际感受同预期质量的差距、实际感受同

① 罗正清，方志刚．常用客户满意度研究模型及其优缺点分析［J］．贵州财经学院学报，2002（6）：14-17.

② 高家军．融合教育理念下残疾人高等教育政策实施效果研究［D］．武汉：武汉理工大学，2016.

③ 蔡周宽．会同县烟草公司客户满意度研究［D］．长沙：中南大学，2008.

④ 郑龙．顾客满意度测评研究及实证分析［D］．武汉：武汉理工大学，2008.

理想产品的差距以及总体满意程度。顾客实际感受同预期质量的比较在很大程度上决定了顾客满意度，并且顾客满意度也受到顾客的实际感受同顾客心目中理想产品的比较影响，两者差距越小，则顾客满意度水平就越高。

（5）顾客抱怨①（Customer Complaints）

顾客抱怨是指顾客在进行产品消费过程中有些需求没有得到满足，从而把不满表达出来。为了补偿这种不满，顾客会向相关部门提出抗议等。

（6）顾客忠诚②（Customer Loyalty）

顾客忠诚是 ACSI 模型最终的因变量，由 2 个观察变量决定，分别是：顾客对价格变化的承受力以及顾客重复购买的可能性。如果顾客对某产品或服务感到满意，则顾客便会对该产品产生一定程度的忠诚，这种忠诚具体表现为重复购买该产品或服务或向其他顾客推荐。

3. ACSI 的优缺点

ACSI 模型最大的优势是可以进行跨行业的比较，同时能进行纵向跨时间段的比较，是非常有效的管理工具，能够帮助企业与竞争对手进行比较，评估企业目前所处的竞争地位。需要指出的是，虽然 ACSI 是以先进的消费者行为理论为基础建立起来的精确的数量经济学模型，但由于其建立的目的是为了监测宏观的经济运行情况，主要考虑的是跨行业与跨产业部门的顾客满意度比较，而不是针对具体企业的诊断指导，因此，它调查企业的目的仅以企业为基准来计算行业、部门和全国的满意度指数。由于其测量变量抽象性的需要，它的调查也不涉及企业产品或服务的具体绩效指标，企业即使知道自己的满意度低，也不知道具体低在生产或服务的哪个环节、应该从哪一方面着手改善，更不知道顾客最需要的是什么、最重视的又是什么。因为缺乏对企业生产经营的具体指导，所以在进行微观层面的企业满意度调查时很少使用该模型。③

---

① 冯之凌．基于 ACSI 模型的健身教练培训顾客满意度研究［D］．上海：上海体育学院，2020.

② 高家军．融合教育理念下残疾人高等教育政策实施效果研究［D］．武汉：武汉理工大学，2016.

③ 孙洁．C2C 电子商务网站顾客满意度影响因素实证分析［D］．南京：南京理工大学，2012.

（四）中国顾客满意度指数（CCSI）

1997 年，中国顾客满意度指数（China Customer Satisfaction Index，CCSI）测评体系在中国质量协会、全国用户委员会的推动下开始逐步建立，由北京大学、清华大学、中国人民大学以及中国社会科学院等国内顶级的学术机构联合设计了适合中国国情的中国顾客满意度指数模型。国务院在 1999 年 12 月发布了《关于进一步加强产品质量工作若干问题的规定》，明确提出了要进一步研究和探索顾客满意度指数评价方法。①

CCSI 是主要参照了美国消费者满意度指数（ACSI），并联系中国实际，建立的具有中国特色的满意度测评方法。CCSI 的评价主体为消费者，评价标准为消费者需求，它基于消费行为学和营销学的相关研究结论，构建了一套由预期质量、感知产品质量、感知服务质量、感知价值、用户满意度、用户抱怨和用户忠诚度等 7 个主要指标组成的模型，从而计算出消费者满意度指数。

CCSI 在以中国消费者为调查对象的基础上，研究表征中国消费者对产品或服务的满意程度，从而促进企业高效发展。CCSI 通过每年公布的相关行业产品或服务的顾客满意度，帮助企业找准自身定位，明确改善产品或服务顾客满意度的方向，为企业提升和管理顾客满意度提供参考。

综合来看，CCSI 发布的目的有如下 4 点：①积极打造企业和消费者最信任的顾客满意度评价制度；②促进企业高效发展，是企业发展的先行指标；③CCSI 有利于塑造顾客满意文化，提高消费者满意度的社会关注与价值；④保护顾客权益，提高国民生活质量。

Chnbrand 在采用中国顾客满意度指数方法调查时，考虑了顾客满意度和忠诚度水平，通过要素满意度、总体满意度和客户忠诚度三个指标综合计算得到，从而能够更加科学地测量顾客整体满意程度（见图 1-3）。②

---

① 谭楚云．快递物流企业的客户满意度实证研究［D］．苏州：苏州大学，2011.

② 苏会开．中国消费品的质量问题与改进路径研究［D］．北京：首都经济贸易大学，2017.

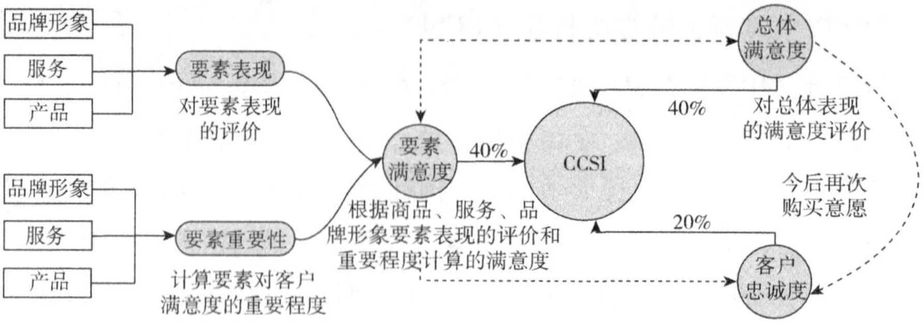

CCSI（中国顾客满意度指数）=（总体满意度×40%）+（要素满意度×40%）+（客户忠诚度×20%）

★总体满意度：问卷中对总体表现的满意度评价回答中选择（非常满意）和（满意）的比例（TOP2）

★要素满意度：（其中：C_i为第i个要素表现的TOP2比例；W_i为第i个要素重要程度）

★客户忠诚度：问卷中针对用户再次购买的问题，回答（非常愿意购买）和（愿意购买）的比例（TOP2）

图 1-3　CCSI 模型和计算方法

为了保证样本能够推论中国总体消费者的特征，故采用分层随机抽样方式在全国范围内进行大规模的调查。调查的类别及内容见表 1-1。

表 1-1　调查的类别及内容

类别		内容
调查设计	调查对象	15~64 岁居民
		一周在家居住 5 天或以上的居民
		非市场调查、媒体等敏感职业人群
		本地居住半年及以上
	调查地区	42 个重点城市
	调查方法	入户面访
抽样设计	抽样方法	根据性别、年龄、收入进行随机调查
	样本数量	2843234 个样本
分析方法		定量研究
调查时间		月度连续调查，历时 12 个月

2018 年 10 月，Chnbrand 发布 2018 年（第四届）中国顾客满意度指数品牌排名和分析报告。报告显示，年度得分 69.6 分，比上年小幅下降。2018 年研究共覆盖了三大行业的 173 个细分品类，其中，快消品行业包含 75 个细分

品类，耐消品行业包含 40 个细分品类，服务行业包含 58 个细分品类。2018 年快消业得分最高。能体现消费者生活方式、满足更高生活品质要求的产品和服务，如豪华车、主流车、珠宝零售/连锁店、汽车保险、高档香烟、航空服务等品类的升幅显著。

第二节　消费环境理论的研究与借鉴

一、消费环境理论的研究

消费环境是指消费者在生存和发展过程中面临的、对消费者有一定影响的、外在的、客观的因素，包括自然生态环境与社会文化环境两方面。

（一）自然生态环境

自然生态环境指构成地球表层的各要素及其相互作用所形成的自然生态系统，是消费得以实现的自然生态空间。由于我国人口密集、过度开发自然资源及环境保护方面技术落后和投入不足，造成我国自然环境的恶化，导致了诸如全球气候变暖、水体污染严重、空气质量下降、耕地面积减少、水土流失加重自然灾害频发等一系列生态问题。中国科学院世界可持续发展报告研究组发布的《2015 世界可持续发展年度报告》中显示，中国在实现可持续发展时间的排名中居第 18 位，预计到 2079 年实现可持续发展。不难看出，自然生态环境是人类索取物质资料并得以生存的对象，而人类生活环境的恶化使得消费质量降低影响了消费者的生存与发展。

（二）社会文化环境

社会文化环境指人们在消费时所依存和面对的社会经济文化因素。国内社会文化环境对消费的影响主要表现在三个方面：

1. 制度环境对消费起着重要的制约和引导作用

（1）经济制度促进或制约着消费

中国传统的计划经济体制是一种压抑消费、注重积累的制度；而社会主义市场经济新体制是一种促进消费、注重通过消费需求满足来实现人类全面发展的制度。

（2）政治与法律制度为消费提供安全的环境

政治体制改革的逐步深入，法律制度的健全和完善，对维护社会稳定、社会主义经济秩序（包括市场秩序），规范企业运行，保护企业竞争，打击假冒伪劣，保障消费者权益和社会的长远利益，都起到了重要的作用。

（3）国家的方针、政策对消费的压抑或鼓励

2. 对居民消费起重要支撑作用的社会保障体系将越发健全

在养老、医疗、住房等社会保险制度改革渐次取得突破性进展的影响下，居民尤其是中等收入群体的不确定性预期和预防性储蓄将大幅降低，与此同时，其平均消费倾向将有较大幅度提高。同时，国家对精神文化消费、绿色消费、旅游消费、假日消费、教育消费等均提供了相应的配套政策，更好地促进了消费升级。在反腐败的高压态势下，“三公”消费将受到更加严格的限制，公务购车，公务接待，会议、会展消费，高端商品、高端餐饮消费将继续下降。

3. 日新月异的社会文化影响着每个消费者的宗教信仰、价值观念、生活方式、消费心理以及购买行为等，并形成消费时尚、习俗

与此同时，社会文化环境还存在许多亟待解决的严重问题，包括假冒伪劣商品威胁广大消费者的消费安全和生活质量，商业欺诈行为花样翻新令消费者防不胜防，落后的消费习俗和消费习惯仍然广泛存在，消费教育和消费宣传仍然有待推广，维护公平交易、正当交易和保护消费者权益的法律法规还不完善，执法力度还有待加强，等等。

二、目前我国“消费”的潜力

对我国而言，消费优势主要在于拥有13亿人口的大市场。市场对世界经济格局的变化有重大影响，市场越大则消费潜力越大。在经济快速发展的今天，谁拥有较大的市场，谁就有更大的经济话语权。在“一带一路”倡议下，我国不仅释放了国内的消费需求，也整合了周边国家的消费能力，丝路沿线

地区的经济市场活络起来，市场扩大，投资空间加大，消费者潜力加快释放，逐步形成了以我国为中心的消费大市场。同时，由于“一带一路”倡议具有开放性，未来还可能吸引更多的国家和经济体参与其中，进一步增大其辐射性。若“一带一路”倡议的统一大市场形成，将真正让周边国家分享我国的发展成果，分享区域一体化的成果。统一市场一经形成，将实质性地改善丝路沿线区域的发展状况和有效提高当地居民的生活水平。

第二章　调查设计与实施

第一节　调查设计

一、问卷设计原则

调查问卷设计的根本目的在于设计出符合调研与预测需要及能获取足够、适用和准确信息资料的调查问卷。因此，调查问卷的设计必须遵循以下原则：①

（一）目的性原则

问卷设计的主要目的是为决策者提供管理决策与分析所需的重要信息。本次问卷设计人员透彻了解“五个放心”项目的主旨，设计出可得出调查者最多信息的问题，做到既不遗漏一个问题以致所需信息残缺不全而导致影响数据的有效性，也不浪费一个问题去获取不需要的信息，问题的设定不能涉及个人隐私和社会禁忌，对一些敏感性问题的设计要有技巧，如年收入等。

（二）逻辑性原则

在一份成功的调查问卷中，问题的排列需具有较好的逻辑顺序，并且应符合应答者的思维方式，按照先易后难、先简后繁、先具体后抽象的层次进行设计。一般地，要把容易回答的问题放在前面、较难回答的问题放在中间、敏感性问题放在后面、关于个人情况的事实性问题放在最后；将封闭性问题放在前面，开放性问题放在后面，因为封闭性问题已由设计者列出备选的全部答案因而较易回答，而开放性问题需要被访者花费一些时间考虑，放在前

① 肖红叶，曾五一．统计学导论［M］．北京：科学出版社，2013.

面易使被访者产生畏难情绪。此外，问卷设计者还需要注意问题的逻辑顺序，如可按时间顺序、类别顺序等合理排列，以确保调查人员顺利发问、方便记录、利于调查实施，并确保所取得的信息资料准确无误。

（三）通俗性原则

问卷设计最重要的任务之一就是要使问题适合潜在的应答者，表述要言语精练、语气诚恳；问题要公正客观，不能有暗示性、主观性；答案要明确，不能有界限不清的情况；要使被调查者能够充分理解问题、乐于回答问题并能提供正确答案。因此，设计问卷的研究人员既要考虑受访者的类型，又要考虑访谈的环境。问卷使用简单通俗的语言来表述，会使问题更加通俗易懂，确保数据的真实性和有效性。

（四）实用性原则

问卷的实用性是指要使被调查者的回答便于进行检查、数据收集、处理和分析。本次设计的问卷考虑收集到数据的实用性，以确保在调查完成后能够对所采集的信息资料方便地进行检查核对，以判别其正确性和实用性，便于对调查结果的整理和统计分析。如果不注意这一点，很可能出现调查信息获得很多，但是统计处理却无从下手的难堪局面。

（五）适量性原则

调查内容过多，会使参与者没有耐心完成全部调查问卷，如果一份调查问卷在 20 分钟之内还未完成，一般的被调查者都会难以忍受，除非这个调查对他而言非常重要，或者是为了获得奖品才参与调查。否则，即使完成了调查，也存在一定的调查风险，比如，被调查者没有充分理解调查问题的含义，或者没有认真选择问题选项，最终会降低调查结果的可信度，从而影响其数据的真实性和有效性，这是问卷调查中最常见的误区之一。因此，本次问卷题目的设计在总题量上进行了把控，确保被调查者能够在 10 分钟之内填写完毕。

二、问卷设计

（一）问卷调查的目的

本次调查是为了全面检验丝路沿线省份各行业开展放心消费创建工作的成效，充分发挥地方政府和行业主管部门的工作能动性，增强创建工作紧迫性、调动公众的积极性，从而推进消费环境创建工作深入和持续开展，增强丝路沿线省份发展动力。所以，问卷调查的对象具有一定针对性。

在社会主义市场经济体制下，我国的工商行政管理部门及行业主管部门是维护市场经济秩序和对市场主体及其市场行为实施行政监督管理的政府职能部门，在我国市场监管工作中占有十分重要的地位。工商行政管理及行业主管部门对维护社会主义市场经济健康、快速发展发挥着重要作用，而本项目的直接目的是为工商行政管理及其他相关部门在政府职能从管理型向服务型政府转变过程中充分发挥宏观调控、市场监管和行政执法的职能，建立良好的市场秩序，为地区经济社会发展良好的市场环境提供定量化的依据。因此，要将政府监管部门作为调查对象之一。

（二）调查对象的确定

按照消费行为的性质，可以将消费分为广义的消费和狭义的消费。广义的消费包括生产消费和个人消费，前者指商品和服务生产过程中对生产资料和活劳动的使用和消耗，后者是指人们把生产出来的商品和服务用于满足个人生活需要的行为和过程。狭义的消费特指个人消费，从消费内容来看，可分为商品性消费和服务性（劳务性）消费。从消费交易的形式来看，消费分为实体消费和网络消费。从消费的过程来看，消费包括消费准备阶段、消费实现阶段和消费满足阶段的前、中、后三个阶段。所以，任何消费活动的实现，都必须具备三个基本要素，即消费主体（消费者）、消费客体（消费品和服务）和消费环境，其中，消费主体（消费者）是消费需求的创造者，消费客体（消费品和服务）是为满足消费需求而提供的消费对象，是消费的供给。消费环境则是消费行为得以实现的全部条件的集合。消费环境最终表现为消费者权益，消费者权益实现的外部条件就是消费环境，消费者权益保护或实现的前提是消费环境优劣，其主要来源于消费者的反馈。所以，对消费环境的评价可转化为对消费者权益是否充分维护与是否得到全面保护的评价，从而可以作为评价放心消费创建工作的一种依据。因此，消费主体和消费客体也将被视为本次调查的对象。

本次调查是以丝路沿线城市为主体划分的，以市级消费环境及分类为评价对象，分别对陕西省、河南省、甘肃省、宁夏回族自治区、新疆维吾尔自治区五个省份的 9 个丝路经济带节点城市——西安、兰州、天水、酒泉、乌鲁木齐、郑州、开封、洛阳、银川等的消费环境进行调研与指数评测，坚持大数据理念，广泛、多渠道地收集多方数据，并将观测点数据进行科学量化。问卷调查对象为上述 9 个市（区）内的消费者（包括省内消费者在省内的消费行为和外省消费者在省内的消费行为）、各省范围内的登记注册经营户（包括小微企业），根据其行业特殊性将它们具体地划分为 16 个行业，分别是：电子商务和电视购物；旅游；食品药品；信息消费；交通运输；金融；公共服务；快递物流；文化；教育；运动健身与美容美发；房地产；商业零售；住宿餐饮；汽车销售与维修；医疗卫生。

问卷内容方面，首先提到丝路消费环境综合评价指标体系，问卷的内容及问题的设定均根据消费环境综合评价指标体系而构建。该指标体系以消费经济学的消费行为及其影响因素为理论依据，以丝路消费市场环境为特色，遵循系统性、典型性、科学性、可比性、可操作性、可量化等原则，形成了由总指数（消费环境总指数）、分项指数（安全放心指数、质量放心指数、价格放心指数、服务放心指数、维权放心指数）、20 个测评指标（安保效果、安保措施、监管效果、质保效果等）、77 个测度点构成的消费环境指数体系，是对“五个放心”内容的定性评价和定量测评。因此，问卷的设定可以全面满足省、市（区）和行业消费环境评测的需要，可以明确地指导各市（区）、各行业主管部门的监管和服务工作。

（三）调查问卷的内容

根据不同的调查对象，调查问卷的内容也不同。调查问卷包括消费者调查问卷、员工人数10人以下单位区域普查表、员工人数10人以上单位调查问卷、监管部门发挥的监管作用评分表四种问卷及调查表。关于问卷内容，根据建立的消费环境指数指标体系设立问题。为使消费环境指数编制有助于各市（区）、各行业坚持问题导向，正视存在的问题，采取有效措施有针对性地开展市场整治，课题组多次召开专家论证会，根据消费环境指数的指标体系设计问题，反复论证、检验，以求设计出更加合理有效的调查问卷。

三、调查问卷的类型

（一）消费者调查问卷

本问卷最先对消费者的消费时间能否调研进行鉴别，如果消费者未在当地居住工作满一年以上，那么，其消费行为对当地的消费环境就没有特别高的意义，甚至有可能产生不符合当地实际的数据及评价，所以，应将此类问卷视为无效问卷。由于工作的特殊性，工作于市场研究（调查）、政府部门、高校及社会科学科研机构的消费者不被列入本次调查范围，因为这类消费者对于问卷的回答具有一定意识性，从而影响数据的准确性和有效性，故将问题设计为“请问您是否在本市（区）居住或工作1年以上?”以及“请问您现在是否在市场研究（调查）、政府部门、高校及社会科学科研机构工作?”对安全放心指数设置的问题，在指标体系下设计了适合调查当地消费者的问题，如“对消费场所安全感的满意程度”以及“在使用商品或接受服务的过程中是否发生过人身伤害或财产损失?”旨在以消费者的直观感受及真实发生的事来体现二级指标安保效果进而体现安全放心。对服务放心指数设置的问题，为了更加细致地考察丝路沿线消费者对服务各方面的满意度情况，在指标体系下将问题设计为“商家或企业对其服务或产品的使用特点及注意事项提示情况”“商家或服务人员会向您告知服务承诺吗?”“商家或服务人员的服务承诺是否兑现?”等，以体现对服务方面的满意情况，更容易被受访者理解、接受，从而获得所需数据。关于维权放心指数，课题组设定关于维权与投诉方面的问题，其中包括“对商品（服务）提供者进行批评、监督、评价渠道畅通的满意程度”“买到缺陷商品或服务是否进行维权（投诉或申请赔偿等)?”“您没有进行维权的原因是什么?”“您对网购服务进行过投诉吗?”“您通常通过什么渠道对网购服务进行投诉?”“网购投诉及其处理是否顺畅?”“您感觉最近本地消费投诉及投诉处理是否比去年更顺畅?”等；为了将消费环境调查的结果明确地划归为丝路沿线城市或区域消费环境状况，必须为当地设定适合的问题，如“您需要购买的商品或服务是否能够在本地买到?”等等。

（二）员工人数 10 人以下单位区域普查表

为了更细致地找出问题，坚持“问题导向”原则，使丝路沿线消费环境的经营者调查评分更加微观，用更加量化的问题对“五个放心”进行评测。关于安全放心一级指标，设定了如“经营场所总体安全感”“安全设施完整、完好程度”等问题。关于质量放心的一级指标，设定了“商品（服务）质量标签或公示完整度”“是否悬挂‘三包’等质量承诺”两个问题。关于价格放心，设定了如“价格标签完整度、是否规范?”的问题。关于服务放心，设定了如“服务规范性总体感觉”等问题。关于维权放心，设定了如“是否公示投诉电话等”等问题。这 7 个问题是在指标体系下建立的，以相对较少的问题获得所需要的数据，有利于调查问卷填写和数据收集。

（三）员工人数 10 人以上单位调查问卷

首先，员工人数 10 人以上单位经营规模较大，一般在网络上有相关注册登记，且随着互联网在人们生活中的普及，越来越多的人更倾向于采用线上购物的方式进行消费。鉴于线上购物投诉连年增多，所以对丝路沿线城市员工人数 10 人以上单位调查问卷设定网络评价方面的问题，以考察网络消费者对经营者总体、安全、质量、价格、服务、维权方面的满意程度，从而更加全面地评定消费环境问题，如：“网上（大众点评等）对本店的总体评价”“网上（大众点评等）对本店安全的评价”“网上（大众点评等）对本店质量的评价”“网上（大众点评等）对本店价格的评价”等等。

其次，在丝路沿线消费环境的经营者调查评分上，设定微观且量化的问题对“五个放心”进行评测。安全方面，设定“经营场所总体安全感”“安全设施完整、完好程度”“是否知晓放心消费的主要内容?”“贵单位都建立了哪些有关安全的制度?”“消防设备在哪里?”“员工都会用灭火器吗?”“距离这里最近的防盗监控在哪里?”“如果发生火灾，第一时间应该做什么?”“如果出现安全事故，谁承担责任?”“培训与演练或隐患排查去年一年进行几次（次数/年）?”等安全问题，从这些问题中得出数据，以此对安全放心进行测定。质量方面，设定“贵单位都建立了哪些有关保证产品（服务）质量的制度?”“有没有明确贵单位产品（服务）质量负责人?”“你们提供的产品（服务）最低质量是什么标准?”“如果客户因质量原因要求退货，一般多长时间完成?”等问题。服务方面，设定“贵单位有没有服务规范或标准?”“谁负责售后服务?”“如果有客户投诉，你们怎么处理?”等问题。维权方面，设定“客户投诉处理情况信息监管部门是否向你们反馈?”“作为产品和服务的提供方，你们自己的权益是否得到有效的保障?”“是否有畅通的渠道对监管部门进行批评、监督、评论?”等问题。监管责任方面，设定“过去一年监管部门（含联合执法）来现场检查、指导过几次?”等问题。

（四）监管部门发挥的监管作用评分表

丝路沿线监管部门调查问卷采取灵活的方式，不设置监管部门的范围限制，而是根据实际情况对每个地区与消费环境相关的监管部门进行调研，使调查范围更加合理。调查内容主要包括产品、服务、消费环境安全责任落实程度的问题，如“本部门在保障消费者放心消费，营造良好消费环境，发挥监管职能方面有哪些独有的措施和经验?”“在实际的实施过程中遇到了什么问题? 有哪些解决的方法? 效果如何?”等等。监管者对产品质量检查次数的问题，如“近一年来本部门组织各类放心消费的宣传有多少次（包括对商家和对消费者）?”“贵公司通过什么方式进行宣传?”“你觉得宣传发挥的作用如何? 哪些方面还需要完善? 应该怎样完善?”质量纠纷仲裁平均处理时间、质量责任事故（假冒伪劣产品）处理率的问题，如“对产品质量问题有没有处理时间的限定? 如果有，是多长时间?”“有没有质量问题没有处理的现象? 如果有，占比多少?”关于是否有畅通的渠道对市场监管者进行批评、监督、评价及经营主体权益是否得到有效保障的问题，如“如果经营主体对市场监管者不满意，他们向哪个部门反映？反映后一般处理时间有多长？”

有些问题的设置与员工人数10人以上的调查问卷中的问题形成关系，如在员工人数10人以上调查问卷中监管责任方面设定了“过去一年监管部门（含联合执法）来现场检查、指导过几次？”与监管部门发挥的监管作用评分表中设定的“今年本部门进行现场检查了吗？检查了几次？有违规的现象吗？如有，共多少起？是否已经处理？”等问题，这样可以更好地反映放心创建活动的成效。

总体来说，消费者调查问卷围绕安全放心、质量放心、价格放心、服务放心、维权放心共19个问题，员工人数10人以下和10人以上单位区域普查表坚持“问题导向”原则，从安全、质量、服务、维权、监管责任等方面对“五个放心”进行测评。监管部门发挥的监管作用评分表不设置监管部门的范围限制，根据实际情况对每个地区与消费环境具体相关的监管部门进行调研，便于更加真实准确地了解和掌握各监管部门发挥的监管作用。

四、调查方法的确定

常用的调查方法主要有网络调查、现场测量、社会调查、统计调查、电话调查、问卷调查、座谈会等。

（一）网络调查

网络调查是利用互联网的交互式信息和沟通渠道来搜集有关资料和数据的一种方法，这种数据搜集的方法主要包括两种方式：一是在网上直接用问卷进行调查；二是通过网络来挖掘统计调查中的一些相关数据。网络调查法的优点是方便、快捷、调查效率高，调查成本低；缺点是调查范围受到一定的限制，不稳定性因素多，无法确保数据的有效性。

（二）现场测量

现场测量方法是应用客观的态度和科学的方法对某种社会现象在确定的范围内进行实地考察，并搜集大量资料用统计的方法进行分析，从而探讨社会现象。① 实地调查是在传播研究范围内，研究分析传播媒介和受传者之间的

① 贾俊平．统计学［M］．北京：中国人民大学出版社，2018：11-32.

关系和影响，实地调查的目的不仅在于发现事实，还在于将调查经过系统设计和理论探讨并形成假设，再利用科学方法到实地验证，从而形成新的推论或假说。

（三）社会调查

社会调查是一种特定的社会实践活动，是指社会调查主体为保证其社会调查活动朝着预定的方向进行，达到了解和认识社会的目的所运用的手段、工具和方式的总和。社会调查方法在社会调查活动中是必不可少的，它是构成社会调查活动的第三大要素。

（四）统计调查

统计调查是指相关机构和人员为得到想要的数据而搜集统计资料的方法，《中华人民共和国统计法》规定的统计调查方法主要有普查、抽样调查、统计报表、重点调查和综合分析等。我国现行调查方法的选择原则是：以周期普查为基础，以经常性抽样调查为主体，综合运用全面调查、重点调查等方法，并充分利用行政记录等资料。

（五）电话调查

电话调查指的是调查员按照统一问卷，通过电话就问卷内容向被访者提问，笔录答案和数据。这种调查方法在电话普及率很高的国家中比较常用，在我国仅适用于电话普及率高的人口总体。电话调查的优点是调查速度快，调查范围广，所需费用低，在电话中回答问题一般较坦率，适用于不习惯面谈的人。电话调查的缺点是调查时间短，答案及问题设计简单，难以深入展开调查，因而也很难得到大量数据。受电话设备的限制，拒绝调查率比较高。

（六）问卷调查

问卷调查是目前国内外社会调查中使用较为广泛的一种方法，问卷是为某种统计和调查而专门设计的表述问题的表格。问卷大多以邮寄、个别分送或集体分发等方式发送，由受访者按照问卷中的问题来填写或选择答案。与其他统计调查方法相比，问卷法更加详细、完整并且易于控制。调查员可以与受访者进行交流，对疑问点进行解释，以保证数据的真实性和有效性，更加适合本项目的数据收集和获取，故本项目选择问卷法作为获取数据的一种方法。

（七）座谈会

座谈会是由训练有素的主持人以非结构化的自然方式对一小群调查对象进行的访谈。主持人提问或者引导讨论，主要目的是从适当的目标市场中抽取一群人，通过听取他们谈论研究人员所感兴趣的话题来得到观点。这一方法的价值在于自由的小组讨论经常可以得到意想不到的结果，是最重要的定性研究方法。所以，也将座谈会作为获取数据的一种方式。

针对不同对象可分别采用不同的调查方法，其中：消费者调查主要采用问卷调查；经营主体调查将组合采用调查表、现场测量方法调查；监管部门调查将组合采用调查表、座谈会及现场测量方法调查；统计部门主要采用调查表及座谈会方法调查。本次调查对消费者和经营主体采用抽样调查，对各地监管部门采用重点调查方式进行调查。

五、抽样框的确定

抽样框又称“抽样框架”“抽样结构”，是指对可以选择作为样本的总体单位列出名册或排序编号，以确定总体的抽样范围和结构。设计出抽样框后，便可采用抽签的方式或按照随机数表来抽选必要的单位数。若没有抽样框，则不能计算样本单位的概率，从而也就无法进行概率选样。在实践中，抽样框架有三种形态。

（一）具体的抽样结构

具体的抽样结构就是抽样单位可列成表册的形态，包括目录结构、区域结构和目录区域复合结构。例如，20000 名学生花名册即为目录结构。在进行整群抽样时，将城市居民按习惯的区段位置排列作为备选的居民群——区域结构，如果对抽中的居民群不进行全面调查，而是再抽选部分居民，又需要一个居民花名册，从而形成一个复合结构。

（二）抽象的抽样结构

抽象的抽样结构就是抽样单位没有表册而是开放的形态，只要符合调查条件就可作为抽样结构中的元素。例如，在大型零售商场对购买者或消费者进行随机访问调查时，其抽样结构就是抽象的、隐含的。

（三）阶段式抽样结构

阶段式抽样结构是指在采用分段抽样设计时，按照不同抽样阶段可产生不同的抽样结构。

抽样调查的目的是根据所获得的样本统计量，在一定概率的情况下，对总体的相关参数做科学估计，样本获取的随机性与代表性是保证这一估计的科学性的前提。《抽样方案》规定，为保证抽样调查样本的随机性和代表性，要按照多阶段、分层、概率比例抽样方法抽取主样本，建立包含所有调查对象的抽样框，具体安排如下：

（1）在丝路沿线各设区市消费环境调查中，对区级抽样框的信息进行收集整理。抽样框的具体信息包括区级区域及所处县级以上区划的名称，以本省、市、县（区）统计局统一维护的“行政区域划分代码库”相关内容为准。

（2）结合上述区级抽样框信息的收集整理，项目组建立基于地理信息系统的覆盖全省所有城乡建成区的地理网格抽样框。该抽样框包含覆盖全省城乡建成区的标准地理网格，每个网格均赋有经纬度，所在市、县（区）、乡镇，土地类型（城市、城镇、乡村、风景名胜）等属性。根据抽样需要进行多重分层，从而解决在全部范围内任何与地理空间相关对象的多阶段抽样的随机性问题。

（3）课题组相关统计研究人员将收集整理的抽样框信息形成电子文档。

（4）2017 年 12 月底至 2019 年 1 月初，由西安财经学院“丝路沿线城市消费环境指数编制”课题组老师带队，组织开展丝路沿线城市消费环境有关调查的抽取工作。选择统计抽样方法时，需要全面考虑每一种统计抽样方法各自的优点和运用条件，将审计项目的特点和要求与丰富的实践经验相结合。在根据样本资料推论总体时，可用概率的方式客观地测量推论值的可靠程度，从而使这种推论建立在科学的基础上。因此，随机抽样在社会调查和社会研究中应用较广泛。抽样方式按照是否遵循随机原则分为概率抽样和非概率抽样，概率抽样（又称“随机抽样”）是严格遵循随机原则进行的抽样，总体中每个单位都有一定的机会被选入样本。随机抽样要求严格遵循概率原则，每个抽样单元被抽中的概率相同，并且可以重现，随机抽样常常用于总体个数较少时，它的主要特征是从总体中逐个抽取，可以分为简单随机抽样、系统抽样、分层抽样、整群抽样以及多阶段抽样。其中，简单随机抽样是概率抽样中的等概率抽样，即，设一个总体含有 N 个个体，按从中逐个抽取的方式抽取 n 个个体作为样本（$n \leqslant N$），且使每次抽取时各个个体被抽到的概率相等，这种抽样方法就叫作简单随机抽样。

六、抽样方法

随机抽样主要有以下几种方法：

（一）抽签法

一般地，抽签法就是把总体中的 N 个个体逐一编号，把号码写在号签上，然后将号签放在一个容器中，搅拌均匀后，每次从中抽取一个号签，连续抽取 n 次，就得到一个容量为 n 的样本。抽签法简单易行，适用于总体个数不多的情况。当总体中的个体数较多时，由于总体“搅拌均匀”比较困难，用抽签法产生的样本代表性差的可能性很大。

（二）随机数法

随机抽样中，另一个经常被采用的方法是随机数法，即利用随机数表、随机数骰子或计算机产生的随机数进行抽样。随机数法的优点是操作简便易行；缺点是总体过大，不易实行。随机抽样有以下几种主要方式：

1. 简单随机抽样

简单随机抽样又称“纯随机抽样”，是最基本的抽样方法，分为重复抽样和不重复抽样。在重复抽样中，每次抽中的单位仍放回总体，样本中的单位可能不止一次被抽中；不重复抽样中，抽中的单位不再放回总体，样本中的单位只能抽中一次，社会调查采用不重复抽样。①

① 贾俊平．统计学［M］．北京：中国人民大学出版社，2018：11-32.

简单随机抽样必须有一个完整的抽样框，即总体各单位的清单，但是当总体太大时，制作这样的抽样框工作量巨大，加之现实情况复杂，总体名单根本无法得到，故在大规模社会调查中很少采用简单随机抽样。

2. 分层抽样

（1）分层抽样的定义

先依据一种或几种特征将总体分为若干个子总体，每一子总体称作一个层；然后，从每层中随机抽取一个子样本，这些子样本结合起来就是总体的样本。这是将总体分成互不相交的层，然后按照一定的比例，从各层独立地抽取一定数量的个体，将各层取出的个体合在一起作为样本的方法。层内变异越小越好，层间变异越大越好。

（2）群体所抽取的个体数方法

分层以后，在每一层进行简单随机抽样，不同群体所抽取的个体个数，一般有三种方法：①等数分配法，即每一层都分配同样的个体数；②等比分配法，即让每一层抽得的个体数与该类总体的个体数之比均相同；③最优分配法，即各层抽得的样本数与所抽得的总样本数之比等于该层方差与各类方差之和的比。

（3）分层抽样的特点

分层抽样具有以下优点：[①] ①减小抽样误差，分层后增加了层内的同质性，因而可使观察值的变异度减小，各层的抽样误差减小。在样本含量相同的情况下，分层抽样总的标准误一般均小于单纯随机抽样、系统抽样和整群抽样的标准误。②抽样方法灵活，可以根据各层的具体情况对不同的层采用不同的抽样方法。如调查某地居民某病患病率，分为城、乡两层。城镇人口集中，可考虑系统抽样方法；农村人口分散，可采用整群抽样方法。③可对不同层独立进行分析。

分层抽样的缺点也是显而易见的：若分层变量选择不当，层内变异较大，层间均数相近，分层抽样就失去了意义。

① 贾俊平．统计学［M］．北京：中国人民大学出版社，2018：11-32.

3. 系统抽样

（1）系统抽样的定义

系统抽样也称“等距抽样”“机械抽样”“SYS 抽样”，是将总体中各单位按一定顺序排列，根据样本容量要求确定抽选间隔，然后随机确定起点，每隔一定的间隔抽取一个单位的抽样方式。系统抽样是纯随机抽样的变体。①

（2）系统抽样的实施步骤

在系统抽样中，先将总体从 $1 \sim N$ 相继编号，并计算抽样距离，即：$K=N/n$。式中，N 为总体单位数，n 为样本容量。然后，在 $1 \sim K$ 中抽一随机数 k_1，作为样本的第一个单位，接着取 k_1+K，k_1+2K，…，直到抽够 n 个单位为止。系统抽样分为间隔定时法、间隔定量法、分部比例法等。

4. 整群抽样

（1）整群抽样的定义

整群抽样是指整群地抽选样本单位，对被抽选的各个群进行全面调查的一种抽样组织方式。②例如，检验某种零件的质量时，不是逐个抽取零件，而是随机抽若干盒（每盒装有若干个零件），对所抽各盒零件进行全面检验。如果总体划分为单位数目相等的 R 个群，则用不重复抽样方法，从 R 群中抽取 r 群进行调查。

（2）整群抽样的实施步骤

先将总体分为 i 个群，然后从 i 个群中随机抽取若干个群，对这些群内所有个体或单元均进行调查。抽样过程可分为以下几个步骤：①确定分群的标注；②总体（N）分成若干个互不重叠的部分，每个部分为一群；③根据各样本量，确定应该抽取的群数；④采用简单随机抽样或系统抽样方法，从 i 群中抽取确定的群数。

（3）整群抽样与分层抽样的区别

整群抽样方法的运用，需要与分层抽样方法区别。

当某个总体由若干个有着自然界限和区分的子群（或类别、层次）组成，

---

①② 金勇进，杜子芳，蒋妍．抽样技术［M］．北京：中国人民大学出版社，2015.

同时，不同子群相互之间差异很大而每个子群内部的差异不大时，则适合于分层抽样的方法；反之，当不同子群之间差别不大而每个子群内部的异质性比较大时，则特别适合于采用整群抽样的方法。整群抽样与分层抽样在形式上有相似之处，但实际上差别很大：①分层抽样要求层间差异大，层内个体或单元差异小，而整群抽样要求群与群之间的差异比较小，群内个体或单元差异大；②分层抽样的样本是从每个层内抽取若干单元或个体，而整群抽样则是要么整群抽取，要么整群不被抽取。

（4）整群抽样的特点

整群抽样的优点是实施方便、节省经费；缺点是由于不同群之间的差异较大，由此引起的抽样误差往往大于简单随机抽样，且样本分布面不广、样本对总体的代表性相对较差。

5. 多阶段抽样

多阶段抽样又称为“多级抽样”，前 4 种抽样方法均为一次性直接从总体中抽出样本，称为“单阶段抽样”，多阶段抽样则是将抽样过程分为几个阶段，结合使用上述方法中的两种或数种。当研究总体广泛且分散时，大多采用多阶段抽样，以降低调查费用，但每级抽样都会产生误差。所以，经过多级抽样产生的样本，误差也会相应增大。①

七、抽样方法的确定

研究组根据《抽样方案》规定，为保证抽样调查样本的随机性和代表性，按照多阶段、分层、概率比例抽样方法抽取主样本，建立包含所有调查对象的抽样框。选用分层抽样与多阶段抽样结合的方法，将丝路经济带沿线的甘肃省、河南省、陕西省、宁夏回族自治区、新疆维吾尔自治区五个省份的兰州、天水、酒泉、郑州、开封、洛阳、西安、银川、乌鲁木齐 9 个市按照市（区）划分为单个子总体，将每个市作为一个层，采用等比抽样的方法，根据各城市土地规模及网格划分，确定以 0.5% 为抽样比率（样本网格/网格总

---

① 贾俊平．统计学［M］．北京：中国人民大学出版社，2018：11-32.

数），按照等比抽样的原则进行抽样。

八、样本量确定

总体是指考察对象的全体，个体是总体中的每一个考察对象，样本是从总体中抽取的一部分个体，而样本容量则是指样本中个体的数目。从定性的方面考虑样本量的大小，其考虑因素有决策的重要性，调研的性质，变量个数，数据分析的性质，同类研究中所用的样本量、发生率、完成率、资源限制，等等。具体来看，正确的决策来源于尽可能多的可靠信息，因此样本量要达到一定的数量。通常，探索性研究选取的样本量较小，而结论性研究，如描述性的调查，则需要选取的样本量较大，以此减少抽样误差的累积效应；如果需要采用多元统计方法对数据进行复杂的高级分析，样本量也应当较为多元。针对子样本的分析比只限于对总样本的分析，所需样本量要大得多。具体样本量的确定应由样本量的计算公式得出。除上述情况外，样本量的大小也可能取决于研究对象的变动程度、所要求或允许的误差大小、要求推断的置信程度。也就是说，当所研究的现象越复杂、差异越大时，所需样本量越大；要求的精度越高、可推断性要求越高时，所需样本量越大。因此，当对不同城市分别进行推断时，“大城市多抽，小城市少抽”这种原则不是绝对正确的。样本分布是用来对总体分布做出估算的。样本分布有别于总体分布，它是从总体中按一定的分组标志选出来的部分样本容量。通过样本量（样本网格数）计算核心参数选择网格平均消费满意率，通常极限误差控制在±5%，置信水平为95%，采用不重复抽样方法计算所需样本量（样本网格数）。计算公式为：

$$n = \frac{t^2P(1-P)}{(\Delta x)^2 + \frac{t^2P(1-P)}{N}} \tag{2-1}$$

本项目拟以该空间网格为基本抽样单元，以单元内的各类商品（服务）提供者和消费者为调查对象，对抽中网格内的调查对象进行全面调查。

大样本量可以使采集的数据更加真实准确，数据分析结果更具有说服力。

因此，2018 年丝路经济带沿线消费环境测评回收的有效问卷为 6037 份（见表 2-1）。

表 2-1　丝路沿线中西部消费环境调研点设置

所属市	消费者问卷	员工人数 10 人以上调查表	员工人数 10 人以下调查表	总计
兰州	320	32	318	670
天水	291	25	267	583
酒泉	292	29	275	596
银川	324	39	321	684
郑州	335	30	337	702
洛阳	317	51	308	696
西安	338	46	334	718
开封	316	40	323	679
乌鲁木齐	339	38	352	709
合计	2872	330	2835	6037

第二节　调查实施方案

统计调查阶段的工作内容较为冗杂，尤其是在大型调查涉及范围广、所需人员较多的情况下，制订合理的调查实施方案至关重要。设计调查实施方案是将统计调查阶段具体化、可视化的过程，能够有效保障调查工作的顺利实施。具体方案内容如下：

一、明确调查目标

近年来，伴随着生活条件的日益改善，消费的社会大环境越来越影响着人们的日常生活，人与人之间的社会关系、社会风气、秩序、社会治安等都直接与消费活动密切相关。因此，良好的消费环境对于促进一个地区甚至一个国家的经济发展至关重要。消费环境即是指消费者在生存和发展过程中面临的、对消费者有一定影响的客观因素，包括自然环境与社会环境两方面。自然环境是指地球的表面层，如水、光、热、岩石、土壤等，它是地理地貌、水文气候、野生生物、水资源、矿产资源等的总称；而社会环境是指消费者在消费时面临的各种社会因素。消费不是某个人或某个领域的事情，它关系到整个社会各项事业的良性发展，一个领域的生产者同时又是另一个领域的消费者。在当今市场经济的大背景下，安全、质量、价格、服务、维权就处于消费环境的核心位置。

本项目以编制丝路经济带沿线城市消费环境指数为总目标，依据《消费者权益保护法》和国际消费者联盟确定的消费者基本权利，结合消费经济学对消费环境的定义，以消费者权益的“五个放心”为核心，设计了由安全、质量、价格、服务、维权“五个放心”指数构成的消费环境总指数。为全面反映丝路经济带沿线城市消费者消费权益保障的程度，反映丝路经济带沿线城市消费环境的综合及分类水平，对陕西省、河南省、甘肃省、宁夏回族自治区、新疆维吾尔自治区 5 个省份 9 个市（区）进行分层抽样调查，由西安财经大学项目组负责，联合兰州财经大学和新疆财经大学的老师和学生开展了实地调研工作。

二、确定调查对象、单位

本项目拟编制丝路经济带沿线城市消费环境指数，因此需考虑将全部影响消费环境的社会参与者或参与单位作为调查对象和调查单位。经确定，调查对象为上述 9 个市（区）内消费者（包括省内消费者在省内的消费行为和外省消费者在省内的消费行为）、各省范围内的登记注册经营户（包括小微企业）、各市（区）市场监管部门。

三、调查表（问卷）的设计

本次共设计包括消费者调查问卷、员工人数 10 人以下单位区域普查表、员工人数 10 人以上单位调查问卷、监管部门发挥的监管作用评分表共 4 种问卷及调查表。

四、数据质量管理

统计抽样调查的数据结果与调查总体的表现存在一定的差异。因此，确保统计数据的质量是数据搜集阶段需重点解决的问题，统计数据质量的优劣直接影响统计分析结论的客观性与准确性。故在数据的收集、整理、分析等阶段都应做好数据质量的把控，尽可能将统计误差降到最低。防止误差的可操作性方法包括：①正确制订统计调查方法。②抽样误差的提前控制，抽样调查的结果存在抽样误差，但此误差可以通过计算预先估计，并将其控制在可接受范围内。③严格、切实抓好调查方案的贯彻执行工作。

要做好以上工作，需遵循以下几个重要原则：①加强对项目组全部统计调查工作人员的知识技能培训。②加强对数字填报质量的检查完成，确保三次以上的质量检验。③分项工作、责任到人，工作态度严谨，确保工作质量。

第三节　预调查的实施

一、预调查目的

预调查是用来检验问卷的效度而做的小样本调查，预调查的目的在于获取调查所在地消费环境的基本情况和基本问题，为第二阶段正式调查的顺利展开奠定基础。因此，消费环境调查的展开应以预调查为出发点。采用对公众消费环境的调查作为预调查的内容，一方面，可以考察消费环境的现状是否令群众满意；另一方面，可以考察消费环境在现阶段是否产生了一些令群众不满意的问题。同时，也可以为正式调查的各类问卷内容的调整提供依据。

二、预调查内容

本次预调查的具体内容以消费环境指数的 15 项二级指标为基础，结合所掌握的资料，选出若干项并扩展形成预调查内容。预调查将分为两个部分：消费者抽样问卷预调查、行业抽样问卷预调查。

（一）预调查对象

预调查的作用是测试调查问卷的效用。为此，经课题组讨论决定以陕西省宝鸡市为预调查对象，确定抽样框，在抽样框里随机抽取几个调查点，对宝鸡市消费环境进行调查。调查问卷分为几部分，包括消费者调查问卷、员工人数 10 人以上单位调查、员工人数 10 人以下单位调查。通过不同的调查问卷，对不同的主体进行调查，能够更加全面地反映当地消费环境状况。

（二）预调查原则

预调查虽然只是正式调查的测试环节，但也要严格遵循概率与统计原理。调查方式不仅要具有科学性，也要便于操作，预调查要遵循的原则如下：

1. 合理性

合理性指的是问卷必须与调查主题紧密相关。

2. 一般性

一般性是指问题的设置是否具有普遍意义，这是问卷设计的一个基本要求。但大部分问卷中仍然存在许多常识性的错误，这一错误不利于调查成果的整理分析。

3. 逻辑性

逻辑性是指问卷的设计要有整体感，即问题与问题之间要具有逻辑性，且独立的问题本身也不能出现逻辑上的谬误，从而使问卷成为一个相对完善的系统。

4. 明确性

明确性是指问题设置的规范性，这一原则具体是指命题是否准确，访问者提问是否清晰明确、便于回答，被访问者是否能够对问题做出明确的回答，等等。

5. 非诱导性

非诱导性指的是问题要设置在中性位置、不提示或主观臆断，完全将被访问者的独立性与客观性摆在问卷操作的限制条件位置上。

6. 便于整理和分析

便于整理和分析是指成功的问卷设计除了要考虑紧密结合调查主题与方便信息收集外，还要考虑数据形式要便于后期的整理和分析，以减少不必要的数据加工。

三、预调查的实施

（一）消费者抽样问卷调查

在宝鸡市确定的抽样框内，随机抽取调查点，对调查点内的消费者进行问卷调查，通过对消费者的调查来了解消费者对“安全放心、质量放心、价格放心、服务放心、维权放心”等五个方面消费环境的需求，同时了解消费者关注的问题、消费环境目前的状况及存在的问题、问卷设计的合理性等。

（二）行业抽样问卷调查

在宝鸡市内确定的抽样框内，随机抽取调查点，对调查点内的行业进行调查，通过调查各行业的消费环境，反映出各行业的优势、存在的问题以及消费者对消费环境是否满意、公众对消费环境的需求等。

四、预调查的创新性

本次预调查采用问卷预调查方式，力图了解行业消费环境的基本状况，同时分析样本地宝鸡市消费环境中出现的问题、问卷设计的有效性以及行业分类的合理性。除了进行实证调查外，本次调查还以第一阶段的预调查成果为基础展开第二阶段的正式调查，使第二阶段的正式调查更具有针对性和有效性。

五、正式调查组织与实施

根据调查区域的行政区划，按照地区人口数量与消费水平，遵循统计学的要求确定各个目标城市的样本数量。调查点设在各地区热门商圈、文体中心、社区医院、农村集市以及地区特色消费项目等消费者较密集的公共场所；对经营主体、消费者进行抽样调查，并对各地相关监管部门以走访的方式进行调查。调查时间为 2017 年 12 月底至 2019 年 1 月初，对已获取的数据验证，采用统计学中多维数据集数据验证的方法进行数据检验与验证，并采用成对删除法、组平均法等对异常数据进行处理。

第三章　消费环境指数的编制

消费者信心指数（CCI）、消费者满意度指数（CSI）与消费者物价指数（CPI）是最常用于消费领域分析的指数，特别是消费者价格指数，其研究历史较长，现今已形成了非常完善和成熟的指数编制理论与方法。

我国目前已进入经济发展新常态，为寻求经济发展新动能，进一步挖掘消费潜力，应进一步优化消费环境，提升居民消费的便利性和满意程度。较多省份为能够有针对性地提高市场运行水平，不断创新市场监管模式，进一步刺激地区消费，带动经济增长，已纷纷投入到研究编制消费环境指数的相关工作中。

第一节　消费环境指数编制的研究与借鉴

一、我国目前的消费状况与潜力

我国经济发展的主要动力来源于投资、消费和出口“三驾马车”，其中主要包括大规模要素粗放投入、GDP 导向的激励制度等传统动能。然而，随着我国经济的快速发展，中国经济已经由高速增长阶段转向高质量发展阶段，随着供给侧结构性改革的不断推进，我国开始逐步走向依靠新动能推动经济增长的道路。所谓的“新动能”并非脱离投资、消费和出口，而是推动其结构升级和发掘潜能。基于消费在经济增长中的贡献率，本研究围绕“消费”视角展开深入研究。

2018 年，我国最终消费支出对 GDP 的贡献率为 76.2%，超出 2013 年 11.8 个百分点，自 2014 年起，我国消费对经济增长的贡献率已连续 5 年超过投资，成为拉动经济增长的第一动力，我国消费状态从物质型向服务型升级已成为趋势。2018 年我国居民人均消费支出中，服务消费占比为 44.2%，比 2017 年增长 1.6 个百分点，由此对我国经济结构优化和升级产生了重要影响。

2019 年，我国第三产业增加值占国内生产总值比重为 53.9%，比 2018 年增长 0.6 个百分点，高于第二产业 14.9 个百分点；第三产业增长对国内生产总值增长的贡献率为 59.4%；规模以上工业中的战略性新兴产业和高技术产业保持快速增长。

2019 年，我国最终消费支出增长对经济增长的贡献率为 57.8%，在全部居民最终消费支出中，服务消费占比为 45.9%，比 2018 年增长 1.7 个百分点。京津冀协同发展、长江经济带、粤港澳大湾区、长三角一体化等一系列重大区域战略稳步推进，东西南北纵横联动发展的新格局正在形成。2019 年《政府工作报告》强调，要进一步优化供给推动消费平稳增长，促进形成强大国内市场，持续释放内需潜力。目前，我国最终消费支出增长对经济增长贡献率 60.1%的水平与发达国家超过 80%的水平相比仍有一定差距，消费升级也可以被视为经济增长的“新动能”，“夜经济”“她经济”“颜值经济”“银发经济”等都可能成为经济的潜在增长点。

从发展趋势看，我国释放消费潜力仍具有较大发展空间。根据过去几年我国消费增长与升级情况，预计未来我国的消费率在 2018 年（2018 年的消费率为 54.31%）的基础上还有 10 ~15 个百分点的上升空间；在消费结构上，我国服务型消费占比也有 10 ~15 个百分点的上升空间。届时，我国消费率将达到 65%左右，服务型消费占比将达到 60%左右，基本形成消费型社会，将成为奠定我国高质量发展的重要基础。释放消费潜力，推动消费型社会建设，调整和完善相关政策至关重要。与此同时，改变长期以来“投资”占主导地位的体制机制也十分重要，过去几年，这方面的一些改革举措已取得较大的进展，但还有一定的改进空间。

二、“消费环境”理论的研究

（一）消费环境理论研究概述

从上述分析可以看出，消费已经成为中国经济增长的“第一引擎”，其“稳定器”“压舱石”作用正在进一步增强。因此，为使“第一引擎”具备更强劲、更持久的动力，需要营造更好的消费环境，为经济增长提供支撑，从而能更加准确、高效地培育新的增长点，进一步释放消费需求的潜力。2017年，李克强总理在《政府工作报告》中明确提出，“要促进消费、稳定增长；适应消费需求变化，完善政策措施，改善消费环境”。党的十九大报告也明确要求，“完善促进消费的体制机制，增强消费对经济发展的基础性作用”。

目前，全国市场监管相关部门正在探索开展消费者满意度与消费环境指数的研究工作。2015年，四川省市场监督管理局与四川省消费者委员会联合西南财经大学共同组建课题组，编制形成了《2015年度四川省消费者满意度指数报告》，并于2017年发布《四川省2016年度消费者满意度指数报告》。2016年，江苏省市场监督管理局委托南京审计大学统计与大数据研究院编制江苏省区域消费环境指数，该指数于2017年3月29日发布，是国内首例省域范围的消费环境指数研究成果。上海市市场监督管理局也在积极探索，相继开展了消费者投诉与消费环境的分析研究。2017年7月3日，“放心消费在浙江”官网正式开通上线，服务于浙江省放心消费创建工作。2018年1月25日首次发布的《2017年城市消费者满意度测评报告》，是中国消费者协会委托第三方机构开展的调查结果，本次调查主要对消费者的主观评价进行测度。此后，陕西省、吉林省以及广东省等多个省份开始着手推进放心消费创建工作，建立消费环境指标体系，并进行深入的调研和分析。

（二）国外关于“消费环境”概念的相关研究

国外学者对消费环境的研究主要包含生活质量的研究或消费函数的研究，其中，国外学者在关于生活质量的研究中又主要侧重于“生活质量的含义与内容”以及“生活质量的测度”两个方面；20世纪30年代凯恩斯开创的消费理论研究受到了国外学者的重点关注。相对收入消费理论的提出者杜森贝利（J. S. Duesenberry）认为，消费者会在自己过去的消费习惯以及周围消费水准的影响下决定自己的消费行为，他提出的“示范效应”概念形象地说明了消费者所处的环境对消费需求的影响，杜森贝利开创性地利用消费函数来强调消费环境对消费需求的影响。① 此后，大多数学者均将其注意力集中于收入而非环境方面，但随着卢卡斯对理性预期的批判和霍尔随机游走模型的问世，又将西方学者的研究重心拉回到消费环境对消费的影响。②

（三）国内关于“消费环境”概念的相关研究

我国对消费环境的研究历史相对较短，由于“消费环境”的含义具有综合性与融合性，所以目前对“消费环境”的内涵和外延暂时没有一致性的界定。国内对消费环境的研究始于尹世杰对消费质量的研究。尹世杰在对这一问题的研究中提出了“消费环境”这一概念，他认为“消费质量是在消费者和消费资料、消费环境相互联系中表现出来的一种规定性，只有在这种联系中才得以表现出来”。尹世杰与蔡德容在后来的研究中，将消费环境定义为“消费者在生存和发展过程中面临的、对消费者有一定影响的客观制约因素，主要包括消费的自然环境和社会环境”；③ 林白鹏等在《消费经济大辞典》中提到，消费环境是指消费者在消费过程中得以存在的外部条件，包括自然环境、人口环境和社会环境；④ 李新家则认为“消费环境是一个复杂的系统，可以概括为自然生态环境、人工物质环境、社会文化环境三个子系统”，⑤ 以上都是国内学者对“消费环境”内涵的界定。

后来，有学者陆续开始关注消费环境的影响作用及消费环境的优化等方面的研究，例如，卢嘉瑞（2006）不仅重新定义了消费环境，并在此基础上

① 刘双．社会保障对农村居民消费行为的影响研究［D］．武汉：华中农业大学，2016.

② 刘泽照，黄杰，陈名．丝绸之路经济带（中国段）节点城市空间差异及发展布局［J］．重庆理工大学学报（社会科学版），2015，29（5）：47-54+100.

③ 蔡德容．以消费和谐促进社会和谐［J］．消费经济，2007（2）：16-18.

④ 林白鹏，臧旭恒．消费经济学大辞典［M］．北京：经济科学出版社，2000.

⑤ 李新家．目前消费经济理论研究中几个值得重视的问题［J］．南方经济，1999（Z2）：36-39.

探讨了通过优化消费环境从而提高消费质量的措施。① 耿莉萍（2007）通过研究微观消费环境对消费质量的影响，认为居民消费可能性主要取决于宏观消费环境，而居民的消费意愿能否实现和消费过程能否完成则取决于微观消费环境。② 王启云（2007）基于人与自然的关系和人与社会的关系两个角度，对如何优化消费环境进行探讨。基于人与自然的关系，要做到发展循环经济，完善环保法律体系以及加强宣传力度等；基于人与社会的关系，则要净化精神文化消费市场以及改善消费制度环境等。③ 王启云（2008）也同时强调政府监管的作用。④ 尹世杰（2007）认为应从以下五个方面来进行消费环境的优化：一是树立环境友好的理念；二是构建保护生态环境并有利于资源节约的生产方式和消费方式；三是优化产业结构；四是综合运用经济、法律以及行政手段优化消费环境；五是提高人的素质 。⑤ 另外，汤跃跃和张毓雄⑥、刘湖⑦、李瑢⑧对优化农村消费环境进行了重点研究。此外，还有一些学者基于其他学科的视角对消费环境的优化进行研究，比如，郭爱君和范巧（2006）从社会学的视角对消费环境优化进行研究。⑨ 国内学者对消费环境和消费质量的研究虽然起步较晚，但也取得了一定的研究成果，这些研究成果是本研究的起点和重要的思想来源。

消费环境分为宏观消费环境和微观消费环境，其中宏观消费环境是指与经济总量相关的基础设施、政策制度等宏观因素；微观消费环境是指围绕商品的生产、流通等各个环节的空间环境，比如，商品种类的丰富程度、质量

---

① 卢嘉瑞．优化消费环境　提高消费质量［J］．河北经贸大学学报，2006（6）：16-23.

② 耿莉萍．我国微观消费环境状况及对消费者行为的影响分析［J］．北京工商大学学报（社会科学版），2007（1）：97-101.

③ 王启云．全面建设小康社会需要和谐消费环境［J］．消费经济，2007（6）：37-40.

④ 王启云．保护消费者权益，关键在于强化政府部门监管［J］．消费经济，2008（4）：72-76.

⑤ 尹世杰．优化消费环境　弘扬和谐文化［J］．湘潭大学学报（哲学社会科学版），2007（1）：54-59.

⑥ 汤跃跃，张毓雄．优化农村消费环境　建设和谐新农村［J］．消费经济，2006（5）：34-36+40.

⑦ 刘湖．优化我国农村消费环境的对策思考［J］．农村经济，2006（10）：72-73.

⑧ 李瑢．消费环境优化对消费质量的影响分析［D］．长沙：湖南大学，2009.

⑨ 郭爱君，范巧．营造和谐消费环境之社会视角分析［J］．消费经济，2006（5）：37-40.

优劣、售后服务等微观因素。对微观消费环境的研究相对较难，因为获取微观消费环境数据的难度系数相对较高，所以目前国内外对微观消费环境的量化研究较少。基于消费环境的理论研究，本书将对丝路沿线部分主要城市的消费环境进行定量化测评。

（四）消费环境评价的内涵及表现形式

在进行消费指数编制前，对消费环境的内涵已经做了梳理以及最终界定，现在需要在此基础上搭建一个可衡量、可考核的指标评价体系，最终实现对消费环境的量化评价。

目前，国内关于消费环境测评的研究主要集中于消费环境的定性分析，定量分析相对较少。国内关于消费环境的定量研究主要基于宏观视角，而从微观层面对消费环境进行定量分析的研究非常少。在基于宏观视角的研究中，马莉莉等选择从基础设施建设水平、金融政策环境、社会保障政策等宏观消费环境出发，构建了消费环境指标体系。① 文苑棠从政府职能可达性的宏观层面，将消费环境划分为市场环境、文化环境、社会保障环境、物质基础环境和虚拟消费环境五个一级指标，从而构建了消费环境综合评价指标体系。② 在基于微观视角的研究中，江苏省在区域消费环境指数的研究中用安全度、诚信度、便利度、维权度四个维度来评价区域消费环境质量。③ 关于消费环境指数的定量评价至今并未达成共识，因此，其评价结果的科学性和实践指导意义也是有待商榷的。

消费环境指数（Consumption Environment Index，CEI）是通过量化的数字化形式综合反映一定时期（比如，月、季、半年或一年）内一定地域范围（比如，国家、省市、地市或县市级）消费环境总体状况的统计信息指数。消费环境指数是综合评价指数，即广义上的统计指数。在经济社会问题的评论研究中，综合评价指数具有基础性作用，需要根据统一的基本思路进行编制，

① 马莉莉，费园梅，谢钦．消费环境对我国消费增长影响的实证研究——基于省际动态面板数据的系统 GMM 分析［J］．湖北社会科学，2017（2）：98-103.

② 文苑棠．消费环境对广州城市居民消费的影响研究［J］．探求，2015，228（3）：6-18.

③ 周萍．江苏区域消费环境指数研究取得阶段性成果［N］．中国工商报，2017-06-24（002）.

但对于指标体系设计、权重选择等具体问题，仍然有较大的改进空间。目前我国并未形成统一的消费环境指数编制方法，但江苏省、陕西省、吉林省以及广东省正在逐步深入研究消费环境指数的编制工作。江苏省市场监督管理局联合省消费者协会、江苏省放心消费创建领导小组及南京审计大学等单位组成联合课题组，对消费安全、诚信、便利、维权等消费环境的各个方面，根据科学性、层次性、独立性、可采集性、发展性等原则，通过明确研究思路、建构完善指标体系、开展数据计算与指数合成等过程，形成了第一版“江苏省区域消费环境指数”。

陕西省人民政府新闻办公室已连续多年发布《陕西省消费环境指数（CEI）报告》。受陕西省消费者权益保护工作联席会议办公室的委托，西安财经大学作为第三方评价机构，以陕西省各市（区）和部分行业的消费环境为评价对象，采用综合评价方法，广泛调研，收集多方数据，形成《陕西省消费环境指数（CEI）报告》，系统地反映了陕西省消费环境的构成和现状。

吉林省市场监督管理厅与长春财经学院组成课题组，历经4个月的实地调查，在全省各地共计发放调查问卷25800份，针对消费基础设施、机制建设、消费安全、主体信用与品牌培育、放心消费满意度、商品满意度、服务满意度、维权满意度、需求与释放和结构与升级等多方面进行深入调查，并结合采集的吉林省统计年鉴和市场监管监测数据进行深度分析，最终形成了《2018年吉林省消费环境指数测评研究报告》。

2012年以来，在广东省工商行政管理局的指导下，佛山市在全国率先试行开展适宜消费城市指标体系研究和评价；2017年，广东省工商行政管理局正式委托广东省社会科学院开展广东省消费环境评价指标体系课题研究，广泛征求专家、行业组织以及有关职能部门的意见，最终形成了《广东消费环境评价指标体系研究报告》，确定了广东省消费环境评价指标体系。广东省消费环境评价指标体系包括5个一级指标、13个二级指标和39个三级指标。首次消费环境评价由广东省工商行政管理局委托广东省消费环境研究会、《消费者报道》杂志社等单位成立了消费环境评价工作课题组，并邀请广东省政府发展研究中心、中国社会科学院大学、中山大学、广东消费经济学会、广东金融学院、国家统计局广东调查总队等机构的专家学者参与论证指导。

2019 年 4 月 22 日上午，在“放心消费在浙江”行动推进会暨 2019 年市消费者权益保护工作联席会议上，宁波市市场监督管理局首次发布了对全市 15 个地区消费环境指数的测评研究。中国省域范围消费环境指标体系研究现状见表 3-1。

表 3-1 中国省域范围消费环境指标体系研究现状

江苏省	消费安全、消费诚信、消费便利和消费维权 4 个一级指标、11 个二级指标和 22 个三级指标
陕西省	消费安全放心、消费质量放心、消费价格放心、消费服务放心、消费维权放心 5 个一级指标、15 个二级指标和 98 个三级指标
吉林省	消费安全环境、消费诚信环境、消费维权环境以及消费者基本满意度 4 个一级指标和 37 个二级指标
广东省	质量与安全、品牌与诚信、维权与监督、基础与发展和能力与评价 5 个一级指标、13 个二级指标和 39 个三级指标

第二节 基于“放心消费创建工作”的消费环境指数编制

2017 年以来，西安财经大学作为第三方评测机构对陕西省消费环境指数进行编制，研究成果得到了陕西省政府的高度认可，被包括国务院新闻办公室在内的多家媒体关注和报道，是一次具有创新意义的探索和尝试。在此基础上，课题组继续完善调查方案，提高数据的采集质量，进一步改进消费环境指数编制的方法，参考丝路沿线地区消费环境特点，联合兰州财经大学和新疆财经大学自 2017 年 12 月至 2019 年 1 月对郑州、洛阳、开封、银川、兰州、天水、酒泉、乌鲁木齐等 8 个丝路经济带国内节点城市开展消费环境调研与指数评测。

为实现消费环境的量化考核，编制消费环境指数时需要选择合适的分析方法，从总体上、系统上展示消费环境的结构、水平及质量。从测评方法看，有多种统计分析方法可以实现这一目的，但总体上看，消费环境测评处于统计综合评价范畴。统计综合评价是一套能够对多个目标、多个单位同时进行评价的系统而规范的方法。因此，本研究构建了消费环境综合评价指标体系，为实证研究提供规范性的分析框架。本研究以市级消费环境的总体及分类状况为评价对象，坚持大数据理念，广泛、多渠道地收集多方数据，并将观测点数据进行科学量化；在此基础上，利用主观赋权与客观赋权相结合的方法汇总合成指数，形成最终的消费环境指数；最后，综合运用不等距分割和黄金分割的等级划分方法，进行消费环境指数的等级划分。消费环境指数体系如表 3-2 所示。

表 3-2 消费环境指数体系

总指数	分项指数	测度指标	测评点
消费环境	安全放心	安保效果	略
		安保措施	
	质量放心	质保效果	
		质保措施	
		质量监测	
	价格放心	价格评价	
		价格保障	
		价格检查	
	服务放心	知情评价	
		公平交易评价	
		服务保障	
		服务监管	
	维权放心	维权评价（消费者）	
		维权评价（经营户）	
		维权监管	

一、安全放心指数

（一）消费安全放心

消费安全放心主要指督促经营主体提升安全生产和经营水平，防范安全事故发生。落实市场主体消费安全责任，引导经营户牢固树立安全意识，严格执行消费场所、设施设备、环境秩序等方面的国家安全标准，及时排查安全隐患，确保消费场所设施设备的安全运行和维护，保障消费者人身安全和财产安全。组织和指导经营户制定切实可行的人身安全、生命安全保障制度，确保安保措施具体到位，突发事件应急处置科学得当。

（二）安全放心指数

安全放心指数由两个评测指标构成，分别为安保效果和安保措施。

1. 安保效果指标

安保效果指标是对安全保障效果的反映，是指消费者在购买、使用商品或接受服务时，所享有的保障其人身、财产安全不受损害的权利。具体包括两个方面：一是人身安全权；二是财产安全权。在实地调研中，通过调查消费者对消费场所环境安全的评价、在消费过程是否有损害人身安全情况的发生、是否因产品质量影响购买者的健康及影响程度是多少三个测度指标来综合测算。

2. 安保措施指标

安保措施指标是对安全保障制度、措施及其有效性的反映，具体是指产品（服务）安全保证体系完整度、安全制度健全度、经营场所安全设施完好率、安全责任落实程度、安全责任认知度、安全事故应急预案知晓度。在实地调研中，安保措施指标的受访对象为消费场所主要负责人及工作人员。通过消费场所是否建立相应安全制度、消防制度标准，来了解安全保证体系完整度。通过经营场所安全设施是否完好、设施是否有效等测度指标，来了解经营场所安全设施完好率。通过安全设施是否有专人负责、工作人员是否清楚最近的安全设施位置、经营场所是否有安全负责人等测度指标，来了解安全责任落实程度。通过经营场所有无应急预案、工作人员对应急预案的知晓率、组织安全演习的频率，来了解安全事故应急预案知晓度。

二、质量放心指数

消费质量放心，主要是指积极开展打假扶优，严厉查处制售假冒伪劣商品的违法行为，提升商品质量合格率。指导经营主体建立消费品质量追溯制度，规范和监督商品质量和市场计量行为，引导市场主体建立健全质量管理体系，建立并严格执行经营商品的进货检查验收、停止销售等商品质量管理制度，切实保证产品质量。严格落实瑕疵、缺陷、不合格商品处置制度，全面执行“三包”和“召回”规定，妥善处理消费者投诉和建议，及时有效地处理质量应急突发事件。

质量放心指数由质保效果、质保措施、质量监测三个评测指标构成，共23个测度点。

（一）质保效果指标

质保效果指标是对质量保障效果的反映，是指消费者在购买、使用商品或接受服务时所享有的保障其人身、财产安全不受损害的权利，共有3个测度点。具体包括两个方面：一是人身安全权；二是财产安全权。质保效果指标的调查对象为消费者，调查目标为产品质量是否会影响购买者的健康，用影响程度大小、消费者对质量的知情程度、消费者对消费质量的评价三个测度指标来评测质保效果。

（二）质保措施指标

质保措施指标是对质量保障制度、措施及其有效性的反映，共13个测度点，体现在产品（服务）质量保证体系完整度、制度健全度、质量标准等级、质量责任落实程度、质量责任认知度、质量事故应急预案知晓度。质保措施指标的调查对象是经营主体和相关工作人员。合法的质量标准、商品质量标识完整度、质量管理制度完整度三个测度指标，体现了产品（服务）质量保证体系完整度与制度健全度。商品平均质量等级、商品质量合格率、商品返修率、平均质量等级四个测度指标，体现了质量标准等级。缺陷商品处置率、缺陷商品处理平均时间两个测度指标，体现了质量责任落实程度。质量责任认知率、有无质量责任人，体现了质量责任认知度。有无突发质量责任事件处理制度、质量事故应急预案知晓率两个测度指标，则体现了质量事故应急预案知晓度。

（三）质量监测指标

质量监测指标是对质量监管、计量检测及监察的反映，有 7 个测度点，体现在质量、计量标准宣传，质量认证数，质量纠纷仲裁处理率、平均处理时间，质量责任事故处理率等方面。质量监测指标的受访对象是监管部门（工商、税务、质监、物价、安监、城管、消协、行业协会、仲裁、法院）。通过监管部门访谈结果，对 7 个测度点进行测算，发现质量、计量标准宣传次数，监管者对产品质量检查次数，质量责任事故应急预案知晓度三个测度指标，体现质量、计量标准宣传。

三、价格放心指数

消费价格放心主要是指加强市场价格行为监管，依法规范和管理经营户价格行为，督促经营户严格执行政府定价、指导价以及价格干预措施、价格紧急措施等法定价格措施，按公平、合法和诚信原则制定实行市场调节价的商品和服务价格，落实商品和服务明码标价，倡导明码实价。依法严厉查处操纵价格、价格垄断、低价倾销、哄抬价格、价格欺诈、变相提压价、强迫高价交易等价格违法行为。

价格放心指数由价格评价、价格保障、价格监察 3 个评测指标构成，共 9 个测度点。

（一）价格评价指标

价格评价指标是对价格合理程度的反映，具体是指消费者对消费过程中的价格和质量是否满意、有无变相涨价收费的销售行为、有无价格欺诈的行为。价格评价指标，受访对象是消费者，由消费者对商品（服务）性价比的评价、消费者对交易公平的评价两个测度指标来测算。

（二）价格保障指标

价格保障指标是对价格公示的反映，具体是指产品（服务）价格保证体系完整度、价格形成依据完整度、价格公示完整度、有无价格违法记录及次数。价格保障指标，受访对象是经营主体和相关工作人员，由价格公示完整度、价格合规率（标准合格、四个相符）两个测度指标来测算。

（三）价格监察指标

价格监察指标是对监管部门价格监察的反映，受访对象是监管部门，由消费者价格投诉次数、监管部门价格检查次数、价格违法（非法收费）次数、价格违法处理率、价格投诉平均处理时间 4 个测度指标来测算。

四、服务放心指数

消费服务放心主要指严厉打击侵害消费者合法权益行为，督促和指导经营户完善消费服务和售后服务体系，落实消费服务和售后服务承诺，确保服务的内容、质量、价格符合国家、行业和地方标准，及时履行商品修理、更换、退货、补足商品数量、退还货款和服务费用或者赔偿损失等义务，不得以格式条款、通知、声明、店堂告示等方式，做出对消费者不公平、不合理的规定。

服务放心指数由知情评价、公平交易评价、服务保障、服务监管 4 个评测指标构成，共 31 个测度点。

（一）知情评价指标

知情评价指标是对知悉真情（求教获知）效果的反映，具体指消费者知悉其购买使用的商品或接受服务的真实情况权利。消费者有权根据商品或服务的不同情况，要求经营者提供商品的价格、产地、生产者、用途、性能、规格、等级、主要成分、生产日期、有效期限、检验合格证明、使用方法说明书、售后服务，或者服务内容、规格、费用等有关情况。知悉真情权是指消费者享有的有关消费信息的权利。知情评价指标的受访对象是消费者，由消费者对产品服务条款的知情程度、对服务或产品使用特点及注意事项提示情况、消费者对规范服务的评价3个测度指标构成。

（二）公平交易评价指标

公平交易评价指标是对公平交易情况，维护消费者尊严情况的反映，指合同条款及执行情况，消费者在购买商品或者接受服务时所享有的获得质量保障和价格合理、计量正确等公平交易的权利，消费者在购买商品或者接受服务时所享有的其人格尊严、民族风俗习惯得到尊重的权利。消费者在购买商品或者接受服务时，有权获得质量保障、价格合理、计量正确等公平交易条件，有权拒绝经营者的强制交易行为。公平交易评价指标的受访对象是消费者，由合同执行率、合同满意率、是否有霸王条款、自主选择程度、购买商品（服务）的过程是否充分享受（价格、质量、计量）公平交易的权利、是否受到应有的尊重（一视同仁、童叟无欺、贫富无别）6个测度指标构成。

（三）服务保障指标

服务保障指标是对客户服务保障制度及措施、客户投诉及纠纷处理的反映，指售前宣传知情、售中公平交易、售后服务规范，投诉及纠纷处理及时性。服务保障指标的受访对象是经营主体及相应工作人员，由有无客户服务专职人员、有无服务规范（售前、售中、售后）、服务规范认知率、服务规范执行率、售前公示完整度、售中公平交易、售后服务时限及执行、售后服务规范、合同纠纷次数9个测度指标构成。

（四）服务监管指标

服务监管指标是对监管责任履职、监管制度、监管机构、监管机制、税务机构的整体反映。服务监管指标的受访对象是监管部门，共13个测度点。通过与监管部门访谈，对办理工商注册平均时间，企业办理完成一项业务平均时间，侵犯消费者权益案件处理率，组织企业宣传次数，工商应急处理预案知晓率，招商、产品推介活动次数，监管制度认知率，监管责任到位率，售后服务投诉处理率，消费者及监管对象对各监管部门依法履职的满意度，依法征税、退税、税收优惠政策落实程度，税法宣传活动次数，帮助纳税人发展效果等 13 个测度点进行测算，进而测算出服务监管指标。

五、维权放心指数

（一）消费维权放心

消费维权放心是指建立健全消费维权网络，建立投诉快速处理机制，引导经营户自觉履行消费纠纷和解第一责任人责任，力争消费纠纷不出店门。消费者协会等社会组织切实履行法定职责，有效调解消费纠纷。行政主管部门完善消费维权机制，协调联动、依法高效处理消费纠纷。指导仲裁机构依法依规从事消费纠纷仲裁业务，公平、公正、快捷、高效仲裁消费纠纷，建立健全消费纠纷案件诉调衔接工作机制。

（二）维权放心指数

维权放心指数由三个评测指标构成，共 17 个测度点。用维权评价（消费者）、维权评价（经营户）、维权监管三个评测指标来测算维权放心指数。

1. 维权评价（消费者）指标

维权评价（消费者）指标的受访对象是消费者，由 6 个测度指标测算，是对消费者知悉真情（求教获知）效果、自主选择情况、依法求偿效果、监督批评情况及效果的反映。消费者知悉真情（求教获知）效果是指消费者知悉其购买使用的商品或者接受的服务的真实情况的权利，从知悉真情权中引申出的一种消费者权利，它由消费者对产品（服务）的产地、生产者、用途、性能、规格、等级、主要成分、生产日期、有效期限、检验合格证明的知情程度和消费者对产品使用方法的知情程度两个测度指标来体现；自主选择情况，由消费者购买商品（服务）是否可以自由选择，自由选择的程度这一测度指标来体现；依法求偿效果是指消费者因购买、使用商品或接受服务受到人身、财产损害时，依法享有的要求获得赔偿的权利，它由消费过程受到损害时是否得到合理的赔偿这一测度指标来体现；监督批评情况及效果是指消费者享有对商品和服务以及保护消费者权益工作进行监督的权利，它由消费者是否有畅通的渠道对商品（服务）提供者进行批评、监督、评价及消费者是否有畅通的渠道对市场监管者进行批评、监督、评价这两个测度指标来体现。

2. 维权评价（经营户）指标

维权评价（经营户）指标是对经营主体权益保障的反映，受访对象是经营主体或相应工作人员，由经营主体权益是否得到有效保障这一测度指标来测算。

3. 维权监管指标

维权监管指标的受访对象是监管部门，由10个测度指标所测算，是对监管责任履职、监管制度、监管机构的反映。监管责任履职由重大工商违法（经营、广告、商标）案件处理率和重大工商违法（经营、广告、商标）案件平均处理时间这两个测度指标来体现，监管制度由现场检查次数、违规案件发生次数以及违规案件处理率这三个测度指标来体现。监管机构是指投诉处理率，由消费纠纷案件次数、消费纠纷案件处理率、消费纠纷案件平均处理时间、维权完成率、维权完成平均时间五个测度指标构成。

第三节　消费环境指数测算方法

确定评价指标体系后，基于本次消费环境调研数据，结合对消费环境评价方法的选择构建消费环境指数，由指标层到子系统层再到系统层逐层计算，测算后得到消费环境指数。消费环境指数构建流程见图3-1。

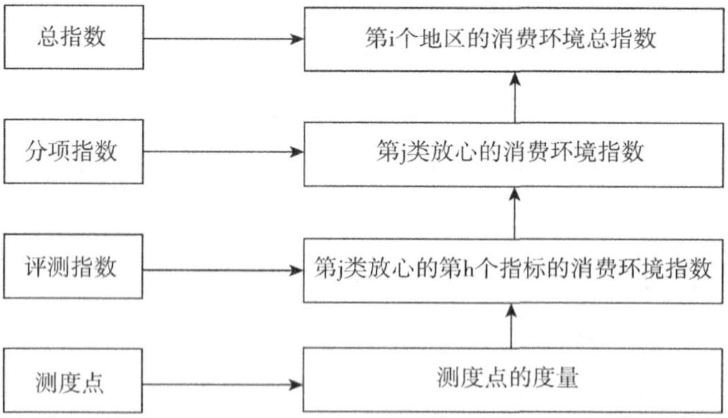

图3-1　消费环境指数构建流程

一、指标量化

（一）指标测评点的度量

指标层的每一观测点均是用五级量表进行定性划分的。为了对各观测点进行量化，借鉴地区综合发展指数、消费者信心指数等成熟指数数值表达方式，将消费环境指数特别量化为百分点数据，便于与其他类型经济变量指数联系起来进行分析。因此，本书对市场调查中常用的李克特量表（Likert Scale）量化方法做了适当的调整，将最正面的陈述量化为100，依次类推，将最负面的陈述量化为20。

（二）指标层得分值的计算

1. 针对消费者和经营主体调查数据的计算

设 X_{ijhn} 表示第 i 个地级市的第 j 类放心的第 h 个观测点的第 n 个陈述的频率，因此，指标层的计算公式为：

$$X_{ijh} = 100X_{ijh1} + 80X_{ijh2} + 60X_{ijh3} + 40X_{ijh4} + 20X_{ijh5} \tag{3-1}$$

以上过程首先需要在 Excel 中计算每个问题不同陈述的频率，在此基础上利用 Matlab 计算指标层得分。

2. 针对其他类型数据的计算

除消费者和经营主体的社会调研数据以及经营主体的典型案例数据外，其余平台数据、行业主管部门的数据、各市级政府的数据和投诉举报的数据均采用功效系数法进行得分计算。

针对正向指标，用式（3-2）进行计算：

$$X_{ijh} = \frac{X_{ijh} - X_{ij}^{n}}{X_{ij}^{m} - X_{ij}^{n}} \cdot \alpha + \beta \tag{3-2}$$

这里有 $\alpha + \beta = 100$（为与消费者调查、经营主体调查数据量化结果保持一致），常用的 α 为 40，β 为 60。其中，X_{ij}^{m} 表示第 i 个地区的第 j 类放心的满意值，它表明经过努力应获得的满意结果，X_{ij}^{n} 表示第 i 个地区的第 j 类放心的不允许值，它表示指标不能低于此值，在实际计算时，采用正指标的最大值来代替满意值，用正指标的最小值来代替不允许值。

针对逆向指标，采用式（3-3）进行指标得分的计算：

$$X_{ijh} = (\alpha + \beta) - \frac{X_{ij}^{m} - X_{ij}}{X_{ij}^{m} - X_{ij}^{n}} - \alpha \tag{3-3}$$

二、权重确定与得分计算

（一）指标层权重的确定

指标加权的依据是指标的重要性。指标在评价中的重要性判断难免带有一定的主观性，这将影响综合评价的客观性和准确性。由于主成分分析能从选定的指标体系中归纳出大部分信息，因此，采用主成分分析的方法对指标进行加权。具体步骤如下：①将原始数据进行标准化、无量纲化处理；②计算变量的相关系数阵；③计算变量的相关系数阵的特征根和特征向量；④首先由累计方差贡献率确定主成分个数，并以各主成分的特征根为权写出各主成分关于特征向量的主成分表达式；⑤最后以累计方差贡献率为主成分的权数，进行指标层权数的最终确定。

这里，第 j 类放心的第 h 个指标的权重用 W_{ij} 表示，以上步骤都可应用 SPSS 软件进行计算。

（二）子系统层得分值的计算

子系统层得分由指标层得分乘以各指标权重的累加计算得到，n 表示第 j 类放心的观测点个数，具体计算公式为：

$$X_{ij} = \sum_{h=1}^{n} W_{ij} \cdot X_{ijh} \tag{3-4}$$

（三）系统层得分值的计算

系统层得分由子系统层得分乘以各子系统权重的累加计算得到，具体计算公式为：

$$X_{i} = \sum_{j=1}^{5} W_{j} \cdot X_{ij} \tag{3-5}$$

其中，W_j 表示第 j 类放心（也即第 j 个子系统）的权重，并且权重确定方法同指标层权重的确定。两者的不同在于指标层权重确定是基于全省消费环境指标层得分值 X_{ijh} ，而子系统层权重确定是基于全省子系统层得分值 X_{ij} 。

三、等级划分

消费环境指数的评价对优化消费环境具有重要的指导意义。目前对指数的评价往往是先依据指数得分排序，然后应用某一分层方法进行等级划分。在指数测算和评价方面，大部分文献都在研究如何构建指标体系和如何计算综合得分，而关于等级如何划分的研究甚少，但科学、合理的等级划分对被评价个体确定未来的发展目标与对策措施具有指导作用。因此本研究在对消费环境指数排序的基础上，将消费环境指数划分为若干等级。

（一）等级划分的方法

总结以往的文献，等级划分有三种方法：第一种即将所有被评价对象按总个数进行划分，即每个被评价对象分为一等级。这样的划分方法操作简单，但只有绝对排位信息没有递进层级划分，不利于相近的被评价对象认清共性制定目标和对策。第二种即人为划分等级。这种方法操作简单，可以解决第一种方法无法将相近被评价对象聚类的问题，但这种方法又因人为指定分割点有很大的主观随意性。第三种方法即采用某种规则算法进行划分。这种等级划分方法不再强调被评价对象的绝对排位次序，而更加关注递进的等级分层，有利于不同等级的被评价对象相互对比取长补短，也有利于相同等级的被评价对象相互类比，确定合理高效的发展目标与对策措施。因此，本研究将依据一定的理论采用科学、可行的规则进行等级的划分。已有研究表明，作为通用的方法，在不考虑对分法的情况下，黄金分割法是等级划分的最佳方法。在实际评价中，如果指数较多地聚集在某些等级，便对此等级区间进行第二层等级划分，以便于有效地判断和区分消费环境所处的状态。因此，本研究借鉴并引入不等距划分法和黄金分割法，设计消费环境指数的层级划分规则。

（二）等级划分的操作步骤

等级划分的操作步骤如下：

1. 不等距划分法

当指数值分布不均匀时，利用不等距划分方法对指数值进行划分，具体划分为以下几个等级：当 $80 \leq X_i \leq 100$ 时为优秀，当 $70 \leq X_i < 80$ 时为良好，当 $60 \leq X_i < 70$ 时为中等，当 $X_i < 60$ 时为较差。具体的等级划分如表 3-3 所示。

表 3-3　消费环境指数区间和等级划分Ⅰ

消费环境指数区间	消费环境等级	等级描述
$80 \leq X_i \leq 100$	A	优秀
$70 \leq X_i < 80$	B	良好
$60 \leq X_i < 70$	C	中等
$X_i < 60$	D	较差

2. 黄金分割法

设最大值为 $\max X_i$，最小值为 $\min X_i$，指数区间长度为 $\max X_i - \min X_i$，较小部分占区间长度比为 $b = 38.2\%$，因此，等级划分的分割点是：

$$A_1 = (\max X_i - \min X_i) \times (1 - 1 \times b) \qquad (3-6)$$

基于此分割点的指数区间和等级划分如表 3-4 所示。

表 3-4　消费环境指数区间和等级划分Ⅱ

等级	消费环境指数细分区间
+	$(\max X_i - \min X_i) \times (1 - 1 \times b) \leq X_i < \max X_i$
-	$\min X_i \leq X_i < (\max X_i - \min X_i) \times (1 - 1 \times b)$

第四章　丝路沿线中西部城市消费环境指数评价结果

利用指数模型及综合指数模型计算消费环境指数，得到丝路经济带国内节点城市消费环境总指数及分项指数的测算结果，如表 4-1 所示。

表 4-1　节点城市消费环境总指数及分项指数测算结果

城市	安全放心	质量放心	价格放心	服务放心	维权放心	总指数
西安	86.27	84.05	84.35	83.73	81.20	83.92
洛阳	92.65	80.85	83.30	84.92	75.60	83.46
开封	91.38	78.78	84.14	84.82	73.25	82.47
银川	88.24	80.27	79.67	84.75	75.60	81.71
郑州	87.09	77.88	81.17	84.23	75.76	81.23
天水	83.93	83.03	77.71	82.31	76.12	80.62
酒泉	83.00	77.88	76.42	79.63	71.47	77.68
兰州	80.67	78.31	80.46	79.51	59.56	76.94
乌鲁木齐	83.02	75.53	77.56	76.59	67.56	76.71

在实际评价中，利用不等距分割法和黄金分割法对不同城市消费环境水平进行等级细化和区分，如表 4-2 所示。

表 4-2　丝路沿线中西部节点城市消费环境等级划分

消费环境指数区间	消费环境等级	消费环境指数区间	消费环境等级	等级说明
$80 \leq X_i \leq 100$	A	$92.36 \leq X_i \leq 100$	A+	优秀偏上
		$80 \leq X_i \leq 92.36$	A−	优秀偏下
$70 \leq X_i < 80$	B	$76.18 \leq X_i \leq 80$	B+	良好偏上
		$70 \leq X_i < 76.18$	B−	良好偏下

续表

消费环境指数区间	消费环境等级	消费环境指数区间	消费环境等级	等级说明
$60 \leq X_i < 70$	C	$66.18 \leq X_i \leq 70$	C+	中等偏上
		$60 \leq X_i < 66.18$	C-	中等偏下
$X_i < 60$	D	—	—	较差

基于表 4-2 等级划分方法，对消费环境总指数及分项指数进行等级划分，结果如表 4-3 所示。

表 4-3　消费环境总指数及分项指数等级划分

城市	安全放心	质量放心	价格放心	服务放心	维权放心	总指数
西安	A-	A-	A-	A-	A-	A-
洛阳	A+	A-	A-	A-	B-	A-
开封	A-	B+	A-	A-	B-	A-
银川	A-	A-	B+	A-	B-	A-
郑州	A-	B+	A-	A-	B-	A-
天水	A-	A-	B+	A-	B-	A-
酒泉	A-	B+	B+	B+	B-	B+
兰州	A-	B+	A-	B+	D	B+
乌鲁木齐	A-	B-	B+	B+	C+	B+

从总指数结果看，西安、洛阳、开封、银川、郑州、天水处于 A-等级，为优秀偏下，说明丝路经济带国内节点城市的总体消费环境状况较好。酒泉、兰州和乌鲁木齐消费环境总指数均处于 B+等级，基本接近优秀，但与其他 6 个节点城市的消费环境指数仍有差距。

从各分项指数结果看，安全放心指数结果最好，其中洛阳安全放心指数处于 A+等级，为优秀偏上；西安、开封、银川等 8 个节点城市安全放心指数均处于 A-等级，为优秀偏下，说明丝路沿线中西部节点城市在消费安全方面的总体情况最好；服务放心指数结果较好，其中西安、洛阳、开封、银川、郑州和天水均处于 A-等级，酒泉、兰州和乌鲁木齐处于 B+等级，说明丝路沿线中西部节点城市消费服务方面的情况总体较好；价格放心指数结果次之，其中西安、洛阳、开封、郑州和兰州均处于 A-等级，银川、天水、酒泉和乌鲁木齐处于B+等级，说明丝路沿线中西部节点城市消费服务方面的情况总体较好；质量放心指数结果一般，其中西安、洛阳、银川和天水均处于A-等级，开封、郑州、酒泉和兰州处于B+等级，乌鲁木齐处于B-等级，说明丝路沿线中西部节点城市在消费质量方面的总体情况一般；维权放心指数结果较差，其中西安处于A-等级，洛阳、开封、银川、郑州、天水和酒泉均处于B-等级，乌鲁木齐处于C+等级，兰州的维权放心处于D级（较差），说明丝路沿线中西部节点城市消费维权方面的情况总体较差。

通过消费环境总指数和各分项指数的对比结果，可以看出各个城市未来在优化消费环境中的努力方向。各个城市横向对比不仅有利于各城市正确认识自身，对标找差补短板，确定完善目标与政策措施，同时有利于促进各地市间优势互补，构建区域间需求和供给互动发力的格局。

第一节 西安市区域消费环境指数及排名

西安市消费环境指数、排名及等级划分如表4-4、图4-1所示。

表4-4 西安市消费环境指数、排名及等级划分

指标	指数	排名	等级
消费环境总指数	83.92	1	A-
安全放心	86.27	5	A-
质量放心	84.05	1	A-
价格放心	84.35	1	A-
服务放心	83.73	5	A-
维权放心	81.20	1	A-

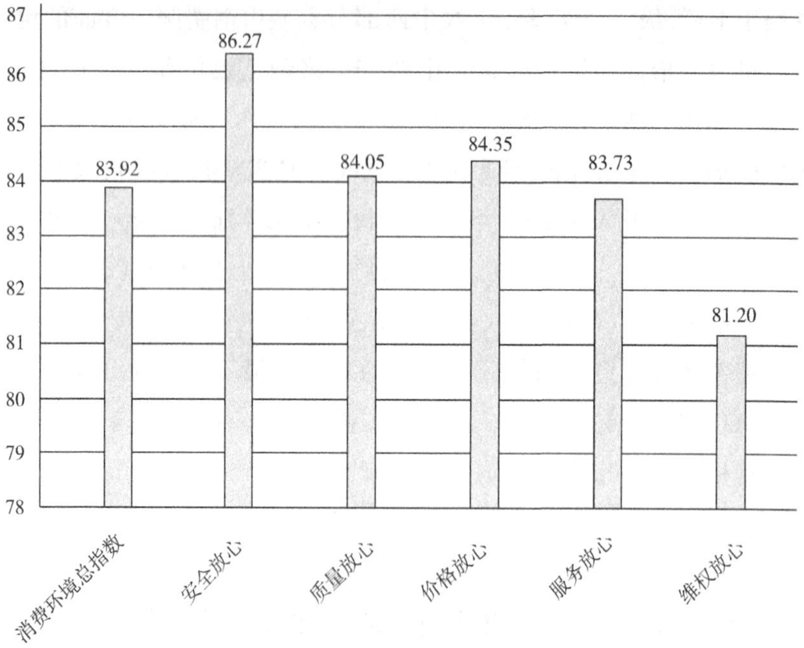

图 4-1　西安市消费环境指数柱形图

由表 4-4 和图 4-1 可以看出，西安市消费环境总指数及五个分项指数整体较高，其中消费安全放心指数最高，维权放心指数最低，其余三个指数值相当。西安市的消费环境总指数在 9 个节点城市中排名第 1，处于 A-等级，为优秀偏下。五个分项指数中质量放心指数、价格放心指数和维权放心指数在 9 个节点城市中排名第 1，安全放心指数和服务放心指数在 9 个节点城市中排名第 5，五个放心指数均处于 A-等级，为优秀偏下。

第二节　郑州市区域消费环境指数及排名

郑州市消费环境指数、排名及等级划分如表 4-5、图 4-2 所示。

表 4-5　郑州市消费环境指数、排名及等级划分

指标	指数	排名	等级
消费环境总指数	81. 23	5	A-

续表

指标	指数	排名	等级
安全放心	87.09	4	A-
质量放心	77.88	7	B+
价格放心	81.17	4	A-
服务放心	84.23	4	A-
维权放心	75.76	3	B-

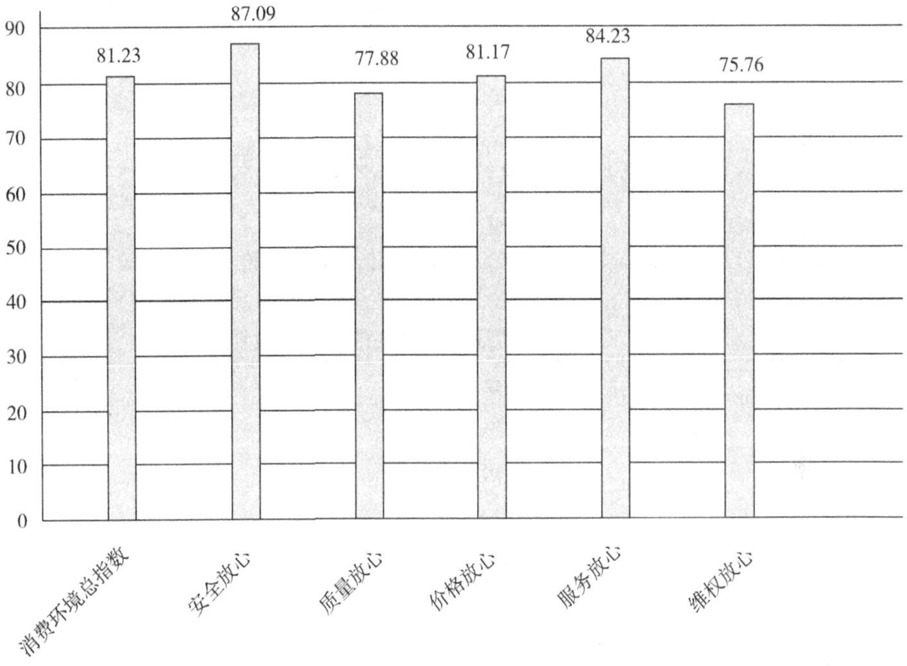

图 4-2　郑州市消费环境指数柱形图

由表 4-5 和图 4-2 可以看出，郑州市消费环境总指数及五个分项指数分布不均，其中消费安全放心指数最高，维权放心指数最低，价格放心指数和服务放心指数相当，质量放心指数落后于价格放心和服务放心指数。其消费环境总指数在 9 个节点城市中排名第 5 位，处于 A-等级，为优秀偏下；五个分项指数中，安全放心指数、价格放心指数和服务放心指数均在 9 个节点城市中排名第 4 位，处于 A-等级，为优秀偏下；维权放心指数在 9 个节点城市中排名第 3 位，处于 B-等级，为良好偏下；质量放心指数在 9 个节点城市中排名第 7 位，处于 B+等级，为良好偏上。

由表 4-5 和图 4-2 可以看出，郑州市消费环境总指数为 81.23，在 9 个丝路沿线中西部节点城市中，排名第 5 位，处于中等水平；安全放心指数和维权放心指数分别为 87.09 和 75.76，分别排名第 4 位、第 3 位；质量放心指数为 77.88，排名第 7 位；价格放心指数、服务放心指数均排名第 4 位。从横向比较结果来看，郑州市消费环境水平一般。结合丝路沿线中西部其他节点城市来看，郑州市质量放心指数整体偏低，可能的原因在于，消费者对消费质量的期望值较高。

第三节　洛阳市区域消费环境指数及排名

洛阳市消费环境指数、排名及等级划分如表 4-6、图 4-3 所示。

表 4-6　洛阳市消费环境指数、排名及等级划分

指标	指数	排名	等级
消费环境总指数	83.46	2	A-
安全放心	92.65	1	A+
质量放心	80.85	3	A-
价格放心	83.30	3	A-
服务放心	84.92	1	A-
维权放心	75.60	4	B-

由表 4-6 和图 4-3 可以看出，洛阳市消费环境总指数及 5 个分项指数整体较高，其中消费安全放心指数最高，维权放心指数最低，其余 3 个指数相当。洛阳市消费环境总指数在 9 个节点城市中均排名第 2 位，处于 A-等级，为优秀偏下。五个分项指数中，安全放心指数和服务放心指数均在 9 个节点城市中排名第 1 位，质量放心指数和价格放心指数均在 9 个节点城市中排名第 3 位，维权放心指数在 9 个节点城市中排名第 4 位。安全放心指数处于 A+等级，为优秀偏上；除维权放心指数处于 B-等级，为良好偏下之外，其余 3

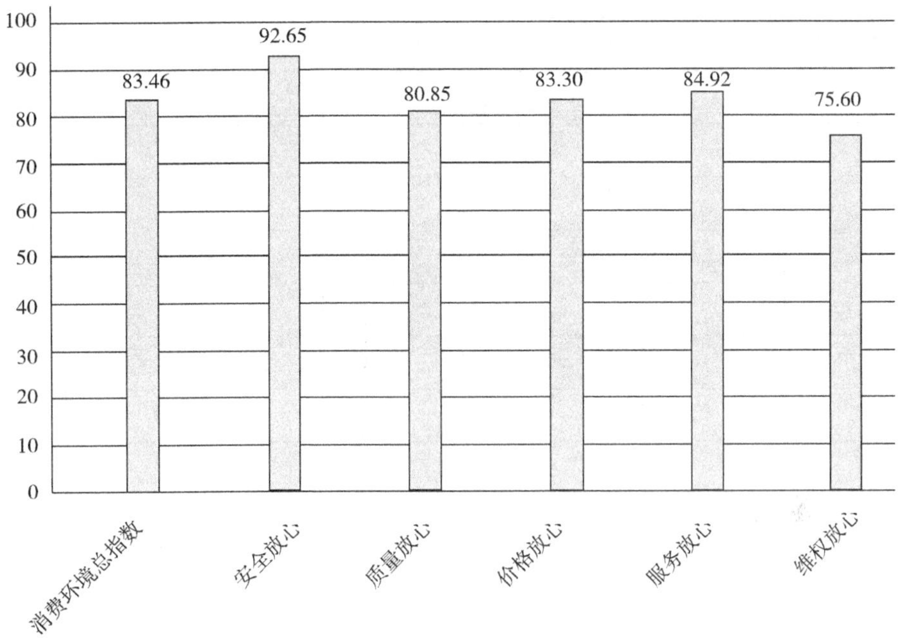

图 4-3　洛阳市消费环境指数柱形图

个放心指数均处于 A-等级，为优秀偏下。

第四节　开封市区域消费环境指数及排名

开封市消费环境指数、排名及等级划分如表 4-7、图 4-4 所示。

表 4-7　开封市消费环境指数、排名及等级划分

指标	指数	排名	等级
消费环境总指数	82. 47	3	A-
安全放心	91. 38	2	A-
质量放心	78. 78	5	B+
价格放心	84. 14	2	A-
服务放心	84. 82	2	A-
维权放心	73. 25	6	B-

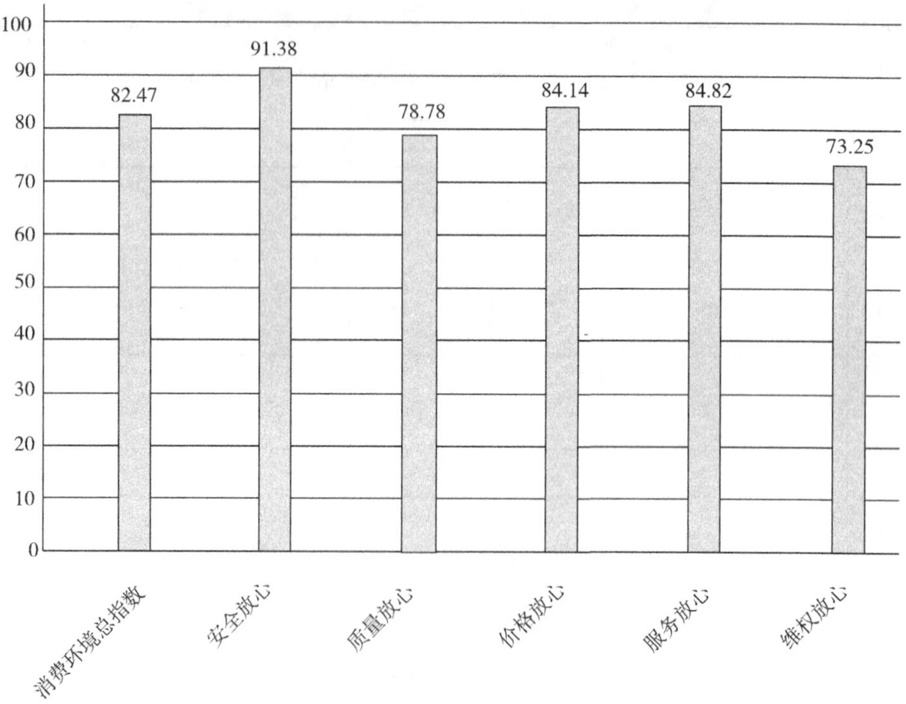

图 4-4　开封市消费环境指数柱形图

由表 4-7 和图 4-4 可以看出，开封市消费环境总指数及五个分项指数整体较高，其中消费安全放心指数最高，维权放心指数最低，价格放心指数和服务放心指数相当，质量放心指数落后于价格放心和服务放心指数。开封市消费环境总指数在 9 个节点城市中排名第 3 位，处于 A-等级，为优秀偏下。五个分项指数中，安全放心指数、价格放心指数、服务放心指数均在 9 个节点城市中排名第 2 位，处于 A-等级，为优秀偏下；质量放心指数在 9 个节点城市中排名第 5 位，维权放心指数在 9 个节点城市中排名第 6 位，其中质量放心指数处于 B+等级，为良好偏上；维权放心指数处于 B-等级，为良好偏下。

第五节　天水市区域消费环境指数及排名

天水市消费环境指数、排名及等级划分如表 4-8、图 4-5 所示。

表 4-8　天水市消费环境指数、排名及等级划分

指标	指数	排名	等级
消费环境总指数	80.62	6	A-
安全放心	83.93	6	A-
质量放心	83.03	2	A-
价格放心	77.71	7	B+
服务放心	82.31	6	A-
维权放心	76.11	2	B-

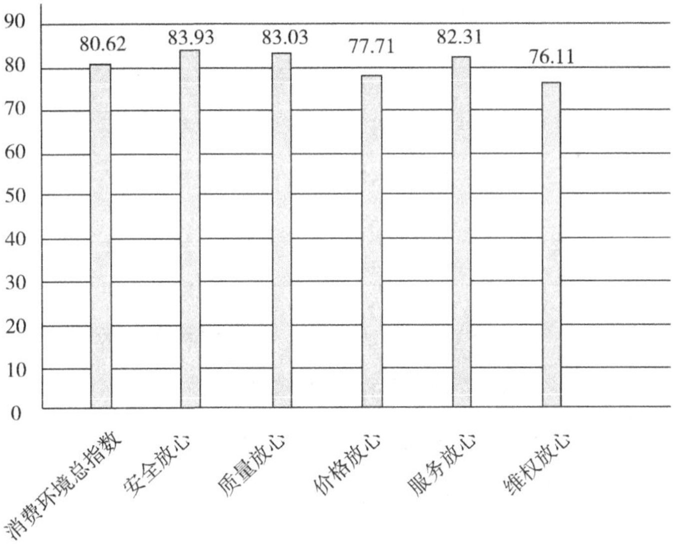

图 4-5　天水市消费环境指数柱形图

由表 4-8 和图 4-5 可以看出，天水市消费环境总指数及五个分项指数分布不均，其中消费安全放心指数最高，价格放心指数与维权放心指数较低，

质量放心指数与服务放心指数相当。这表明天水市的消费者对本市消费环境的安全方面较为满意，但消费价格及售后服务等方面的可提升空间较大。在丝路沿线9个节点城市中，天水市的消费环境总指数排名第6位，处于A-等级，为优秀偏下。五个分项指数中，质量放心指数与维权放心指数均排名第2位，其中质量放心指数处于A-等级，为优秀偏下；维权放心指数处于B-等级，为良好偏下；安全放心指数和服务放心指数均排名第6位，处于A-等级，为优秀偏下；价格放心指数排名第7位，处于B+等级，为良好偏上。

第六节　酒泉市区域消费环境指数及排名

酒泉市消费环境指数、排名及等级划分如表4-9、图4-6所示。

表4-9　酒泉市消费环境指数、排名及等级划分

指标	指数	排名	等级
消费环境总指数	77.68	7	B+
安全放心	83.00	8	A-
质量放心	77.88	8	B+
价格放心	76.42	9	B+
服务放心	79.63	7	B+
维权放心	71.47	7	B-

由表4-9和图4-6可以看出，酒泉市消费环境总指数及五个分项指数整体较低，其中消费安全放心指数最高，维权放心指数最低，其余三个指数相当。在丝路沿线9个节点城市中，酒泉市的消费环境总指数排名第7位，处于B+等级，为良好偏上；五个分项指数中，服务放心指数和维权放心指数均在9个节点城市中排名第7位，其中服务放心指数处于B+等级，为良好偏上；维权放心指数处于B-等级，为良好偏下。安全放心指数和质量放心指数均在9个节点城市中排名第8位，其中安全放心指数处于A-等级，为优秀偏下；质量放心指数处于B+等级，为良好偏上；价格放心指数在9个节点城市中排名第9位，处于B+等级，为良好偏上。

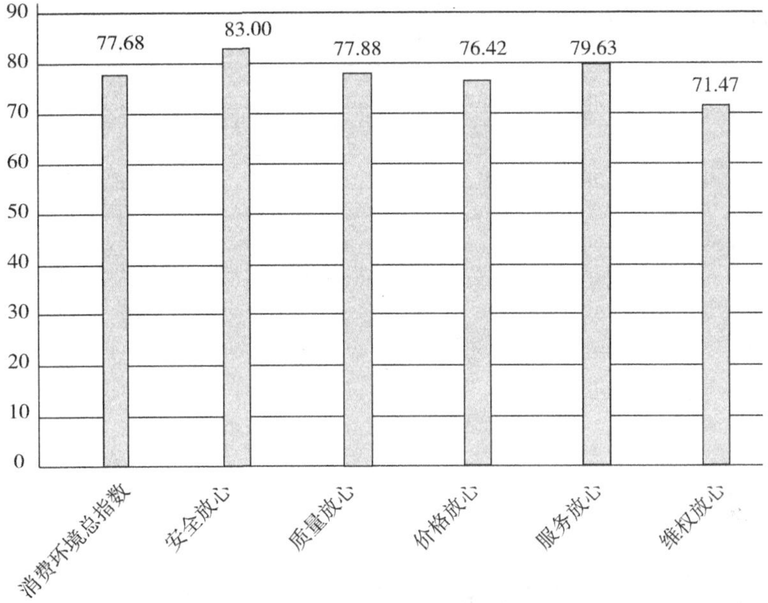

图 4-6　酒泉市消费环境指数柱形图

第七节　兰州市区域消费环境指数及排名

兰州市消费环境指数、排名及等级划分如表 4-10、图 4-7 所示。

表 4-10　兰州市消费环境指数、排名及等级划分

指标	指数	排名	等级
消费环境总指数	76. 94	8	B+
安全放心	80. 67	9	A-
质量放心	78. 31	6	B+
价格放心	80. 46	5	A-
服务放心	79. 51	8	B+
维权放心	59. 56	9	D

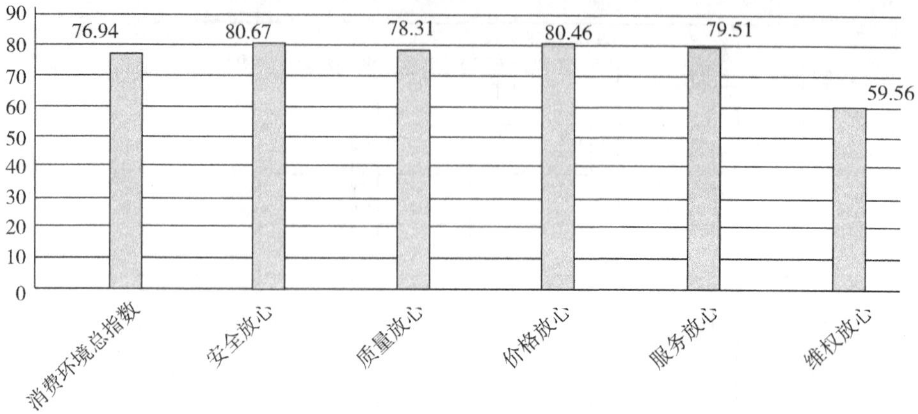

图 4-7　兰州市消费环境指数柱形图

由表 4-10 和图 4-7 可以看出，兰州市消费环境总指数及五个分项指数整体较低，其中消费安全放心指数最高，维权放心指数最低，其余三个指数相当。兰州市的消费环境总指数在 9 个节点城市中排名第 8 位，处于 B+等级，为良好偏上。五个分项指数中，价格放心指数在 9 个节点城市中排名第 5 位，处于 A-等级，为优秀偏下；质量放心指数在 9 个节点城市中排名第 6 位，处于 B+等级，为良好偏上；服务放心指数在 9 个节点城市中排名第 8 位，处于 B+等级，为良好偏上；安全放心指数、维权放心指数均在 9 个节点城市中排名第 9 位，其中安全放心指数处于 A-等级，为优秀偏下；维权放心指数处于 D 等级，为较差。

第八节　银川市区域消费环境指数及排名

银川市消费环境指数、排名及等级划分如表 4-11、图 4-8 所示。

表 4-11　银川市消费环境指数、排名及等级划分

指标	指数	排名	等级
消费环境总指数	81.71	4	A-
安全放心	88.24	3	A-
质量放心	80.27	4	A-

续表

指标	指数	排名	等级
价格放心	79. 67	6	B+
服务放心	84. 75	3	A−
维权放心	75. 60	5	B−

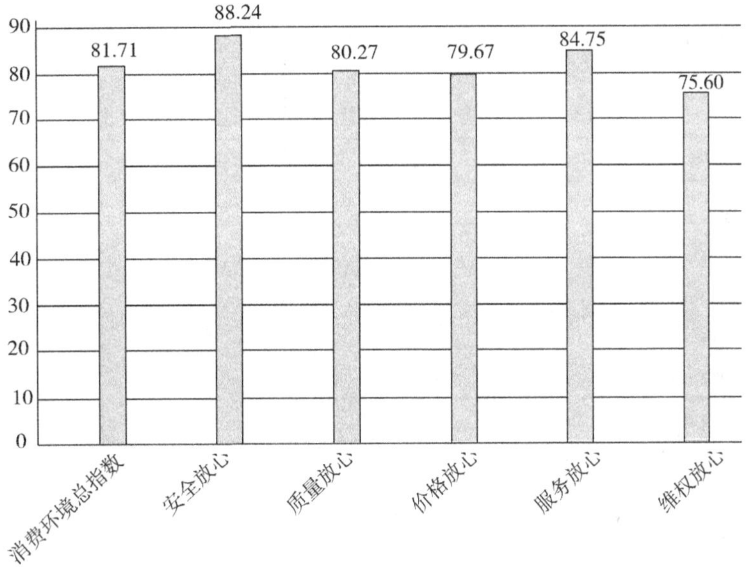

图 4-8　银川市消费环境指数柱形图

由表 4-11 和图 4-8 可以看出，银川市消费环境总指数及五个分项指数分布不均，其中消费安全放心指数最高，维权放心指数最低，价格放心指数和质量放心指数相当，服务放心指数高于价格放心和质量放心指数。银川市的消费环境总指数在 9 个节点城市中排名第 4 位，处于 A−等级，为优秀偏下。五个分项指数中，安全放心指数和服务放心指数均在 9 个节点城市中排名第 3 位，处于 A−等级，为优秀偏下；质量放心指数在 9 个节点城市中排名第 4 位，处于A−等级，为优秀偏下；维权放心指数在 9 个节点城市中排名第 5 位，处于 B−等级，为良好偏下；价格放心指数在 9 个节点城市中排名第 6 位，处于 B+等级，为良好偏上。

习近平总书记提出“一带一路”倡议之后，为丝绸之路节点城市银川市带来了前所未有的发展机遇。从区域消费环境指数排名来看，银川市消费环境总指数位列节点城市第 4。银川市消费环境总指数为 81.71，从当地经济发展水平和消费规模来看，其消费环境较好。

第九节　乌鲁木齐市区域消费环境指数及排名

乌鲁木齐市消费环境指数、排名及等级划分如表 4-12、图 4-9 所示。

表 4-12　乌鲁木齐市消费环境指数、排名及等级划分

指标	指数	排名	等级
消费环境总指数	76.71	9	B+
安全放心	83.02	7	A-
质量放心	75.53	9	B-
价格放心	77.56	8	B+
服务放心	76.59	9	B+
维权放心	67.56	8	C+

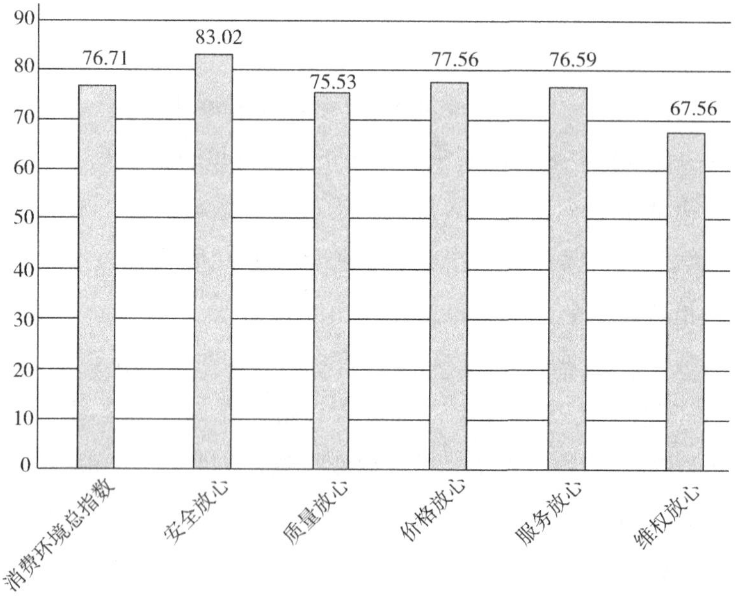

图 4-9　乌鲁木齐市消费环境指数柱形图

由表 4-12 和图 4-9 可以看出，乌鲁木齐市消费环境总指数及五个分项指数整体较低，其中消费安全放心指数最高，维权放心指数最低，其余三个指数相当。乌鲁木齐市的消费环境总指数在 9 个节点城市中排名第 9 位，处于 B+等级，为良好偏上。五个分项指数中，安全放心指数在 9 个节点城市中排名第 7 位，处于 A -等级，为优秀偏下。价格放心指数、维权放心指数均在 9 个节点城市中排名第 8 位，其中价格放心指数处于 B+等级，为良好偏上；维权放心指数处于 C+等级，为中等偏上。质量放心指数、服务放心指数均在 9 个节点城市中排名第 9 位，其中质量放心指数处于 B-等级，为良好偏下；服务放心指数处于 B+等级，为良好偏上。五个放心指数在 9 个节点城市中排名均落后，整体消费环境有待加强。

第五章　丝路沿线中西部城市消费环境指数评价结果分析

第一节　西安市消费环境分析

一、西安市消费环境的优势

（一）消费者基本权利

消费者对消费过程中其自身自主选择权和公平交易权的实现程度评价较高，得分为93.95分。自主选择权与公平交易权是消费者的基本权利，消费者对其评价较高，表明西安市消费者的基本权利得到了良好保障，消费者对西安市当前消费环境的认可度较高。西安市维权放心指数为81.2，在整个丝绸之路节点城市中排名第1位。西安作为丝绸之路的起点城市，同时又是旅游胜地，消费群体规模较大，因此，较好地维护消费者的权利，完善相关条例法规，能够有效地促进消费市场发展，形成良性循环，营造和谐的消费环境。但是，西安市的维权放心指数与其余四个分项指数相比仍然较低，相关部门还应有针对性地做出努力，可采取在社区举办“消费者权利”等相关主题宣讲活动，持续加大检查督察力度等。

（二）商品平均质量

商品平均质量等级较高，质量责任人明确，得分为89.40分。商品平均质量等级是在商品的分类与评价中较常用的一个指标，代表性较好。西安市的消费质量放心指数为84.05，在丝绸之路节点城市中排名第1位。在消费环境中，质量等级较高的产品，更受消费者的青睐，尤其是在供给侧结构性改革的大力推进下，越来越多的生产者更加关注产品质量，从供给的角度入手，优化消费市场。商品质量负责人，指由企业相关管理人员担任，在质量管理工作中具备正确判断和保障实施的能力，全面负责商品质量管理工作、履行职责的人。商品质量负责人不明确是当前消费环境中常见的消费问题，在消费者维权时经常遇到各部门之间相互推脱、负责人不明确的情况。调查结果显示，西安市商品平均质量等级较高，质量责任人明确，这些对构建和谐的消费环境有着不可忽视的推动力量。

（三）安全制度

安全制度较健全，商品（服务）消费环境安全责任落实程度较好，得分为 87.50 分。在消费环境中，建立健全安全制度体系十分重要。西安市安全放心指数最高，在五项分类指标中，排名第 1 位，充分表明西安市在消费环境安全方面工作较为突出。尤其关乎民生的食品、药品等安全问题，是消费者考虑的重要因素，做好民生领域消费安全保障工作也是消费环境良好发展的必要条件。

二、西安市消费环境的劣势

（一）商品性价比

消费者在消费过程中对商品性价比的评价较低（同等价位的商品性能较差或同等性能的商品价格较高，得分为 72.00 分）；性价比是商品的性能值与价格值之比。综观消费市场，虽然“诱人”的价格可以吸引消费者的关注，但真正受到消费者喜爱的应是高性价比的产品。提高产品性价比，可以从以下三个方面入手：

1. 提高商品质量

商品质量是消费者选择产品时首要考虑的问题。换句话说，提高商品质量是企业提高性价比的基础，只有保证商品的品质，才能赢得消费者的关注。

2. 优化售后服务

真正性价比高的产品不仅需要保证商品品质和附加值，服务也是体现性价比的关键因素。

3. 加大产品创新投入力度

在同质化产品充斥市场时，消费者都患上了“脸盲症”，因此，产品的创新显得尤为重要。即在商品同质的情况下，消费者购买任何一家的商品都差别不大，其性价比很难体现出来。“产品设计创新能力是提高性价比的最好助力”，一般来说，以消费者需求为基础设计产品，设计新颖、种类丰富、可选颜色多、材质款式优良的产品更能够得到消费者青睐。

（二）售后服务规范性

售后服务规范性较差，得分为 65. 53 分，表明当消费者在消费过程中合法利益受到损害时难以获得合理的赔偿。西安市服务放心指数为 83. 73，在五个分项指数中仅高于维权放心指数。销售行为结束后，售后服务对消费者的消费体验也会产生较大影响，售后服务越周到，越容易吸引长期稳定的消费群体，尤其在数字经济发展迅速的背景下，网络消费市场占有率逐渐扩大，对当地实体经济带来较大的冲击。调查结果显示，西安市存在售后服务规范较差等问题，部分消费者的合法利益受到损害时难以获得合理赔偿。相比网络消费，实体消费的售后服务是拉动实体经济发展的重要驱动力，因此，售后服务规范较差的问题亟待解决。

（三）消费纠纷案件处理

消费纠纷案件平均处理时间较长，得分为 58. 18 分。消费纠纷案件属于消费者维权问题，当发生消费纠纷案件时，处理时间较长会浪费经营主体与消费者双方的时间和精力，带给消费者较差的消费体验，从而给整个消费环境带来负面影响，不利于经济的良性发展。调查发现，西安市维权放心指数在五个分项指数中最低，表明西安市消费者维权工作仍需高度重视，有关监管部门应进一步加强管理督察力度，提高处置人员的专业应对能力，提高解决纠纷案件的效率，缩减消费纠纷案件处理时间。尽管如此，横向比较来看，西安市的维权放心指数在 9 个丝路沿线中西部节点城市中仍排名第 1 位，由此可见，9 个丝路沿线中西部节点城市在消费者维权方面存在的问题具有普遍性。

第二节　郑州市消费环境分析

一、郑州市消费环境的优势

（一）消费者公平交易权

消费者对商品购买过程中其自身公平交易权的实现程度评价较高，得分为 96.42 分，即郑州市消费者对自身权利的保障情况比较满意，郑州市消费者公平交易权普遍得到了尊重。所谓公平交易，一般是指交易双方在符合市场交易规则及商业交易习惯基础上所进行的自愿、平等、公正、合理的交易活动或行为。公平交易权是消费者的一项合法权益，但在社会生活中，由于各种原因，消费者公平交易权经常得不到保障。消费者的公平交易权需要买卖双方公平公正、合法合理才能得到保障。

（二）消费者自主选择权

消费者在消费时自主选择权较高，得分为 94.32 分，说明郑州市的消费环境比较公平，消费者的权利得到了保障。自主选择权是指消费者根据自己的消费需求，自主选择自己满意的商品或服务，决定是否购买或接受的权利。具体包括：有权自主选择商品或服务的经营者；有权自主选择商品品种或服务方式；有权自主决定购买或者不购买任何一种商品、接受或者不接受任何一项服务。

（三）消费者受尊重权

消费者对消费时得到尊重的评价较高，得分为 91.06 分。消费者受尊重权，是指消费者在购买、使用商品和接受服务时，享有其人格尊严、民族风俗习惯得到尊重的权利。赋予消费者尊严不仅仅是保证消费者买得放心、吃得安心、用得舒心，也不仅仅是保证消费者不受欺诈、公平交易，更重要的是消费者的人格受到应有的尊重，其精神权益受到应有的维护。郑州市能做到、做好这一点对于消费环境的良好发展具有重要意义。

二、郑州市消费环境的劣势

（一）维权放心指数

消费纠纷案件平均处理时间较长，调查发现其综合评价指数仅为64.51分，这也是导致郑州市维权放心指数排名低的原因之一。提高维权放心指数的路径主要包括：一是从根源上解决产品质量差的问题；二是简化维权程序，缩短处置时间。

（二）消费者维权渠道

消费者对商品（服务）提供者进行批评、监督、评价的渠道不够畅通，调查发现其综合评价指数仅为64.11分。目前我国消费大环境还不完善，市场中存在问题较多，比如假冒伪劣、食药安全、售后不周等问题，这就要求提供允许消费者对商品（服务）提供者进行批评、监督、评价的渠道，进而改善国内消费环境。近年来，网络购物消费发展迅速，成为消费者的购物新选择，中国有约三成网购消费者对消费不满意，问题主要集中在虚假广告宣传、价格欺骗、个人信息泄露等方面。调查中，近半数受访者认为应当进一步畅通维权渠道。因此，郑州市应该推动政府部门、行业、企业和社会各界共同营造放心的网络消费环境，畅通消费者维权渠道。

（三）商品平均质量

商品平均质量等级较差，质量保障制度、措施不够完善，调查发现其综合评价指数仅为62.22分。同时，质量放心指数为77.88，排名较靠后，仅高于维权放心指数。在货品交易过程中，产品质量问题是关键。因产品质量问题发生的纠纷也很多，一旦处理不好，双方的利益都会损失。对于郑州市商品平均质量等级较差，质量保障制度、措施不够完善的情况，可以采取以下措施：一是采取追究责任制，谁生产谁负责，生产者不仅需要完成任务，还需要保证产品质量；二是增强总检的责任意识，增加优秀检验员，对产品进行严格检控；三是加大惩罚力度，对于生产质量差、欺骗消费者的企业给予严惩。

第三节　洛阳市消费环境分析

一、洛阳市消费环境的优势

（一）消费者人身安全权

消费者对消费过程中人身安全受到保障的程度评价较高。调查发现，其综合评价指数达到97.68分。人身安全权，是指消费者在购买、使用商品或者接受服务时享有的生命、健康不受威胁、不受侵害的权利。人身安全问题也是安全问题的一部分，在五个分类指数中，洛阳市的安全放心指数排名第1位，同时人身安全综合评价指数达到97.68分，充分表明洛阳市对于消费者人身安全的保障措施较好，消费环境安全方面的保障较好。由调查可知，洛阳市的安全放心指数在所调查的丝绸之路城市中位居第1位，消费安全是洛阳市消费环境总体良好的一大原因，也是值得其他节点城市借鉴之处。

（二）消费者公平交易权

消费者对消费过程中公平交易权的保障程度评价较高。调查发现，其综合评价指数达到96.42分，充分表明洛阳市的商家、管理部门、后台部门注重消费者权益的维护。但调查发现，虽然消费者对公平交易权的实现评价较高，但洛阳市的维权放心指数仅为75.6，在整个丝绸之路节点城市中排名第4位，这也提醒我们，不仅要关注消费者公平交易权的实现，对消费者的其他各项权利也不能怠慢。

（三）价格公示完整度与价格合规率

价格公示完整度以及价格合规率（标准合格、四个相符）评分较高，调查发现其综合评价指数达到89.06分。洛阳市的价格放心指数为83.3，在五个分类指数中排名居中，在9个丝绸之路节点城市中排名第3位，生产者向消费者提供消费价格及价格合规率公示，方便消费者对自己的消费账单做到心里有数；政府公布物价管理科咨询电话和价格举报电话，方便群众和社会进行监督。能否做到、做好这一点，对于消费者的消费决定、消费情绪以及后续的维权具有重要意义。总体来说，洛阳市在价格公示方面的工作完成度较好，值得各地学习与借鉴。

二、洛阳市消费环境的劣势

（一）消费者对商品性价比的评价

消费者在消费过程中对商品性价比的评价较低（同等价位的商品性能较差或同等性能的商品价格较高）。调查发现，其综合评价指数为 74.52 分。洛阳市质量放心指数为 80.85，排名仅高于其维权放心指数。价格放心指数为 83.3，排名居中。改善“消费者在消费过程中对商品性价比的评价较低”这一问题，离不开对质量放心指数与价格放心指数的分析，相关部门要积极寻找问题，从质量和价格两方面入手，提高商品的性价比。

（二）消费者维权放心指数

消费者在消费过程中权益受到损害时无法得到合理的赔偿。调查发现，其综合评价指数为 62.70 分，且洛阳市的维权放心指数排名最低。消费者的合法权利主要有安全权、知情权、自主选择权、公平交易权、求偿权、结社权、获知权、人格尊严受尊重权和监督权 9 种。赔偿损失既包括受损害财产本身的损失，也包括因财产损害所支出的其他费用，如修理费、交通费、运费、邮寄费等，在特殊情况下，还包括可得利益的损失。赔偿损失这种责任形式，既可以单独使用，也可以与前几种责任形式结合使用。针对以上权益损害，相关部门应给出赔偿损害的规定，严重情形应结合相应的法律指导赔偿。

（三）消费纠纷案件平均处理时间

消费纠纷案件平均处理时间较长，调查发现其综合评价指数为 62.70 分。消费纠纷案件平均处理时间较长，是维权放心指数不高的重要原因之一。《中华人民共和国民法通则》规定的诉讼时效为 2 年，从知道或者应当知道其权利受到侵害之日起开始计算，这就存在消费纠纷起诉有可能过诉讼时效的问题。当纠纷解决方式过于冗杂时，会存在消费者没有太多的时间和耐心去等待问题解决的情况。因此，如何缩短消费纠纷案的处理时间、设计有利于消费者执行的简单明了的解决系统就显得非常重要。相关部门要从实际情况入手，心系消费者，积极解决消费纠纷案件平均处理时间较长的问题，从而提高维权放心指数和消费环境放心总指数。

第四节　开封市消费环境分析

一、开封市消费环境的优势

（一）消费者人身安全保障程度

消费者对消费过程中人身安全的保障程度评价较高，得分为95.2分。开封市的安全放心指数最高，在五个分类指数中排名第1位，远高于其他指数的数值，同时在9个丝绸之路节点城市中排名也很靠前，说明开封市在消费环境的管理建设过程中较注重安全方面的问题。

（二）消费者公平交易权

消费者对购买商品（服务）的过程中（价格、质量、计量）公平交易权的实现评价较高。开封市服务放心指数较高。众所周知，服务业不仅是第三产业的重要组成部分，也在产业结构优化升级的大趋势下占据重要地位，并且服务质量的好坏是衡量居民生活满意度的重要指标。服务可以为一个城市打造消费新名片，开封市服务放心指数较高，在一定程度上提升了城市吸引力，有利于巩固其“千年古都”的称号，也有利于提升周边地区的知名度。服务放心评价指标包括当地的政府服务、商家企业的服务、公务人员的服务以及景区的服务等，任何一个方面表现欠佳都可能会对整体的服务放心指数造成影响。

（三）价格合规率评分

消费者对价格合规率（标准合格、四个相符）评分较高，得分为87.8分。商品价格对人民生活影响巨大，城市商品的物价水平是衡量居民幸福感的重要指标。从测算结果来看，开封市的价格放心指数排名靠前，人民满意的物价水平为开封市继续大力发展旅游业创造了条件。

二、开封市消费环境的劣势

（一）开封市维权放心指数

开封市维权放心指数的排名靠后，得分为 73.25 分。开封市作为河南省的主要城市之一和中国历史文化名城的代表，其维权放心指数排名靠后，主要会产生两方面的影响：一方面，对当地居民来说，维权指数不理想间接影响了城市居民幸福感的提升；另一方面，对外地游客来说，当在开封遇到维权事件时，由于个人不熟悉当地状况，其维权之路更是雪上加霜，不利于树立开封良好的城市形象。

（二）消费纠纷案件处理时间

消费纠纷案件平均处理时间较长，得分为 62.08 分。消费纠纷指消费者和经营者之间在消费领域中因商品质量以及由此造成消费者人身、财产损失而引发的纠纷。消费争议主要有四种类型：一是由于经营者不依法履行义务或者履行义务不当，消费者合法权益在购买、使用商品或者接受服务的过程中受到损害所产生的争议；二是消费者对经营者提供的商品或者服务不满意所产生的争议；三是经营者侵犯消费者权利所产生的争议；四是在消费过程中产生的其他争议。从研究结果来看，不只在开封市，其他丝绸之路节点城市均存在此类问题。若要有效缩短消费纠纷案件的处理时间，最重要的是要找出这一问题产生的原因，对症下药，进一步强化市场主体责任，打造消费无忧的良好环境。

（三）消费维权评价

网络对消费维权评价得分较低，得分为 60.56 分。开封市的维权放心指数排名最低，且存在消费纠纷案件平均处理时间较长、消费者在消费过程中权益受到损害时无法得到合理的赔偿等一系列问题，这些情况充分表明开封市在消费维权方面的工作还需加大推进力度，相关监管部门应高度重视维权问题。随着信息社会的发展，网络发展越来越迅速。通过网络获取信息已经成为现阶段的主要方式，其传播作用不容小觑。因此，对一个企业乃至一个城市而言，网络消费评价也至关重要。调查显示，网络平台作为城市重要宣传窗口之一，网络对消费维权评价得分较低，不利于吸引外来消费者，同时对本地未参与消费的群体也有着不良影响。

第五节　天水市消费环境分析

一、天水市消费环境的优势

（一）消费安全制度

消费者对消费安全制度的评价较高，得分为 93.33 分。天水市五个分项指数中消费安全指数最高，可见天水市消费者对消费环境的安全制度较为满意。天水市是关中平原城市群重要节点城市，也是关中—天水经济区的次核心城市，曾名上邽、成纪、秦州，是华夏文明的重要发祥地之一，素有“羲皇故里”之称。作为丝绸之路节点城市，天水市的经济对周边城市有着重要的带动作用，是周边城市经济发展的发动机，而消费安全又是这一切良好运行的基本保障。因此，天水市消费安全制度的落实与实施尤为重要。纵向比较来看，天水市消费者对消费安全评价较高，但从 9 个丝绸之路节点城市横向比较来看，天水市的安全放心指数仅排名第 6 位。

（二）价格合规率

消费者对价格合规率（标准合格、四个相符）评分较高，得分为 90.31 分。价格合规率是评价商品价格水平常用的一个指标，也是近年来各行业较常用的一个分析指标。价格合规率越高，越容易得到消费者的青睐，市场发展越稳定。调查发现，天水市价格放心指数在五个分项指数中数值较低，在丝绸之路沿线节点城市中排名也较靠后，可见虽然天水市消费者对价格合规率评分较高，但天水市消费环境中价格方面的问题仍然不容忽视。价格是市场配置资源机制系统中最灵敏、最有效的杠杆。因为价格机制的作用一旦发挥，直接影响着生产者、供给者和消费者的利润最大化目标。在某种产品市场上，价格上升，可能会降低消费需求，供给相应大于需求，生产者会降低对资源的投入，要素市场上资源供给大于需求，资源配置的速度和数量都会降低，这会影响资源实现效用最大化的客观需要。相反，若该产品价格上升，资源就会流向该产品的生产。相对而言，资源流入的产业或产品必定能够带来比资源流出的产业或产品更多的利润，这也满足了资源本身的最大化效用需求和投资者利润最大化的目的。因此，天水市相关部门应重点关注价格方面问题，这对天水市整个消费环境的经济发展至关重要。

（三）售前、售中、售后服务规范

生产经营者售前、售中、售后服务规范较为完善，得分为 90.00 分。天水市的服务放心指数为 82.31，在五个分项指数中排名第 3 位。在市场经济迅猛发展的今天，售前、售中、售后都很重要，三者缺一不可。如果说售前、售中服务是为了吸引顾客推销产品，那么，售后服务是为了消除消费者心目中的疑虑与担忧。总体而言，天水市消费环境中的服务体系还是比较完善的，消费者较为满意。在消费行为中，我们经常遇到的情况有以下两类：①售前和售中服务较规范，售后服务不到位，解决问题时间长，各部门互相推脱；②售前服务过于热情，给消费者带来一定困扰。对此，相关管理人员务必要端正态度，规范的售前服务是在尊重消费者自主选择权的前提下，协助客户了解产品及需求，使商品能够最大限度地满足用户需要，在合理范围内刺激消费者购买欲望。总而言之，天水市在服务方面的表现值得欣慰，但仍需继续努力。

（四）商品平均质量等级评分

商品平均质量等级评分较高，得分为 85.05 分。调查发现天水市质量放心指数较高，可见天水市消费环境中，产品质量方面整体较好，消费者比较满意。但与其他 8 个丝绸之路节点城市相比，仍然有一定的差距，仍需要继续努力。

二、天水市消费环境的劣势

（一）消费者对产品服务条款的知情程度

消费者对产品服务条款的知情程度不高，得分为72.19分。商品服务条款是明确消费者与销售者之间各项权利及义务的成文规定，消费者对商品服务有知情权。调查显示，天水市消费者对产品服务条款知情程度较低，这种信息的不对称一定程度上会给消费者带来损失，相关部门应给予关注并及时做出改善。具体可采取以下措施：①提高消费者的维权意识。通过宣传重点领域维权案例等方式向群众普及维权知识，有效减少相关领域侵权行为的发生。②切实维护消费者的合法权益，急群众之所急，想群众之所想，正确处理消费纠纷，最大限度维护消费者权益。

（二）生产经营场所安全设施监管力度

监管部门对生产经营场所安全设施监管力度仍不足，得分为69.47分。生产经营场所是指公司、企业和其他经济组织在我国为进行生产经营活动而设立的场所以及承包建筑、安装、勘探等工程作业的场所等。设立生产经营场所的目的是为了便于生产经营活动的开展，最大化获取经济社会效益，但其安全保障至关重要，直接影响后续其他的环节是否可以顺利进行。因此，监管部门必须持续保持严格高效的安全监管力度，确保安全设施在正常范围内运行。

（三）消费者对商品性价比的评价

消费者在消费过程中对商品性价比的评价较低（同等价位的商品性能较差或同等性能的商品价格较高），得分为66.25分。天水市的质量放心指数较高，表明消费者对产品质量较为满意，因此天水市要提高商品性价比评价，主要应该从价格方面入手，考虑在合理范围内精简降低成本、通过管理提高效率，降低终端消费价格，有效提高商品性价比。

第六节　酒泉市消费环境分析

一、酒泉市消费环境的优势

（一）消费安全指数

安全保障制度、消防制度等较为健全，应急预案知晓率较高，得分为95.00分。酒泉市的安全放心指数为83.00，在五个分类指数中排名第1位。充分表明酒泉市政府十分重视食品安全和消防安全。常见的安全保障制度有：①在各个场所（学校、医院、饭店、停车场等）制定相应的安全保障措施和消防安全措施，并且与场所的特殊性相适应，做到因地制宜。②不定期抽查各地区安全措施、消防安全措施的制定以及实施情况。③加大对于安全保障方面的资金投放比例，加强食品安全监管机构基础设施建设，充分保证创建工作的人力、财力、物力。④加强全市人民的消防安全意识，开展安全知识教育，例如单位对新来员工需进行消防安全的职前教育培训，培训内容应包括：消防安全基本常识、灭火器及消防栓的操作使用等。

（二）监管部门依法履职满意度

消费者及监管对象对各监管部门依法履职的满意度较高，得分为93.33分。监管部门依法履职也是服务消费者的一种方式，酒泉市的服务放心指数排名较高，在五个分类指数中排名第2位。监管部门依法履职不仅关系到广大消费者，也关系到整个消费环境的和谐发展。酒泉市消费者及监管对象对各监管部门依法履职的满意度较高，有利于提升消费者对政府部门的信任程度，有助于各项治理工作的顺利开展。同时，了解酒泉市消费者及监管对象对各监管部门依法履职的评价，能够有效推动酒泉市各级政府部门加强安全放心消费环境的建设工作，更好地维护消费者合法权益，提高消费者满意度，增强人民群众在消费领域的获得感、安全感和幸福感。

（三）生产经营者质量标准合法度

生产经营者质量标准合法度较高，质量责任人明确，得分为90.00分。

酒泉市质量放心指数为 77.88，在五个分类指数中排名第 3 位。作为生产经营者，应当承担多层次的责任，如产品质量责任和社会责任等，这其中最基本的就是产品质量责任，以质量取信于消费者。酒泉市生产经营者质量标准合法度较高，质量责任人明确在一定程度上表现出酒泉市生产经营者对生产经营过程的严格把控，能够做到以安全为先、诚信经营，能自觉接受管理部门和社会的监管监督；能够杜绝生产假冒伪劣、以次充好的产品，杜绝做出侵害消费者合法权益的行为，建立了企业自我规范的约束机制，切实承担起产品与服务质量安全第一的责任。

二、酒泉市消费环境的劣势

（一）消费者服务放心指数

消费者对售后服务时限及执行情况评价相对较低，得分为 70.72 分。酒泉市的服务放心指数为 79.63，在 9 个丝绸之路节点城市中排名第 7 位。从各测评指标评价情况来看，酒泉市消费者对售后服务时限及执行情况评价不高，表明商家售后服务方面仍有欠缺，当产品售出后，无法保证产品发生质量等问题时能够迅速有效地解决，因此在较大程度上影响了消费者的满意度及客户忠诚度。如今市场竞争归根结底就是市场占有率的竞争，无论是出售产品还是出售服务，消费者是否满意才是检验营销工作成败的标准。售后服务就是要求商家充分了解消费者、研究消费者心理、注重售后细节、改进工作缺点、提高服务质量，通过全程优质服务换取消费者对品牌的忠诚度。

（二）商品性价比评价

消费者在消费过程中对商品性价比的评价较低（同等价位的商品性能较差或同等性能的商品价格较高），得分为 68.48 分，该项测评指标也是导致酒泉市价格放心指数较低的原因之一。酒泉市的价格放心指数为 76.42，排名较靠后。在如今消费升级浪潮的冲刷下，性价比已成为消费者做出消费决策的重要因素之一。酒泉市消费者在消费过程中对商品性价比的评价较低，表明消费者较多地认为市场中某些商品的价格高于其本身的价值，消费者对其商品的评价不高，将影响商品的销售以及在消费市场中所占的份额。对于商家来说，想要提高市场竞争力，就必须提高产品性价比，例如，从商品质量、售后服务以及产品创新等方面着手，提高商品性价比。同时，应紧跟市场发展步伐，提升企业自身的实力和市场竞争能力，以获取更大的市场份额。

（三）消费者维权放心指数

消费者在消费过程中权益受到损害时难以得到合理赔偿，得分为 59.66 分。建议采取的措施有：一是通过经济、法律和行政等手段完善宏观调控、加强市场监管、规范市场秩序，使酒泉市经营者能在平等条件下参与竞争，为广大消费者提供良好服务，建立正常的检查督导制度，抓好执法的每一个环节，依法查处、严惩违法犯罪活动；二是提升酒泉市经营者的诚信观念和良好服务意识，以法律和道德双重约束商家履责，强化治理的重要作用。诚信是企业的最大财富，企业要塑造先进的企业文化，经营者要打破落后的销售观念，要以诚信为基础，赢得客户和消费者的信任。

（四）消费纠纷案件处理时间

消费纠纷案件平均处理时间较长，得分为 55.74 分。一般来说，消费者权益纠纷大部分属于数额较小的案件，但处理案件的时效性较低。造成这一现象的原因主要有以下几点：一是个别部门对消费纠纷案件的重视程度不够；二是解决纠纷的程序较烦琐。因此，酒泉市消费者协会和有关行政部门的工作人员应当真正树立以人为本的思想，在执政为民的过程中，认真履行工作职责，切实以保护酒泉市人民群众消费的合法权益为己任，消除“办大案才是为民办实事，办小案就无所谓”的错误观念，提高办事效率，端正工作作风；简化诉讼流程，对于小数额的纠纷案件，可以按照简易程序和特别程序中的有关规定开展实施，实行独任审判、一审终审等方法，使当事人在最短的时间内获取案件的处理结果，最大程度减轻双方在诉讼中的精力耗损。

第七节　兰州市消费环境分析

一、兰州市消费环境的优势

（一）生产经营者售后服务规范

生产经营者售后服务规范较好，得分为 94.29 分。表明当地消费者对生产经营者的售后服务满意度较高，有利于兰州相关企业的品牌建设，提高消费者对相关企业的认可度，并对品牌增值发挥较大的推动作用。对售后服务的严格规范，意味着对企业品牌声誉的良好维护。良好的售后服务是与客户维系感情的桥梁。与客户建立良好的关系，是企业的人脉扩张，能够引导用户进行二次消费，并且引发其主动转介绍，在无数个小圈子形成口碑效应，最终实现大范围的良好口碑。除此之外，通过售后服务，企业能够进一步了解客户和竞争对手的更多信息。优质的售后服务是企业增值的一种方式，是企业赢得美誉和信任的关键环节。

（二）消费环境安全程度

生产经营者对产品、服务、消费环境安全责任落实程度较好，得分为 91.43 分。产品、服务、消费环境安全归根结底是兰州市消费环境的安全。兰州市安全放心指数为 80.67，在五个分类指数中排名第 1 位，充分表明兰州市十分注重消费安全。企业的诚信、自律以及社会责任感，是产品质量安全保证的基础。企业是产品的制造者，产品经过流通进入社会，整个过程中企业是否严格执行相关保证产品质量的标准、制度，产品的质量状况、安全水平如何，原料和生产过程是否合格、安全，以及存储、运输环节是否安全等，表明生产经营者对产品质量安全起着决定性的作用。因此，企业作为生产经营活动的主体，理应为自己所采用的经营策略、生产的产品以及提供的服务负责，企业是产品质量安全责任主体。

（三）消费环境安全评价

消费者对消费环境安全的评价较高，得分为 84.60 分。兰州市的安全放心指数为 80.67，在五个分类指数中排名第 1 位。由此可见，兰州市在保障消费者消费安全方面积极展开工作，立足消费者角度，力求建设安全放心的消费环境。正是在如此强有力的安全保障下，近年来兰州市的经济取得了长足的发展。但是，综观本次研究的 9 个丝绸之路国内节点城市，兰州市的安全放心指数排名为第 9 位，数据表明兰州市作为甘肃省的省会城市、西部地区重要的中心城市之一、丝绸之路经济带的重要节点城市，消费安全保障方面工作仍有待提高。

二、兰州市消费环境的劣势

（一）生产经营者规范服务评价

消费者对生产经营者规范服务的评价较低，得分为 69.70 分。兰州市服务放心指数为 79.51，在 5 个分类指数中排名居中，但在 9 个丝绸之路节点城市中排名靠后。服务标准化指通过对服务标准的制定和实施以及对标准化原则和方法的运用，以达到服务质量目标化、服务方法规范化、服务过程程序化，从而实现优质服务的过程。服务的标准化对于生产经营者规范服务有着重要作用。生产经营者的规范服务有利于树立品牌形象，使消费者的消费行为更便利、快捷、舒适。

（二）消费者维权放心指数

消费者在消费过程中权益受到损害时难以得到合理的赔偿，得分为 61.98 分。消费者在消费过程中权益受到损害时难以得到合理的赔偿属于消费过程中常见的维权问题，兰州市的维权放心指数为 59.56，在五个分类指数中排名最低，同时在 9 个丝绸之路节点城市中排名第 9 位，甚至低于甘肃省的其他地级市，如酒泉、天水。数据表明，兰州市消费环境中的消费者维权工作亟须改革。针对兰州市维权的相关问题，可以采用的方法有：一是强化执法监管机制，杜绝行政监管不作为；二是作为依照法律设置的专门的监察机构，必须履行职责，做好监督工作；三是要把群众的小事当作自己的大事，坚持为群众办实事原则；四是挖掘实践工作中发现的问题，优化工作流程和措施，帮助消费者顺利维权。

第八节　银川市消费环境分析

一、银川市消费环境的优势

（一）生产经营者质量管理制度完整度

生产经营者质量管理制度完整度较高，得分为 97.14 分。银川市质量放心指数为 80.27，在 9 个丝绸之路节点城市中属于中等水平。该数据说明，银川市在产品质量保证措施、质量保证效果方面表现较好。银川市在打假扶优，严厉查处制造销售假冒伪劣商品，提升商品质量合格率的工作上成绩显著。未来，银川市需进一步加强指导经营主体建立消费品质量追溯制度，进一步规范和监督商品质量和市场计量行为。引导市场主体建立健全质量管理体系，建立并严格执行经营商品的进货检查制度，切实保证产品质量安全，为丝绸之路经济带提供高质量的流通产品。

（二）消费者人身安全程度

消费者的人身安全程度较高，得分为 91.16 分。人身安全包括人的生命、健康、行动自由、住宅、人格、名誉等安全。银川市安全放心指数为 88.24，在五项分类指标中排名第 1 位，反映出银川市在督促经营主体提升安全生产、提高安全经营水平、防范和杜绝安全事故发生等方面工作扎实。银川市坚决落实主体消费安全责任，引导经营户树立牢固的安全意识，较为严格地遵守消费场地、设施设备、环境秩序等方面的国家安全标准。

（三）消费者网络消费质量评价

消费者网络消费质量评价较高，得分为 88.57 分。各地市场监管部门需要依法依责做好监测监管工作，更加注重商品和服务相关法律法规、标准规范体系建设，进一步提升商品和服务消费的质量安全水平。对于生产经营者，需要建立消费品质量追溯制度，确保商品质量符合相关标准和要求，并落实瑕疵、缺陷、不合格商品处置制度，执行“三包”“召回”等规定，不断提升产品和服务的质量，同时也为推进省际追赶超越、激发市场创新创造活力。

二、银川市消费环境的劣势

（一）消费环境维权放心指数

消费者对产品服务条款的知情程度较低，得分为72.79分。这是市场中较为常见的信息不对称情况，属于消费者维权方面问题。通过测评结果来看，银川市消费环境维权放心指数最低。从消费环境指数的五个指标可以看出，银川市的消费维权问题较为突出。针对这一消费环境的短板，提出以下建议：一是各级政府部门应进一步完善消费维权体制机制，以便规范、高效地解决消费维权工作中的突出问题。二是相关部门应切实履行消费维权法定职责，健全维权网络，畅通维权渠道，综合运用人民调解、诉调对接以及社会调解等多元化纠纷调解手段，切实提升维权效能。三是加强小规模经营户的主体责任意识，引导其自觉履行社会责任。四是提高消费者维权意识，提高消费者维权能力。

（二）价格放心指数

消费者在消费过程中对商品性价比的评价较低（同等价位的商品性能较差或同等性能的商品价格较高），得分为71.05分。银川市消费环境指数中，价格放心指数较低，在9个丝绸之路国内节点城市中排名第6位，表明银川市在市场价格行为监管、依法规范和管理经营户价格行为等方面有待加强与完善，充分发挥市场在定价中的决定性作用的同时，也应更好地发挥政府的监管作用。特殊领域商品要督促经营户严格执行政府定价、指导价格以及价格干预措施、价格紧急措施等法定价格措施。要按照公平、合法、诚信原则确定实行调节价格的商品和服务，落实商品和服务明码标价，倡导明码实价。同时，银川市应进一步建立健全价格监控、价格管理机制，依法严厉查处操纵价格、垄断价格、低价倾销、哄抬价格、价格欺诈、变相提压价、强迫高价交易等价格违法行为，促进银川市的价格放心指数稳步提升，提升银川市的消费环境水平。

（三）消费纠纷案件处理时间

消费纠纷案件平均处理时间较长，得分为60.88分。消费纠纷问题是消费者经常遇到的问题之一，属于消费者维权方面的相关问题。银川市的维权放心指数为75.6，排名最低，充分表明银川市消费环境中关于消费者维权方面仍需努力。应引导经营户自觉履行消费纠纷和解第一责任，力争消费纠纷不出店门。消费者协会等社会组织要切实履行法定职责，有效调解消费纠纷。行政主管部门要完善消费维权机制，协调联动，依法高效处理消费纠纷，指导仲裁机构依法依规从事消费纠纷仲裁业务，公平、公正、快捷、高效仲裁解决消费纠纷，建立健全消费纠纷案件诉调衔接工作机制。

第九节　乌鲁木齐市消费环境分析

一、乌鲁木齐市消费环境的优势

（一）消费者公平交易权

消费者对消费过程中公平交易权的实现程度评价较高，得分为92.69分。公平交易权是消费者的一项合法权益，乌鲁木齐市维权放心指数虽仅为67.56，但乌鲁木齐市消费环境中的公平交易权评价较高，表明乌鲁木齐市相关部门在公平交易方面的监管工作成效显著。

（二）消费安全保障制度评价

消费者对消费安全保障制度评价较高，得分为89.16分。乌鲁木齐市的安全放心指数最高，充分表明乌鲁木齐市相关部门在市场消费安全监管方面工作成效较好，较符合消费者的心意。但从9个丝绸之路沿线节点城市纵向比较来看，乌鲁木齐市的安全放心指数排名第7位，表明仍应进一步完善消费安全保障机制，扬长避短。

（三）消费者对产品的知情程度

消费者对产品（服务）的产地、生产者、用途、性能、规格、等级、主要成分、生产日期、有效期限、检验合格证明的知情程度较高，得分为 81. 05 分。目前，市场产品繁多，在日常消费中，消费者也会时常遇到产品信息不详等情况。而部分消费者缺乏维权意识，较少关注所购商品信息是否完整。产品的产地、生产者、用途、性能、规格、等级、主要成分、生产日期、有效期限、检验合格证明等信息，可以有效帮助消费者掌握商品情况，做出更理智的选择。特别是检验合格证明，它是生产者为表明出厂的产品经质量检验合格，而附于产品或者产品包装上的合格证书、合格标签或者合格印章。这是生产者对其产品质量做出的明示保证，也是法律规定生产者所承担的一项产品标识义务，是消费者在消费时应关注的重点。

二、乌鲁木齐市消费环境的劣势

（一）生产经营者合同执行率

生产经营者合同执行率较差，得分为 70. 96 分。合同执行率是指在一定时期内物资信托企业实际执行合同数与签订合同数的比率，是反映物资企业服务质量的又一指标。在人财物一定的条件下，合同执行率越高，说明满足用户需要的程度越高，服务工作质量越好；相反，合同执行率低，则表明满足用户需要的程度低，服务工作质量较差。调查显示，乌鲁木齐市存在生产经营者合同执行率较差的情况。要提高合同执行率，建议采取以下措施：一是当作为甲方去寻求合作时，首先要了解对方履行合同的能力，含资质、信用度、技术和经济实力等，签订合同一定要符合法律法规，使合同受法律保护，并指定专人负责合同履行跟踪，随时掌握履行情况，并做好相关记录。二是对于合同执行率低的企业，应从企业自身管理入手，与客户多沟通，针对具体的原因，制订相关整改方案并组织实施，尽最大能力满足客户的合理要求。

（二）消费者维权放心指数

消费者在消费过程中权益受到损害时难以得到合理的赔偿，得分为 67. 80 分。乌鲁木齐市的维权放心指数为 67. 56，在五个分类指数中排名最低，同时在9个丝路沿线节点城市中排名比较靠后，可见乌鲁木齐市消费环境中消费者维权方面监管机制仍不够完善，需高度重视。消费者在消费过程中权益受到损害后难以得到合理的赔偿，将在很大程度上打击消费者的消费热情，降低居民对消费市场的信心，从而延缓经济增长速度。

（三）服务规范

消费者对服务规范的评价较差，得分为65.53分。服务规范是企业长期工作的归纳和总结，服务规范的制定应具有科学性，遵循服务工作的规律，符合以消费者为中心和满足经济收益的原则。服务规范不应该仅仅是规则条例，还应该制定各个工作环节和工作岗位的标准、制度，形成完整的服务规范体系。同时，规范一旦制定，就要保持相对稳定，严格执行。调查结果显示，乌鲁木齐市消费者对服务规范体系评价较差，其服务放心指数仅为76.59，排名靠后。因此，相关部门应予以重视，深入开展调查工作，合理约束商家的服务行为规范。

第十节　丝绸之路9个节点城市消费环境的特点

通过对丝路经济带国内9个节点城市区域消费环境指数的测算及分析，可以得出以下结论：一是从总指数测算结果可以看出，西安消费环境最优；二是从总指数测算结果可以看出，靠近西北地区城市消费环境发展普遍落后，兰州市、酒泉市和乌鲁木齐市的消费环境有待进一步改善；三是从分项指数测算结果可以看出，9个丝绸之路节点城市在消费安全放心方面表现较好；四是从分项指数测算结果可以看出，9个丝绸之路节点城市在消费维权放心方面存在共性突出问题。

综上，丝路经济带国内9个节点城市区域消费环境存在的主要问题可以概括为以下三个方面。

一、西北地区丝路沿线节点城市消费环境普遍落后

西安作为陕西省省会城市、丝绸之路起点城市，是“一带一路”核心区、

中国西部地区重要的中心城市；兰州交通便利，不仅可直达拉萨、西宁、银川、乌鲁木齐等中心城市，也可直达很多中等城市和小城市，因此，发展西北经济，西安、兰州地位举足轻重。但就发展经济而言，以兰州为边界，越靠近西北地区沿线节点城市，经济发展越缓慢，其消费环境相比其他节点城市也稍显逊色。比如，乌鲁木齐市，它是中亚门户，新疆政治、经济、文化、科教和交通中心，但其重要性不在于经济，而在于军事地位，因此，乌鲁木齐市的消费环境较为落后。

二、9个丝绸之路节点城市在消费维权放心方面存在共性突出问题

消费维权环节始终是消费者满意度建设工作至关重要的一环。对9个丝绸之路节点城市的“五个放心”指数进行分析可以发现，9个城市的消费维权放心指数在五个放心指数中均排名倒数第一，说明消费维权问题较为严峻。主要表现在以下方面：

第一，基层维权工作人员素质与能力有待提升。维权站点联络员文化水平参差不齐，法律法规知识掌握不够，消费维权专业知识不足，对于消费纠纷，独当一面、妥善处理的能力仍有待提高。第二，消费者投诉便利性仍不高。由于维权部门协调机制不健全，难以做到优势互补，在处理维权问题时常常会出现推诿扯皮现象，难以形成合力保护消费者的合法权益。第三，维权问题解决效率较低。由于存在检测鉴定成本高、检测网络不健全、检测部门无权鉴定商品假冒以及一些商品没有质量检测标准无法鉴定等问题，导致维权问题难以得到有效解决。

以上三点是消费者在消费维权方面反映较为集中的问题，从某种意义上说，消费维权已经成为消费者满意度的“牛鼻子”，而消费维权的改进无疑需要政府及有关部门进行工作模式的变革。

三、9个节点城市在消费质量放心方面需要进一步提升

消费质量环节也是消费者满意度建设工作的基础环节。通过对9个丝绸之路节点城市“五个放心”指数进行分析可以发现，9个城市中大部分城市

的消费质量放心指数在“五个放心”指数中排名靠后，消费质量放心的提升还需加大力度。丝路经济带 9 个节点城市在消费质量方面存在的主要问题为：一是部分市场主体对商品质量的重要性认识不足，很多企业往往只注重产量和效率，而忽视了商品的质量；二是商品质量法规体系不够完善，质量管理体系不健全，执法力度不够，执法机构不健全，执法人员的素质有待提高等，从而难以从组织管理上保证一个公平、公正的市场竞争环境；三是产品质量监管部门权责不清、管理混乱，多元化的监管结构导致管理权的分散，可能造成多头管理、重复检查、互相扯皮、推卸责任的现象，降低法律的权威。要想改进节点城市的消费质量，还需要企业继续加强对商品质量重要性的认识，完善商品质量法规体系，明晰监管部门权力职责。

第六章　丝路经济带中西部节点城市总体行业分析

第一节　丝路经济带中西部节点城市行业消费环境指数

一、西安市主要行业消费环境指数

（一）西安市主要行业消费环境总指数及“五个放心”分项指数测算结果

西安市主要行业消费环境总指数及“五个放心”分项指数测算结果及等级划分如表6-1、表6-2所示。

表6-1　西安市主要行业消费环境总指数及“五个放心”分项指数测算结果

行业	安全放心	质量放心	价格放心	服务放心	维权放心	总指数
金融保险	82.41	80.85	80.13	81.02	80.83	81.05
旅游	80.25	78.59	79.92	78.69	78.40	79.17
交通运输	81.19	78.61	76.99	77.80	78.22	78.56
教育	79.55	78.45	77.45	78.49	77.99	78.39
医疗卫生	79.13	78.18	78.35	78.23	76.85	78.15
住宿餐饮	80.28	76.89	78.32	77.43	76.07	77.80
房地产	79.05	77.41	77.08	77.83	77.17	77.71
食品	79.47	77.27	75.95	76.68	77.74	77.42
商业零售	78.03	76.97	76.96	75.67	76.04	76.73
汽车销售与维修	77.95	76.34	74.74	75.59	75.57	76.04

表 6-2　西安市主要行业消费环境总指数及“五个放心”分项指数等级划分结果

消费环境等级	安全放心	质量放心	价格放心	服务放心	维权放心	总指数
A-	金融保险、交通运输、住宿餐饮、旅游	金融保险	金融保险	金融保险	金融保险	金融保险
B+	教育、食品、医疗卫生、房地产、商业零售、汽车销售与维修	交通运输、旅游、教育、医疗卫生、房地产、食品、商业零售、住宿餐饮、汽车销售与维修	旅游、医疗卫生、住宿餐饮、教育、房地产、交通运输、商业零售	旅游、教育、医疗卫生、房地产、交通运输、住宿餐饮、食品	旅游、交通运输、教育、食品、房地产、医疗卫生	旅游、交通运输、教育、医疗卫生、住宿餐饮、房地产、食品、商业零售
B-			食品、汽车销售与维修	商业零售、汽车销售与维修	住宿餐饮、商业零售、汽车销售与维修	汽车销售与维修

表 6-1、表 6-2 显示，西安市行业消费环境总指数中金融保险行业处于 A-等级，为优秀偏下；旅游、交通运输、教育、医疗卫生、住宿餐饮、房地产、食品和商业零售行业处于 B+等级，为良好偏上；汽车销售与维修行业处于 B-等级，为良好偏下，基本处于中等偏上水平。

（二）西安市主要行业消费环境指数等级划分

西安市主要行业消费环境指数等级划分如下：

安全放心指数：A-（金融保险、交通运输、住宿餐饮、旅游）、B+（教育、食品、医疗卫生、房地产、商业零售、汽车销售与维修）。

质量放心指数：A-（金融保险）、B+（交通运输、旅游、教育、医疗卫生、房地产、食品、商业零售、住宿餐饮、汽车销售与维修）。

价格放心指数：A-（金融保险）、B+（旅游、医疗卫生、住宿餐饮、教育、房地产、交通运输、商业零售）、B-（食品、汽车销售与维修）。

服务放心指数：A-（金融保险）、B+（旅游、教育、医疗卫生、房地产、交通运输、住宿餐饮、食品）、B-（商业零售、汽车销售与维修）。

维权放心指数：A-（金融保险）、B+（旅游、交通运输、教育、食品、房地产、医疗卫生）、B-（住宿餐饮、商业零售、汽车销售与维修）。

消费环境总指数：A-（金融保险）、B+（旅游、交通运输、教育、医疗卫生、住宿餐饮、房地产、食品、商业零售）、B-（汽车销售与维修）。

二、洛阳市主要行业消费环境指数

（一）洛阳市主要行业消费环境总指数及“五个放心”分项指数测算结果

洛阳市主要行业消费环境总指数及“五个放心”分项指数测算结果及等级划分如表6-3、表6-4所示。

表6-3 洛阳市主要行业消费环境总指数及“五个放心”分项指数测算结果

行业	安全放心	质量放心	价格放心	服务放心	维权放心	总指数
住宿餐饮	93.73	84.80	88.61	88.01	87.03	88.44
教育文化	91.43	80.80	87.75	89.17	79.80	85.79
医疗卫生	91.87	84.14	76.25	87.02	85.19	84.90
旅游	78.57	85.42	81.11	78.33	80.17	84.69
金融保险	90.29	85.00	69.17	89.03	80.67	82.83
商业零售	91.05	77.24	90.74	85.44	66.20	82.13
房地产	93.21	76.11	66.67	88.75	80.83	81.12
交通运输	71.90	80.00	80.00	65.00	80.00	75.38
食品	70.56	63.89	76.85	71.85	79.88	69.96
汽车销售与维修	80.00	63.75	72.78	81.67	78.74	69.64

表6-4 洛阳市主要行业消费环境总指数及“五个放心”分项指数等级划分结果

消费环境等级	安全放心	质量放心	价格放心	服务放心	维权放心	总指数
A+	住宿餐饮、房地产			教育文化、金融保险、房地产、住宿餐饮、医疗卫生、商业零售、汽车销售与维修	住宿餐饮、医疗卫生、房地产、金融保险、旅游、交通运输	

续表

消费环境等级	安全放心	质量放心	价格放心	服务放心	维权放心	总指数
A-	医疗卫生、教育文化、商业零售、金融保险、汽车销售与维修	旅游、金融保险、住宿餐饮、医疗卫生、教育文化、交通运输	商业零售、住宿餐饮、教育文化、旅游、交通运输			住宿餐饮、教育文化、医疗卫生、旅游、金融保险、商业零售、房地产
B+	旅游	商业零售	食品、医疗卫生	旅游	食品、教育文化、汽车销售与维修	
B-	交通运输、食品	房地产	汽车销售与维修	食品		交通运输
C+			金融保险、房地产		商业零售	食品、汽车销售与维修
C-		食品、汽车销售与维修		交通运输		

表6-3、表6-4显示，从洛阳市行业消费环境总指数可以看出，住宿餐饮、教育文化、医疗卫生、旅游、金融保险、商业零售、房地产处于A-等级，为优秀偏下；交通运输处于B-等级，为良好偏下；食品、汽车销售与维修处于C+等级，为中等偏上；洛阳市的行业消费环境总指数主要集中在中等偏上水平。从洛阳市行业消费环境分项指数可以看出，维权放心指数与服务放心指数主要集中在A+、B+等级，属于中等偏上水平；安全放心指数、价格放心指数、质量放心指数主要集中在A-、B+、B-等级，属于中等水平。

（二）洛阳市主要行业消费环境指数等级划分

洛阳市主要行业消费环境指数等级划分如下：

安全放心指数：A+（住宿餐饮、房地产）、A-（医疗卫生、教育文化、商业零售、金融保险、汽车销售与维修）、B+（旅游）、B-（交通运输、食品）。

质量放心指数：A-（旅游、金融保险、住宿餐饮、医疗卫生、教育文化、交通运输）、B+（商业零售）、B-（房地产）、C-（食品、汽车销售与维修）。

价格放心指数：A-（商业零售、住宿餐饮、教育文化、旅游、交通运输）、B+（食品、医疗卫生）、B-（汽车销售与维修）、C+（金融保险、房地产）。

服务放心指数：A+（教育文化、金融保险、房地产、住宿餐饮、医疗卫生、商业零售、汽车销售与维修）、B+（旅游）、B-（食品）、C-（交通运输）。

维权放心指数：A+（住宿餐饮、医疗卫生、房地产、金融保险、旅游、交通运输）、B+（食品、教育文化、汽车销售与维修）、C+（商业零售）。

消费环境总指数：A-（住宿餐饮、教育文化、医疗卫生、旅游、金融保险、商业零售、房地产）、B-（交通运输）、C+（食品、汽车销售与维修）。

三、开封市主要行业消费环境指数

（一）开封市主要行业消费环境总指数及“五个放心”分项指数测算结果

开封市主要行业消费环境总指数及“五个放心”分项指数测算结果及等级划分如表 6-5、表 6-6 所示。

表 6-5　开封市主要行业消费环境总指数及“五个放心”分项指数测算结果

行业	安全放心	质量放心	价格放心	服务放心	维权放心	总指数
商业零售	93.21	83.24	90.84	86.55	95.25	89.82
住宿餐饮	93.74	82.21	88.55	90.01	87.21	88.34
金融保险	92.36	92.47	71.78	88.67	95.00	88.06
汽车销售与维修	87.49	82.48	87.49	90.46	75.12	86.98
交通运输	87.86	75.83	79.04	78.40	80.64	84.23
教育文化	89.81	77.40	85.62	86.81	71.74	82.28
房地产	85.53	69.58	65.47	79.68	79.16	80.05
医疗卫生	84.05	69.61	77.78	80.55	77.89	77.98
旅游	80.53	76.24	76.90	85.39	70.33	77.15
食品	63.25	64.86	76.18	68.04	62.50	66.97

表 6-6 开封市主要行业消费环境总指数及“五个放心”分项指数等级结果

消费环境等级	安全放心	质量放心	价格放心	服务放心	维权放心	总指数
A+	住宿餐饮、商业零售、金融保险	金融保险			商业零售、金融保险	
A-	教育文化、旅游、交通运输、房地产、医疗卫生、汽车销售与维修	商业零售、汽车销售与维修、住宿餐饮	商业零售、住宿餐饮、汽车销售与维修、教育文化	汽车销售与维修、住宿餐饮、金融保险、教育文化、商业零售、旅游、医疗卫生	住宿餐饮、交通运输	商业零售、住宿餐饮、金融保险、汽车销售与维修、交通运输、教育文化、房地产
B+		教育文化、旅游	交通运输、医疗卫生、旅游、食品	房地产、交通运输	房地产、医疗卫生	医疗卫生、旅游
B-		交通运输	金融保险		汽车销售与维修、教育文化、旅游	
C+		医疗卫生、房地产		食品		食品
C-	食品	食品	房地产		食品	

表 6-5、表 6-6 显示，开封市行业消费环境总指数中商业零售、住宿餐饮、金融保险、汽车销售与维修、交通运输、教育文化、房地产处于 A-等级，为优秀偏下；医疗卫生、旅游处于 B+等级，为良好偏上；食品处于 C+等级，为中等偏上；开封市的行业消费环境总指数分布主要集中在中等偏上水平。从开封市行业消费环境分项指数可以看出，安全放心指数的等级主要集中在 A+、A-等级，属于偏上水平；质量放心指数、维权放心指数的等级主要集中在 A+、A-、B+等级，属于中等偏上水平；价格放心指数、服务放心指数的等级主要集中在 A-、B+等级，属于中等偏上水平。

（二）开封市主要行业消费环境指数等级划分

开封市主要行业消费环境指数等级划分如下：

安全放心指数：A+（住宿餐饮、商业零售、金融保险）、A-（教育文化、旅游、交通运输、房地产、医疗卫生、汽车销售与维修)、C-(食品)。

质量放心指数:A+(金融保险)、A-(商业零售、汽车销售与维修、住宿餐饮)、B+(教育文化、旅游)、B-(交通运输)、C+(医疗卫生、房地产)、C-(食品)。

价格放心指数:A-(商业零售、住宿餐饮、汽车销售与维修、教育文化)、B+(交通运输、医疗卫生、旅游、食品)、B-(金融保险)、C-(房地产)。

服务放心指数:A-(汽车销售与维修、住宿餐饮、金融保险、教育文化、商业零售、旅游、医疗卫生)、B+(房地产、交通运输)、C+(食品)。

维权放心指数:A+(商业零售、金融保险)、A-(住宿餐饮、交通运输)、B+(房地产、医疗卫生)、B-(汽车销售与维修、教育文化、旅游)、C-(食品)。

消费环境总指数:A-(商业零售、住宿餐饮、金融保险、汽车销售与维修、交通运输、教育文化、房地产)、B+(医疗卫生、旅游)、C+(食品)。

四、银川市主要行业消费环境指数

(一)银川市主要行业消费环境总指数及"五个放心"分项指数测算结果

银川市主要行业消费环境总指数及"五个放心"分项指数测算结果及等级划分如表6-7、表6-8所示。

表6-7 银川市主要行业消费环境总指数及"五个放心"分项指数测算结果

行业	安全放心	质量放心	价格放心	服务放心	维权放心	总指数
住宿餐饮	88.84	82.01	84.12	87.20	83.67	85.17
金融保险	77.29	79.19	80.60	86.20	92.73	83.20
房地产	88.25	88.27	70.00	95.47	72.00	82.80
医疗卫生	83.43	77.24	71.31	84.99	90.00	81.40
汽车销售与维修	76.53	79.44	79.61	73.78	80.00	77.87
交通运输	83.13	70.89	74.55	75.56	78.18	76.46
旅游	72.43	67.46	81.17	77.07	60.00	71.43

表 6-8　银川市主要行业消费环境总指数及“五个放心”分项指数等级划分结果

消费环境等级	安全放心	质量放心	价格放心	服务放心	维权放心	总指数
A+				房地产	金融保险	
A-	交通运输、住宿餐饮、医疗卫生、房地产	住宿餐饮、房地产	旅游、金融保险、住宿餐饮	金融保险、住宿餐饮、医疗卫生	住宿餐饮、医疗卫生、汽车销售与维修	金融保险、住宿餐饮、医疗卫生、房地产
B+	金融保险、汽车销售与维修	旅游、金融保险、医疗卫生、汽车销售与维修	汽车销售与维修	旅游	交通运输	汽车销售与维修、交通运输
B-	旅游	交通运输	交通运输、医疗卫生、房地产	交通运输、汽车销售与维修	房地产	旅游
C+		旅游				
C-					旅游	

表 6-7、表 6-8 显示，银川市行业消费环境总指数中金融保险、住宿餐饮、医疗卫生和房地产行业处于 A-等级，为优秀偏下；汽车销售与维修、交通运输行业处于 B+等级，为良好偏上；旅游业处于 B-等级，为良好偏下；银川市的行业消费环境总指数分布主要集中于中等偏上水平。从银川市行业消费环境分项指数可以看出，安全放心指数和维权放心指数主要集中于 A-和 B+等级，属于中等偏上水平；质量放心指数和价格放心指数主要集中于 A-、B+和 B-等级，属于中等水平；服务放心指数主要集中于 A-和 B-等级，处于中等水平。

（二）银川市主要行业消费环境指数等级划分

银川市主要行业消费环境指数等级划分如下：

安全放心指数：A-（交通运输、住宿餐饮、医疗卫生、房地产）、B+（金融保险、汽车销售与维修）、B-（旅游）。

质量放心指数：A-（住宿餐饮、房地产）、B+（旅游、金融保险、医疗卫生、汽车销售与维修）、B-（交通运输）、C+（旅游）。

价格放心指数：A-（旅游、金融保险、住宿餐饮）、B+（汽车销售与维修）、B-（交通运输、医疗卫生、房地产）。

服务放心指数：A+（房地产）、A-（金融保险、住宿餐饮、医疗卫生）、B+（旅游）、B-（交通运输、汽车销售与维修）。

维权放心指数：A+（金融保险）、A-（住宿餐饮、医疗卫生、汽车销售与维修）、B+（交通运输）、B-（房地产）、C-（旅游）。

消费环境总指数：A-（金融保险、住宿餐饮、医疗卫生、房地产）、B+（汽车销售与维修、交通运输）、B-（旅游）。

五、郑州市主要行业消费环境指数

（一）郑州市主要行业消费环境总指数及“五个放心”分项指数测算结果

郑州市主要行业消费环境总指数及“五个放心”分项指数测算结果及等级划分如表6-9、表6-10所示。

表6-9 郑州市主要行业消费环境总指数及“五个放心”分项指数测算结果

行业	安全放心	质量放心	价格放心	服务放心	维权放心	总指数
教育文化	90.74	81.43	87.49	88.85	87.00	87.10
商业零售	93.68	78.04	88.70	87.04	84.44	86.38
金融保险	89.02	80.61	73.17	94.47	91.73	85.80
医疗卫生	91.36	82.32	74.99	87.68	85.19	84.31
住宿餐饮	84.27	80.92	80.24	87.82	88.07	84.27
房地产	91.51	74.61	74.31	86.39	78.78	81.12
食品	85.40	73.50	85.00	89.17	70.84	80.78
交通运输	95.00	71.24	76.11	75.42	78.67	79.29
汽车销售与维修	95.92	70.66	74.16	77.77	70.00	75.37
旅游	83.89	69.17	80.00	75.56	71.12	71.72

表 6-10　郑州市主要行业消费环境总指数及“五个放心”分项指数等级划分结果

消费环境等级	安全放心	质量放心	价格放心	服务放心	维权放心	总指数
A+	汽车销售与维修、交通运输、商业零售			金融保险		
A-	房地产、医疗卫生、教育文化、金融保险、食品、住宿餐饮、旅游	医疗卫生、教育文化、住宿餐饮、金融保险	商业零售、教育文化、食品、住宿餐饮、旅游	食品、教育文化、住宿餐饮、医疗卫生、商业零售、房地产	金融保险、住宿餐饮、教育文化、医疗卫生、商业零售	教育文化、商业零售、金融保险、医疗卫生、住宿餐饮、房地产、食品
B+		商业零售		汽车销售与维修	房地产、交通运输	交通运输
B-		房地产、食品、交通运输、汽车销售与维修	交通运输、医疗卫生、房地产、汽车销售与维修、金融保险	旅游、交通运输	旅游、食品、汽车销售与维修	汽车销售与维修、旅游
C+		旅游				

表 6-9、表 6-10 显示，从郑州市行业消费环境总指数可以看出，教育文化、商业零售、金融保险、医疗卫生、住宿餐饮、房地产、食品处于 A-等级，为优秀偏下；交通运输处于 B+等级，为良好偏上；汽车销售与维修、旅游处于 B-等级，为良好偏下；郑州市的行业消费环境总指数分布主要集中在中等偏上水平。从郑州市行业消费环境分项指数可以看出，质量放心指数、价格放心指数、服务放心指数和维权放心指数主要集中在 A-、B+、B-等级，属于中等偏上水平；安全放心指数主要集中在 A+、A-等级，属于偏上水平。

（二）郑州市主要行业消费环境指数等级划分

郑州市主要行业消费环境指数等级划分如下：

安全放心指数：A+（汽车销售与维修、交通运输、商业零售）、A-（房地产、医疗卫生、教育文化、金融保险、食品、住宿餐饮、旅游）。

质量放心指数：A-（医疗卫生、教育文化、住宿餐饮、金融保险）、B+

（商业零售）、B-（房地产、食品、交通运输、汽车销售与维修）、C+（旅游）。

价格放心指数：A-（商业零售、教育文化、食品、住宿餐饮、旅游）、B-（交通运输、医疗卫生、房地产、汽车销售与维修、金融保险）。

服务放心指数：A+（金融保险）、A-（食品、教育文化、住宿餐饮、医疗卫生、商业零售、房地产）、B+（汽车销售与维修）、B-（旅游、交通运输）。

维权放心指数：A-（金融保险、住宿餐饮、教育文化、医疗卫生、商业零售）、B+（房地产、交通运输）、B-（旅游、食品、汽车销售与维修）。

消费环境总指数：A-（教育文化、商业零售、金融保险、医疗卫生、住宿餐饮、房地产、食品）、B+（交通运输）、B-（汽车销售与维修、旅游）。

六、天水市主要行业消费环境指数

（一）天水市主要行业消费环境总指数及“五个放心”分项指数测算结果

天水市主要行业消费环境总指数及“五个放心”分项指数测算结果及等级划分如表6-11、表6-12所示。

表6-11 天水市主要行业消费环境总指数及“五个放心”分项指数测算结果

行业	安全放心	质量放心	价格放心	服务放心	维权放心	总指数
金融保险	85.88	91.67	90.00	87.50	91.56	89.32
商业零售	92.23	91.11	90.00	80.00	98.34	88.54
房地产	88.53	88.15	80.00	84.21	88.23	85.82
教育文化	85.00	75.00	80.42	87.92	88.67	83.40
医疗卫生	84.05	88.10	67.75	76.58	90.67	81.43
旅游	74.76	78.50	70.63	75.10	78.77	75.55

表 6-12　天水市主要行业消费环境总指数及“五个放心”分项指数等级划分结果

消费环境等级	安全放心	质量放心	价格放心	服务放心	维权放心	总指数
A+					商业零售	
A-	商业零售、金融保险、教育文化、医疗卫生、房地产	金融保险、医疗卫生、房地产、商业零售	金融保险、商业零售、教育文化、房地产	金融保险、教育文化、房地产、商业零售	金融保险、教育文化、医疗卫生、房地产	金融保险、商业零售、房地产、教育文化、医疗卫生
B+		旅游		医疗卫生	旅游	
B-	旅游	教育文化	旅游	旅游		旅游
C+			医疗卫生			

表 6-11、表 6-12 显示，天水市行业消费环境总指数中金融保险、商业零售、房地产、教育文化、医疗卫生行业处于 A-等级，为优秀偏下；旅游业处于 B-等级，为良好偏下；天水市的行业消费环境总指数分布主要集中于中等偏上水平。从天水市行业消费环境分项指数可以看出，安全放心指数、质量放心指数、价格放心指数和服务放心指数主要集中于 A-、B+和 B-等级，属于中等偏上水平；维权放心指数主要集中于 A+和 A-等级，处于偏上水平。

（二）天水市主要行业消费环境指数等级划分

天水市主要行业消费环境指数等级划分如下：

安全放心指数：A-（商业零售、金融保险、教育文化、医疗卫生、房地产）、B-（旅游）。

质量放心指数：A-（金融保险、医疗卫生、房地产、商业零售）、B+（旅游）、B-（教育文化）。

价格放心指数：A-（金融保险、商业零售、教育文化、房地产）、B-（旅游）、C+（医疗卫生）。

服务放心指数：A-（金融保险、教育文化、房地产、商业零售）、B+（医疗卫生）、B-（旅游）。

维权放心指数：A+（商业零售）、A-（金融保险、教育文化、医疗卫生、房地产）、B+（旅游）。

消费环境总指数：A-（金融保险、商业零售、房地产、教育文化、医疗卫生）、B-（旅游）。

七、酒泉市主要行业消费环境指数

（一）酒泉市主要行业消费环境总指数及“五个放心”分项指数测算结果

酒泉市主要行业消费环境总指数及“五个放心”分项指数测算结果及等级划分如表6-13、表6-14所示。

表6-13 酒泉市主要行业消费环境总指数及“五个放心”分项指数测算结果

行业	安全放心	质量放心	价格放心	服务放心	维权放心	总指数
交通运输	90.03	90.60	91.70	84.07	100	91.28
教育文化	87.59	88.67	89.07	85.99	84.17	87.10
医疗卫生	81.98	84.53	76.80	76.20	87.50	81.40
金融保险	80.06	75.68	69.25	91.25	78.33	78.92
住宿餐饮	86.99	78.82	70.93	80.08	73.00	77.96
商业零售	76.70	76.95	84.97	66.15	82.91	77.54
食品	64.00	69.10	69.47	67.33	90.00	71.98

表6-14 酒泉市主要行业消费环境总指数及“五个放心”分项指数等级划分结果

消费环境等级	安全放心	质量放心	价格放心	服务放心	维权放心	总指数
A+					交通运输	
A-	金融保险、交通运输、住宿餐饮、教育文化、医疗卫生	交通运输、教育文化、医疗卫生	交通运输、教育文化、商业零售	金融保险、交通运输、住宿餐饮、教育文化	教育文化、医疗卫生、商业零售、食品	交通运输、教育文化、医疗卫生
B+	商业零售	住宿餐饮、商业零售	医疗卫生	医疗卫生	金融保险	金融保险、住宿餐饮、商业零售
B-		金融保险	住宿餐饮		住宿餐饮	食品
C+		食品	金融保险、食品	食品		
C-	食品			商业零售		

表6-13、表6-14显示，酒泉市行业消费环境总指数中交通运输、教育文化和医疗卫生行业处于A-等级，为优秀偏下；金融保险、住宿餐饮和商业零售行业处于B+等级，为良好偏上；食品行业处于B-等级，为良好偏下；酒泉市的行业消费环境总指数分布主要集中于中等偏上水平。从酒泉市行业消费环境分项指数可以看出，安全放心指数和服务放心指数主要分布于A-和B+等级，属于中等偏上水平；质量放心指数和价格放心指数主要集中于A-、B+和B-等级，属于中等偏上水平；维权放心指数主要集中于A+、A-和B+等级，属于偏上水平。

（二）酒泉市主要行业消费环境指数等级划分

酒泉市主要行业消费环境指数等级划分如下：

安全放心指数：A-（金融保险、交通运输、住宿餐饮、教育文化、医疗卫生）、B+（商业零售）、C-（食品）。

质量放心指数：A-（交通运输、教育文化、医疗卫生）、B+（住宿餐饮、商业零售）、B-（金融保险）、C+（食品）。

价格放心指数：A-（交通运输、教育文化、商业零售）、B+（医疗卫生）、B-（住宿餐饮）、C+（金融保险、食品）。

服务放心指数：A-（金融保险、交通运输、住宿餐饮、教育文化）、B+（医疗卫生）、C+（食品）、C-（商业零售）。

维权放心指数：A+（交通运输）、A-（教育文化、医疗卫生、商业零售、食品）、B+（金融保险）、B-（住宿餐饮）。

消费环境总指数：A-（交通运输、教育文化、医疗卫生）、B+（金融保险、住宿餐饮、商业零售）、B-（食品）。

八、兰州市主要行业消费环境指数

（一）兰州市主要行业消费环境总指数及“五个放心”分项指数测算结果

兰州市主要行业消费环境总指数及“五个放心”分项指数测算结果及等

级划分如表 6-15、表 6-16 所示。

表 6-15 兰州市主要行业消费环境总指数及“五个放心”分项指数测算结果

行业	安全放心	质量放心	价格放心	服务放心	维权放心	总指数
金融保险	86.67	83.28	77.33	93.17	66.50	82.55
食品	85.91	78.57	72.50	88.33	85.00	81.90
交通运输	77.00	85.33	90.00	72.00	85.00	81.48
医疗卫生	83.83	79.47	76.99	87.14	71.20	80.44
住宿餐饮	81.95	80.82	86.73	80.94	55.73	78.93
商业零售	80.92	75.45	86.01	83.49	52.81	77.79
教育文化	88.27	67.99	77.96	79.67	59.68	76.21
旅游	80.95	77.08	67.50	83.33	68.33	75.87
房地产	79.39	75.98	72.08	83.75	61.33	75.54
汽车销售与维修	74.00	68.84	59.44	64.28	50.00	63.96

表 6-16 兰州市主要行业消费环境总指数及“五个放心”分项指数等级划分结果

消费环境等级	安全放心	质量放心	价格放心	服务放心	维权放心	总指数
A+				金融保险		
A-	教育文化、金融保险、食品、医疗卫生、住宿餐饮、旅游、商业零售	交通运输、金融保险、住宿餐饮	交通运输、住宿餐饮、商业零售	食品、医疗卫生、房地产、商业零售、旅游、住宿餐饮	食品、交通运输	金融保险、食品、交通运输、医疗卫生
B+	房地产、交通运输	医疗卫生、食品、旅游	教育文化、金融保险、医疗卫生	教育文化		住宿餐饮、商业零售、教育文化
B-	汽车销售与维修	房地产、商业零售	食品、房地产	交通运输	医疗卫生	旅游、房地产
C+		汽车销售与维修、教育文化	旅游		旅游、金融保险	
C-				汽车销售与维修	房地产	汽车销售与维修
D			汽车销售与维修		教育文化、住宿餐饮、商业零售、汽车销售与维修	

表6-15、表6-16显示，兰州市行业消费环境总指数中金融保险、食品、交通运输、医疗卫生行业处于A-等级，为优秀偏下；住宿餐饮、商业零售和教育文化行业处于B+等级，为良好偏上；旅游和房地产行业处于B-等级，为良好偏下；汽车销售与维修行业处于C-等级，为中等偏下；兰州市的行业消费环境总指数分布主要集中于中等水平。从兰州市行业消费环境分项指数可以看出，安全放心指数、质量放心指数、价格放心指数和服务放心指数主要集中于A-、B+和B-等级，属于中等偏上水平；维权放心指数主要集中于B-、C+、C-和D等级，属于偏下水平。

（二）兰州市主要行业消费环境指数等级划分

兰州市主要行业消费环境指数等级划分如下：

安全放心指数：A-（教育文化、金融保险、食品、医疗卫生、住宿餐饮、旅游、商业零售）、B+（房地产、交通运输）、B-（汽车销售与维修）。

质量放心指数：A-（交通运输、金融保险、住宿餐饮）、B+（医疗卫生、食品、旅游）、B-（房地产、商业零售）、C+（汽车销售与维修、教育文化）。

价格放心指数：A-（交通运输、住宿餐饮、商业零售）、B+（教育文化、金融保险、医疗卫生）、B-（食品、房地产）、C+（旅游）、D（汽车销售与维修）。

服务放心指数：A+（金融保险）、A-（食品、医疗卫生、房地产、商业零售、旅游、住宿餐饮）、B+（教育文化）、B-（交通运输）、C-（汽车销售与维修）。

维权放心指数：A-（食品、交通运输）、B-（医疗卫生）、C+（旅游、金融保险）、C-（房地产）、D（教育文化、住宿餐饮、商业零售、汽车销售与维修）。

消费环境总指数：A-（金融保险、食品、交通运输、医疗卫生）、B+（住宿餐饮、商业零售、教育文化）、B-（旅游、房地产）、C-（汽车销售与维修）。

九、乌鲁木齐市主要行业消费环境指数

（一）乌鲁木齐市主要行业消费环境总指数及“五个放心”分项指数测算结果

乌鲁木齐市主要行业消费环境总指数及“五个放心”分项指数测算结果及等级划分如表6-17、表6-18所示。

表6-17　乌鲁木齐市主要行业消费环境总指数及“五个放心”分项指数测算结果

行业	安全放心	质量放心	价格放心	服务放心	维权放心	总指数
金融保险	90.75	83.13	78.38	74.94	65.05	79.12
医疗卫生	79.29	79.09	79.79	82.15	68.40	78.51
交通运输	83.21	90.25	85.50	64.92	65.00	78.08
汽车销售与维修	88.52	76.23	76.00	80.22	61.75	77.66
房地产	86.13	61.01	79.17	83.13	72.65	77.48
教育文化	88.81	68.53	71.21	75.21	68.55	75.03
住宿餐饮	80.19	68.26	78.16	77.13	53.71	73.15
旅游	78.38	64.13	52.25	76.00	66.00	67.40
食品	66.47	67.64	70.09	69.34	58.68	67.10
商业零售	71.58	62.77	71.32	66.97	54.60	66.48

表6-18　乌鲁木齐市主要行业消费环境总指数及“五个放心”分项指数等级划分结果

消费环境等级	安全放心	质量放心	价格放心	服务放心	维权放心	总指数
A-	金融保险、教育文化、汽车销售与维修、房地产、交通运输、住宿餐饮	交通运输、金融保险	交通运输	房地产、医疗卫生、汽车销售与维修		
B+	医疗卫生、旅游	医疗卫生、汽车销售与维修	医疗卫生、房地产、金融保险、住宿餐饮	住宿餐饮		金融保险、医疗卫生、交通运输、汽车销售与维修、房地产

续表

消费环境等级	安全放心	质量放心	价格放心	服务放心	维权放心	总指数
B-	商业零售		汽车销售与维修、商业零售、教育文化、食品	旅游、教育文化、金融保险	房地产	教育文化、住宿餐饮
C+	食品	教育文化、住宿餐饮、食品		食品、商业零售	教育文化、医疗卫生	旅游、食品、商业零售
C-		旅游、商业零售、房地产		交通运输	旅游、金融保险、交通运输、汽车销售与维修	
D			旅游		食品、商业零售、住宿餐饮	

表6-17、表6-18显示，乌鲁木齐市行业消费环境总指数中金融保险、医疗卫生、交通运输、汽车销售与维修和房地产行业处于B+等级，为良好偏上；教育文化和住宿餐饮行业处于B-等级，为良好偏下；旅游、食品和商业零售行业处于C+等级，为中等偏上；乌鲁木齐市的行业消费环境总指数分布主要集中于中等水平。从乌鲁木齐市行业消费环境分项指数可以看出，安全放心指数、价格放心指数和服务放心指数主要集中于A-、B+和B-等级，属于中等偏上水平；质量放心指数主要集中于B+、C+和C-等级，属于中等偏下水平；维权放心指数主要集中于C+、C-和D等级，属于偏下水平。

（二）乌鲁木齐市主要行业消费环境指数等级划分

乌鲁木齐市主要行业消费环境指数等级划分如下：

安全放心指数：A-（金融保险、教育文化、汽车销售与维修、房地产、交通运输、住宿餐饮）、B+（医疗卫生、旅游）、B-（商业零售）、C+（食品）。

质量放心指数：A-（交通运输、金融保险）、B+（医疗卫生、汽车销售与维修）、C+（教育文化、住宿餐饮、食品）、C-（旅游、商业零售、房地产）。

价格放心指数：A-（交通运输）、B+（医疗卫生、房地产、金融保险、住宿餐饮）、B-（汽车销售与维修、商业零售、教育文化、食品）、D（旅游）。

服务放心指数：A-（房地产、医疗卫生、汽车销售与维修）、B+（住宿餐饮）、B-（旅游、教育文化、金融保险）、C+（食品、商业零售）、C-（交通运输）。

维权放心指数：B-（房地产）、C+（教育文化、医疗卫生）、C-（旅游、金融保险、交通运输、汽车销售与维修）、D（食品、商业零售、住宿餐饮）。

消费环境总指数：B+（金融保险、医疗卫生、交通运输、汽车销售与维修、房地产）、B-（教育文化、住宿餐饮）、C+（旅游、食品、商业零售）。

第二节　丝路经济带中西部节点城市行业消费环境指数分析

一、西安市主要行业消费环境指数分析

西安市行业消费环境分项指数中，安全放心指数和质量放心指数的等级主要集中于 A-和 B+，属于中等偏上水平；价格放心指数、服务放心指数和维权放心指数的等级主要集中于 A-、B+和 B-，属于中等偏上水平。

（一）旅游（79.17 分）

西安市的旅游业消费环境良好，五个分项指数中，安全放心指数达到优秀偏下水平，为 80.25 分；其余四个分项指数均处于良好偏上水平，其中质量放心指数为 78.59 分，价格放心指数为 79.92 分，服务放心指数为 78.69 分，维权放心指数为 78.40 分。

西安市为十三朝古都、旅游胜地。两千多年前的西汉时期，张骞两次由古长安出发，出使西域，这是中国历史上首次与西方进行的最大规模的经济文化交流活动，“丝绸之路”也由此闻名于世。西安市作为历史名城、丝绸之路的起点，旅游业也是该市的重点行业。从西安市旅游业的五个分项指数来

看，当地市场监管部门应在消费者维权和服务质量等方面加大力度，提升旅游服务水平，开展旅游服务质量测评，增强西安旅游业消费环境的满意度和美誉度；健全旅游公共服务体系，构建全市旅游交通体系，推进旅游基础设施建设，完善旅游信息咨询中心建设，达到真正的惠民便民，保障消费者安全，提升消费质量、消费服务环境。同时，与旅游相关的各行业品质也有待提高。旅游业作为综合型高级社会消费形式，其消费环境与其他相关行业密不可分。因此，要提升旅游业消费环境水平，必须联合交通运输、住宿餐饮、商业零售等相关行业，打造完整的消费体系，带动旅游业全要素品质提升。

（二）汽车销售与维修（76.04 分）

西安市汽车销售与维修行业消费环境较差，五个分项指数中，安全和质量放心指数达到良好偏上水平，分别为 77.95 分和 76.34 分；其余三个分项指数均处于良好偏下水平，其中价格放心指数为 74.74 分，服务放心指数为 75.59 分，维权放心指数为 75.57 分。

调查结果显示，西安市汽车销售与维修行业消费环境领域存在的问题较多，主要问题包括购买的新车存在瑕疵、购车过程强制消费、无法按期提车、无法随车提供合格证、售后推诿扯皮、故障屡修不好、强制收取金融服务费、不退订金、不退续保押金、以品牌产品冒充原厂产品等多个方面。在西安市汽车销售与维修行业的五个分项指数中，安全和质量问题仍有待提升，但同时更应该注重汽车销售和维修的价格规范问题，汽车销售和维修的售前、售中及售后服务问题。应进一步建立健全汽车销售与维修行业的投诉和维权机制，避免出现消费者投诉无门、维权无路的现象。

二、洛阳市主要行业消费环境指数分析

在洛阳市行业消费环境分项指数中，维权放心指数与服务放心指数的等级主要集中在 A+和 B+，属于中等偏上水平；安全放心指数、价格放心指数、质量放心指数的等级主要集中在 A-、B+、B-，属于中等水平。

（一）住宿餐饮（88.44 分）

洛阳市的住宿餐饮行业消费环境较好，五个分项指数中，安全放心指数

达到优秀偏上水平，为 93.73 分；其余四个放心指数均为优秀偏下水平，其中质量放心指数为 84.80 分，价格放心指数为 88.61 分，服务放心指数为 88.01 分，维权放心指数为 87.03 分。

洛阳市的旅游资源丰富，要推动洛阳市旅游业的发展，住宿餐饮行业是软实力。不断提高消费者在旅游时的住宿餐饮体验，会让消费者对洛阳市评价更高，从而更能提高整个洛阳市的经济发展。基于洛阳市住宿餐饮行业的五个分项指数，当地政府应该在消费者维权和住宿餐饮质量上多下功夫，打造让人民满意的消费环境。

（二）旅游（84.69 分）

洛阳市旅游业消费环境良好，五个分项指数中，质量、价格和维权放心指数达到优秀偏下水平，分别为 85.42 分、81.11 分和 80.17 分；其余两个放心指数均为良好偏上水平，其中安全放心指数为 78.57 分，服务放心指数为 78.33 分。

从洛阳市的旅游资源来看，无论是种类、数量还是品位，在全省、全国都独具优势，其中龙门石窟、白马寺、关林“老三篇”享誉国内外。洛阳市的人文资源在国际上具有重要影响，同时在国内有占绝对优势的自然旅游资源共 14 类、69 处，优美的自然风光与悠久的历史文化相映生辉，使旅游业成为洛阳最具发展潜力的产业。因此，应更加注重旅游安全风险控制和强化旅游服务规范，打造洛阳市旅游业消费名片。

（三）交通运输（75.38 分）

洛阳市的交通运输行业消费环境一般，五个分项指数中，质量放心指数、价格放心指数和维权放心指数均为 80.00 分，处于优秀偏下水平；安全放心指数 71.90 分，处于良好偏下水平；服务放心指数最低，为 65.00 分，处于中等偏下水平。

交通是一个城市发展的基础。洛阳以旅游业闻名，但若想进一步通过旅游业带动洛阳经济的发展，提高洛阳市的消费环境，就要发挥好交通运输行业的基石作用。当地政府应规范交通运输行业人员的服务态度及行为，畅通交通运输行业投诉渠道，更好地监督交通运输行业服务人员，从而提高消费者对交通运输行业的满意度。

三、开封市主要行业消费环境指数分析

开封市行业消费环境分项指数中安全放心指数的等级主要集中在 A+、A-，属于偏上水平；质量放心指数、维权放心指数、价格放心指数和服务放心指数的等级主要集中在 A+、A-、B+，属于中等偏上水平。

开封市是国家历史文化名城、国际知名文化旅游城市、中原城市群中心城市之一。开封市积极落实区域一体化战略、产业推动战略、城镇化战略、特色化战略，促进了开封市经济的增长，为营造良好的消费环境打下了坚实的基础。

（一）住宿餐饮（88.34 分）

开封市的住宿餐饮行业消费环境较好，五个分项指数中，安全放心指数为 93.74 分，处于优秀偏上水平；其余四个分项指数均处于优秀偏下水平，其中价格放心指数为 88.55 分，服务放心指数为 90.01 分，维权放心指数为 87.21 分，质量放心指数最低，为 82.21 分。

要推动开封市旅游业的发展，提高消费者对住宿餐饮行业的消费环境满意度，对大力发展旅游业有事半功倍的效果。通过分析住宿餐饮行业的消费环境指数可知，居民对开封市住宿餐饮行业消费环境比较满意，五个分项指数均达到优秀水平。当地政府部门还应进一步强化住宿餐饮行业质量把控，进而推动开封市旅游业的快速发展，拉动开封市的经济增长。

（二）金融保险（88.06 分）

开封市的金融保险行业消费环境良好，五个分项指数中，安全放心指数、质量放心指数和维权放心指数均处于优秀偏上水平，其中安全放心指数为 92.36 分，质量放心指数为 92.47 分，维权放心指数为 95.00 分。服务放心指数为 88.67 分，处于优秀偏下水平；价格放心指数为 71.78 分，处于良好偏下水平。

新时代，日益蓬勃的金融业正成为消费行业不可忽视的重要支撑，开封市金融保险行业整体服务规范性强，质量保障制度和管理制度完善，但也存在一定不足，价格因素是影响金融保险行业消费环境评价的主要原因。因此，当地政府应严格把控金融保险市场价格关，完善金融保险行业的消费环境建设。提高消费者的金融保险行业满意度，有利于扩大民间投资，有效促进地区经济发展。

四、银川市主要行业消费环境指数分析

银川市行业消费环境分项指数中安全放心指数和维权放心指数的等级主要集中于 A-和 B+，属于中等偏上水平，质量放心指数和价格放心指数的等级主要集中于 A-、B+和 B-，属于中等偏上水平，服务放心指数的等级主要集中于 A-和 B-，处于中等水平。

（一）住宿餐饮（85.17 分）

银川市住宿餐饮行业消费环境较好，五个分项指数都处于优秀偏下水平，其中安全放心指数为 88.84 分，质量放心指数为 82.01 分，价格放心指数为 84.12 分，服务放心指数为 87.20 分，维权放心指数为 83.67 分。

整体来看，西北经济发展加速，银川市居民的消费理念、文化品位不断提升，因此对于消费服务、产品品质的追求也在逐步提升。住宿餐饮类企业应该在营养、健康、绿色、文化、体验等方面下功夫，进一步提升住宿餐饮行业的消费质量。尽管银川市住宿餐饮行业五个放心发展水平较均衡，但比较来看，银川市住宿和餐饮服务的服务类投诉较多，尤其节假日外出住宿和餐饮消费相对火爆，从而也容易发生消费纠纷类事件。因此，监管部门应进一步加强住宿餐饮卫生与安全的监管，严格查处节假日设置最低消费等消费限制行为。

（二）金融保险（83.20 分）

银川市金融保险行业消费环境良好，五个分项指数中，维权放心指数处于优秀偏上水平，为 92.73 分，价格放心指数和服务放心指数均处于优秀偏

下水平，价格放心指数为80.60分，服务放心指数为86.20分，安全放心指数和质量放心指数均处于良好偏上水平，安全放心指数为77.29分，质量放心指数为79.19分。

银川市金融保险行业应进一步完善消费政策，培育新兴消费热点。抓住消费六大领域扩大与升级战略机遇，按照国家宏观调控方向，引导消费结构转型升级，推动金融与保险消费市场健康发展。基于调查结果，对银川市金融保险业提出以下三点建议：首先，要加强制度保障，加大对金融保险企业的培育扶持力度，助推新兴领域快速发展；其次，要放宽市场准入，鼓励和推动民间资本进入，进一步推动新兴领域的对内对外开放；最后，要营造安全的消费环境，严惩金融与保险诈骗等行为，提振消费信心。

五、郑州市主要行业消费环境指数分析

郑州市行业消费环境分项指数中质量放心指数、价格放心指数、服务放心指数和维权放心指数的等级主要集中在A-、B+、B-，属于中等偏上水平；安全放心指数的等级主要集中在A+、A-，属于偏上水平。

郑州市地处中原腹地、枢纽地带，商业比较集中，交通便利，人口基数大，这些自身优势为郑州市创造了良好的消费环境，为经济发展提供了便利。近年来，郑州市积极推进供给侧结构性改革，加快推动消费转型升级，着力扩大消费需求，广大居民消费能力稳步提升，消费品市场总体保持平稳上升运行态势。

（一）教育文化（87.10分）

郑州市教育文化行业消费环境较好，五个分项指数均处于优秀偏下水平。其中，安全放心指数为90.74分，价格放心指数为87.49分，服务放心指数为88.85分，维权放心指数为87.00分，质量放心指数最低，为81.43分。

教育是提高人民综合素质、促进人全面发展的重要途径，是民族振兴、社会进步的重要基石。文化产业是以生产和提供精神产品为主要活动，以满足人们文化需要作为目标的行业，是一个城市的精神风貌和重要内涵。通过分析郑州市教育文化行业的各项消费环境指数可以看出，郑州市民对教育文

化行业评价良好，但当地部门还应着手提升教育和文化质量，加大力度引进优秀教学人才，平衡教育教学资源。

（二）商业零售（86.38 分）

郑州市商业零售行业消费环境良好，五个分项指数中，安全放心指数处于优秀偏上水平，为 93.68 分；价格、维权和服务放心指数均处于优秀偏下水平，其中价格放心指数为 88.70 分，服务放心指数为 87.04 分，维权放心指数为 84.44 分，质量放心指数处于良好偏上水平，为 78.04 分。

面对错综复杂的国际国内形势，郑州市认真贯彻落实中央稳增长、促消费的各项政策措施，努力克服经济下行对消费带来的不利影响，积极稳定消费市场发展。近年来郑州市消费品市场整体呈现出“总体平稳，稳中有进”的发展态势，郑州市人民的消费意愿和消费能力稳步提升，全市经济综合实力日益增强。但与此同时，仍存在一些不法商贩制造假冒伪劣产品等现象，因此，郑州市市场监管部门应加强对商品零售行业的质量把关，严监管、精抽查、重打击，使居民能够放心、安心地消费。

六、天水市主要行业消费环境指数分析

天水市行业消费环境分项指数中安全放心指数、质量放心指数、价格放心指数和服务放心指数的等级主要集中于 A-、B+和 B-，属于中等偏上水平；维权放心指数的等级主要集中于 A+和 A-。近年来，在一系列扩内需、促消费措施的积极作用下，天水市消费品市场稳步发展。

（一）金融保险（89.32 分）

天水市金融保险行业消费环境较好，五个分项指数均处于优秀偏下水平。其中，质量放心指数为 91.67 分，价格放心指数为 90.00 分，服务放心指数为 87.50 分，维权放心指数为 91.56 分，安全放心指数最低，为 85.88 分。

目前，金融保险行业的开放正不断深化，一方面，银行业、保险业外资进入门槛不断降低，多项外资金融机构规模限制将取消；另一方面，金融业对内开放同步推进，民间投资将进一步放开。金融科技行业的发展出现了一

些新特征，主要体现在传统金融机构与科技公司的业务融合不断加强，数据积累和数据挖掘算法、人工智能的使用全方位提升了金融运行效率，国内金融科技公司逐步展开海外业务布局以及“另类数据公司”开始兴起。天水市金融保险行业整体消费环境较好、质量保障制度完善、行业价格合理、服务规范性强，但同时也存在一些不足之处，主要是资金实力相对单薄，抗金融风险能力较弱，消费环境安全有待提升。因此，一要积极开拓创新，解决融资问题，帮助企业加速资本周转能力；二要加大社会诚信体系建设力度，从宣传和惩戒两端入手，积极营造诚信经营市场氛围。

（二）旅游（75.55 分）

天水市旅游业消费环境较差，五个分项指数中，质量和维权放心指数处于良好偏上水平，分别为 78.50 分和 78.77 分；安全、价格和服务放心指数均处于良好偏下水平，其中安全放心指数为 74.76 分，服务放心指数为 75.10 分，价格放心指数最低，为 70.63 分。

旅游业作为综合型高级社会消费形式，其消费环境与其他行业密不可分。天水市旅游业消费体系较为完善，行业的品质良好，但整体旅游业的消费环境较差，从调查结果来看主要表现在旅游消费价格偏高、消费品性价比较低，旅游服务规范性不足，环境安全监管有待加强等。因此，天水市需要构建全域旅游交通体系，加大财政支持力度，规范服务标准，提升安全监管效能，惠民便民，创造良好的旅游消费环境。

七、酒泉市主要行业消费环境指数分析

酒泉市行业消费环境分项指数中安全放心指数和服务放心指数的等级主要分布于 A-和 B+，属于中等偏上水平；质量放心指数和价格放心指数的等级主要集中于 A-、B+和 B-，属于中等偏上水平；维权放心指数的等级主要集中于 A+、A-和 B+，属于偏上水平。

酒泉市委、市政府认真贯彻落实稳增长、促消费各项政策措施，深入推进供给侧结构性改革，加快消费转型升级，推动消费市场高质量发展，着力发挥消费对经济发展的基础性作用，消费市场规模进一步扩大，增速呈现总

体平稳、稳中趋缓态势。

（一）交通运输（91.28分）

酒泉市交通运输行业消费环境较好，五个分项指数中，维权放心指数处于优秀偏上水平，为100分；安全、质量、价格和服务放心指数均处于优秀偏下水平，其中安全放心指数为90.03分，质量放心指数为90.60分，价格放心指数为91.70分，服务放心指数最低，为84.07分。

交通运输一直是连接各部门、各行业的链条和纽带，酒泉市将交通运输方面的工作作为稳增长、促改革、调结构、惠民生、防风险的重点来抓，积极克服不利影响，围绕强弱项、补短板，着力解决交通行业发展不平衡不充分的问题，促进了交通运输行业的良好发展，整体消费环境向好。但与此同时，酒泉市应继续加强交通运输行业工作人员的服务规范培训，提升服务质量，全面改善交通运输行业消费环境。

（二）食品（71.98分）

酒泉市食品行业消费环境得分较低，为71.98分。五个分项指数中，维权放心指数处于优秀偏下水平，为90.00分；质量、价格和服务放心指数均处于中等偏上水平，其中质量放心指数为69.10分，价格放心指数为69.47分，服务放心指数为67.33分；安全放心指数处于中等偏下水平，为64.00分。

近年来，随着老百姓生活水平、健康意识的不断提升，食品消费环境成为人们茶余饭后的热议话题，尤其是食品安全问题更是引人关注。从调查与测算结果来看，酒泉市食品行业整体消费环境欠佳，食品消费质量、消费价格和消费服务均有待提升，食品消费安全问题应该引起高度重视。应加强对食品、药品等重点领域的安全监管，建立覆盖食品生产、流通全过程的质量安全监管机制，智慧监管、实时发现、即时整改，促进食品行业消费环境整体提升，并加强对消费者权益的保护，让老百姓买得放心、用得放心、吃得放心。

八、兰州市主要行业消费环境指数分析

兰州市行业消费环境分项指数中安全放心指数、质量放心指数、价格放

心指数和服务放心指数主要集中于 A-、B+和 B-等级，属于中等偏上水平；维权放心指数主要集中于 B-、C+、C-和 D 等级，属于偏下水平。

近年来，兰州市发展改革工作呈现出稳中有进、稳中有优、稳中有新、稳中有好、稳中提质五大特点。面对错综复杂的国内外经济环境，兰州市上下认真落实中央、省、市各项决策部署，牢固树立高质量发展理念，坚持问题导向和目标导向，强化对经济运行的监测和调控，全市经济总体保持平稳发展的态势。

（一）医疗卫生（80.44 分）

兰州市的医疗卫生行业消费环境良好，五个分项指数中，安全和服务放心指数处于优秀偏下水平，分别为 83.83 分和 87.14 分；质量和价格放心指数均处于良好偏上水平，其中质量放心指数为 79.47 分，价格放心指数为 76.99 分，维权放心指数处于良好偏下水平，为 71.20 分。

随着社会不断进步，人们生活水平不断提高，公众对自身健康的关注度逐渐提高，看病难、看病贵始终是民生领域应关注的焦点问题。因此，如何改善医疗卫生行业消费环境，建立医患之间的信任关系，是各个地区都应重点关注的问题。整体来看，兰州市医疗卫生行业的消费环境较好，其中，医务人员服务态度和职业道德评价良好，医疗环境较规范。但也存在一些不足之处，一方面，医疗价格有待优化监管，政府部门还需要进一步加大医疗领域的投入，加快基础医疗保险体制改革，降低居民医疗支出成本；另一方面，维权机制有待完善，需要畅通消费者对医疗卫生行业工作人员的投诉渠道，保障消费者权益。

（二）房地产（75.54 分）

兰州市房地产行业消费环境相对较差，五个分项指数中，服务放心指数处于优秀偏下水平，为 83.75 分；安全放心指数处于良好偏上水平，为 79.39 分；质量和价格放心指数处于良好偏下水平，分别为 75.98 分和 72.08 分；维权放心指数处于中等偏下水平，为 61.33 分。

随着国家宏观调控作用逐步显现，营造良好的房产销售消费环境便显得尤为重要。房地产行业服务态度热情，房地产行业发展逐步走向成熟，房地产销售开始面临新的形势和挑战。当前阶段，兰州市房地产市场逐步发展壮大，房地产行业竞争也日趋激烈，但兰州市房地产行业整体消费环境欠佳，房产质量、价格、维权消费环境均有待提升。政府应着重加大房地产建设监督监管力度，稳定调控房地产销售价格，保障消费者房地产销售的售前、售中、售后权益，畅通维权投诉渠道，逐步提升兰州市房地产行业消费环境满意度。

九、乌鲁木齐市主要行业消费环境指数分析

从乌鲁木齐市行业消费环境分项指数可以看出，安全放心指数、价格放心指数和服务放心指数的等级主要集中于 A-、B+和 B-，属于中等偏上水平；质量放心指数的等级主要集中于 B+、C+和 C-，属于中等偏下水平；维权放心指数的等级主要集中于 C+、C-和 D，属于偏下水平。

（一）金融保险（79.12 分）

乌鲁木齐市金融保险行业消费环境良好，五个分项指数中，安全放心指数和质量放心指数处于优秀偏下水平，其中安全放心指数为 90.75 分，质量放心指数为 83.13 分。价格放心指数达到良好偏上水平，为 78.38 分；服务放心指数达到良好偏下水平，为 74.94 分；维权放心指数达到中等偏下水平，为 65.05 分。

新疆地处西北边陲，少数民族人口占全区总人口近 2/3，是典型的少数民族聚居地区。乌鲁木齐市作为新疆的省会城市，各行业的发展都需要面对并克服因语言文字、文化背景、宗教信仰差异等因素造成的诸多问题。金融保险行业的发展需要切实保护好少数民族消费者的权益，努力为各民族群众营造公平、公正、合理消费的市场环境。在维权与服务放心方面，还需要加强消费者培育，强化政策引导，加大资源投入。同时强化行业监管，提高人员素质，提升消费者对金融保险行业维权放心和服务放心的满意度。

（二）医疗卫生（78.51 分）

乌鲁木齐市的医疗卫生行业消费环境处于中等水平。五个分项指数中，

服务放心指数最高，处于优秀偏下水平，为 82.15 分；安全、质量和价格放心指数均处于良好偏上水平，其中安全放心指数为 79.29 分、质量放心指数为 79.09 分、价格放心指数为 79.79 分；维权放心指数相对较低，处于中等偏上水平，为 68.40 分。

医疗卫生行业在乌鲁木齐市行业消费排名中排名靠前，服务放心指数最高，表明该行业在医疗服务方面的改革举措取得初步成效。近年来，乌鲁木齐市不断引进医疗领域先进人才，提升医疗技术水平和服务品质，坚持改善居民就医体验。但安全放心指数相对较低，因此，相关监管部门应联合开展打假治劣行动，对与医疗领域等重点民生问题有关的违法犯罪行为严厉打击，为群众营造安全放心的医疗消费环境。同时，医疗卫生行业的维权放心指数最低，故在维权方面，政府部门还应充分利用媒体开展相关宣传工作，加强市场整治力度，鼓励群众对假劣药品和医疗器械等进行举报投诉，实现社会共治，加快提升医疗卫生行业消费环境满意度。

第三节　丝路经济带国内节点城市总体行业分析

通过对丝路经济带 9 个节点城市行业消费环境指数的测算及分析，可以得出以下结论：一是从主要行业消费环境指数测算结果可以看出，金融保险、教育文化行业的消费环境指数处于领先地位；二是从主要行业消费环境指数测算结果可以看出，食品行业的安全、质量、维权放心指数，汽车销售与维修行业的质量、价格、服务、维权放心指数和商业零售行业的质量、服务、维权放心指数较为落后；三是从主要行业消费环境指数测算结果可以看出，开封市、郑州市和天水市旅游业的消费环境有待进一步提升。

总体来看，9 个节点城市的食品、汽车销售与维修和商业零售行业消费环境指数落后。通过对 9 个节点城市的行业消费环境指数进行测算和分析，可以看出食品、汽车销售与维修和商业零售行业的消费环境相对较差。

一、食品行业消费环境指数

食品是人类生存和发展的最基本物质，随着丝路沿线中西部地区经济的快速发展，居民对食品的质量安全和品质需求不断提高，从而倒逼生产经营企业持续优化食品品类、口味等，但受利益驱使引发的食品领域安全问题也随之而生。主要表现在以下几个方面：一是违法生产和经营带来的食品安全问题。无证、无照非法生产经营问题依然严重，尤其是对小作坊监管难度较大，部分经营主体法律意识淡薄，重利益、轻质量现象给食品安全带来较大隐患。二是食品流通环节经营秩序不规范，较多食品经营主体场所“脏乱差”，出售的食品溯源管理难；部分经营主体在食品收购、储藏和运输过程中，过量使用防腐剂、保鲜剂，同时存在销售假冒伪劣食品、变质食品、“三无”食品等行为，严重危害居民的身体健康。三是食品安全标准体系有待加强，我国的食品标准与国际食品安全基本标准相比，还存在一定差距，应进一步加强食品领域标准化建设，降低食品安全风险。

二、汽车销售与维修行业消费环境指数

随着汽车保有量的增长，现代汽车销售与维修服务覆盖率逐渐提升。随着机、电、液一体的高科技集成物种类不断增多，技术更新加快，其行业消费环境的监管工作越发困难。具体来说，丝路沿线中西部节点城市在汽车销售与维修环节存在的问题主要有：一是虚假宣传，隐瞒真实信息，促销、赠送承诺不兑现，拖延交付发票、合格证等随车文件，压证卖车等。二是存在搭售保险、代理挂牌等强制消费，强制搭售汽车配饰或其他不必要的服务。三是价格虚高，优惠不明示、不透明，不向消费者出示维修保养结算明细清单，且以非原厂配件冒充原厂配件，或以旧配件冒充新配件，使用假冒伪劣汽车配件。四是不履行汽车“三包”义务，对消费者的诉求故意拖延或无理拒绝，侵犯消费者个人信息受保护权，且格式合同条款不符合法律规定等。

三、商业零售行业消费环境指数

在当前商品（服务）交易市场环境中，留住既有顾客和挖掘潜在顾客是零售企业核心竞争方向。近年来零售企业的服务质量状况虽然有了较大改观，但消费环境整体水平仍不高，服务制度体系还不够成熟。丝路沿线 9 个节点

城市的商业零售行业消费环境主要存在以下几方面问题：一是部分商业零售行业管理层及员工质量理念和意识淡薄，质量管理缺乏全员参与和过程控制，商业零售质量管理体系不够健全，导致商品存在质量问题。二是商业零售经营者服务意识不强，难以起到以身作则的榜样作用，部分经营主体编制了内部服务管理体系，但因服务行业的人员流动性较大，内部服务培训管理制度难以落实，多数中小微企业缺少质量责任人。三是销售人员专业素质不高，销售人员是与顾客直接的接触者，销售人员的专业素质和服务能力直接影响顾客的满意度。然而大部分销售人员未经过专业的服务培训，难以满足顾客日益增长的服务需求。四是缺乏服务配套设施，现在消费者选择商品时不仅会关注品质，还会关注购物环境是否舒适便捷。要满足消费者“一站式”购物，就需要零售企业在硬件设施上更加完善，创造更好的消费环境。

第七章　陕西省地方专题篇

第一节　陕西省区域消费环境指数分析

陕西省区域面积大，横跨北方与南方，由北山和秦岭划分为了三大自然区域，分别是：关中平原、陕北高原、秦巴山区，受地理环境、自然资源、人口民族、经济发展、社会政策等多方面影响。因此，全省各地市消费环境建设水平必然存在一定差异。

2018 年全省消费环境指数极差为 8.05，同比略有缩小，但总体仍存在较大差距。2018 年，关中地区各市（区）排名表现出两极分化、较为分散的特点，具体体现在，全省排名前六和排名后七位的市（区）中各有四个地市属于关中地区；陕北地区各市（区）排名居中靠后，其中榆林市排名居中，延安市排名靠后；陕南地区各市（区）排名居中靠前，其中汉中市排名第 2 位，商洛市排名第 3 位，安康市排名相对居中。与 2017 年相比，陕南地区各地市消费环境指数排名进步较大，陕北地区各地市稍有退步。全省消费环境综合排名情况具体分析如下：

一、西安市消费环境指数分析

从区域消费环境指数排名来看，西安市消费环境总指数两年来均位列全省第 1 位。

从消费环境五个分项指数来看，西安市质量放心指数、价格放心指数和维权放心指数均位列全省第 1 位，安全放心指数和服务放心指数位列全省第 2 位。2018 年，西安市价格放心指数和服务放心指数存在同比下降，但其余三项指数均存在同比上升，西安市消费环境总体依然保持领先水平。

西安市消费环境的相对优势主要表现在：①消费者对商品自主选择权利、公平交易权利评价较高，为 93.95 分；②商品平均质量等级较高，质量责任人明确，为 89.40 分；③安全制度较健全，产品、服务、消费环境安全责任落实程度较好，为 87.50 分。

西安市消费环境的相对不足主要表现在：①消费者在消费过程中对商品性价比的评价较低（同等价位的商品性能较差或同等性能的商品价格较高），为 72.00 分；②售后服务规范相对较差，消费者在部分消费过程中合法利益受到损害时难以获得合理赔偿，为 65.53 分；③消费纠纷案件平均处理时间较长，为 58.18 分。

二、汉中市消费环境指数分析

从区域消费环境指数排名来看，汉中市消费环境总指数位列全省第 2 位，排名同比上升 3 个位次。

2018 年，汉中市消费环境五个分项指数均有较大提升，其中，安全放心指数和服务放心指数排名跃居全省第 1 位；质量放心指数、价格放心指数和维权放心指数位列全省第 2 位。汉中市价格放心指数和维权放心指数均低于市消费环境总指数，因此，市有关部门应重点改善消费价格和消费维权环境。2018 年汉中市消费环境提升较大的主要原因在于，市有关部门将消费创建工作列入市政府“重点民生工程”后，又开展了诸多其他相关工作，具体如下：一是协同共治促创建，建立了由市政府领导、市场监管部门负责，38 个部门齐抓共管的创建工作机制，并定期召开联席会议和推进会，讨论研究放心消费创建工作；二是营造氛围促创建，市放心消费创建办通过制作专题宣传片和宣传资料、举办各类宣传活动，为创建工作持续展开宣传，推动放心消费常态化，营造了放心消费社会共建的浓厚氛围；三是活动融合促创建，创立“放心消费创建+”工作模式，坚持把创建融入各项工作，凝聚创建共识，让创建工作真正入脑、入心；四是典型引路促创建，聚焦重点商品和行业，指导企业对照“五个放心”各项指标自查整改、完善提升，并培育认定出首批放心消费单位 198 户，打造了青木川景区、草坝景区等放心消费示范样板企业，充分发挥典型引领作用，推动创建工作向纵深开展。

汉中市消费环境的相对优势主要表现在：①商品质量合格率较高，质量责任人明确，为 93.45 分；②安全保障制度、措施完善，保障效果较好，为 90.70 分；③生产经营者售前、售中、售后服务规范较好，为 90.08 分；④价格公示完整度、合规率较高，为 90.06 分。

汉中市消费环境的相对不足主要表现在：①生产经营者合同执行情况较差，为 75.08 分；②消费者对商品服务条款的知情程度较低，为 75.01 分；③消费者在消费过程中对商品性价比的评价较低（同等价位的商品性能较差或同等性能的商品价格较高），为 74.10 分；④消费者对商品（服务）的性能特点、质量标准等知情程度较低，为 69.65 分；⑤消费者在部分消费过程中合法利益受到损害时难以获得合理赔偿，为 65.06 分。

与 2017 年相比，2018 年汉中市消费环境的优势主要表现为消费安全、质量和维权指数进步较快，分别同比上升 7.38 分、5.82 分和 5.67 分。具体表现在：①生产经营者安全事故责任认知度评分同比上升 28.98 分；②消费纠纷案件平均处理时间评分同比上升 28.10 分；③消费者对交易公平的评价同比上升 22.04 分；④消费者对商品平均质量等级评分同比上升 16.06 分；⑤生产经营者产品、服务、消费环境安全责任落实程度评分同比上升 15.82 分。

三、商洛市消费环境指数分析

从区域消费环境指数排名来看，商洛市消费环境总指数位列全省第 3，消费环境指数排名同比上升 4 个位次。

从商洛市消费环境五个分项指数来看，质量放心指数和维权放心指数位列全省第 3 名，其余各项指数均处于陕西省较高水平，但服务放心指数和维权放心指数低于商洛市消费环境总指数，市有关部门应予以高度重视。商洛市 2018 年消费环境指数提高较大，具体原因如下：一是领导重视度较高，民众知晓率上升，有利于创建工作开展；二是各部门相互协调、紧密配合，共同推进了放心消费创建工作；三是市场监管力度不断加大，抽检频率不断提升，共同促进良好消费环境的形成。

商洛市消费环境的相对优势主要表现在：①商品（服务）质量保障体系较好，生产经营者质量责任落实到位，质量管理制度完整度较高，为 98.57 分；②安全保障制度较为规范，经营场所安全设施完好率较高，为 96.324 分；③消费者对价格合理程度、价格公示规范程度评价较高，为 88.83 分。

商洛市消费环境的相对不足主要表现在：①消费者对商品（服务）的消费质量评价较低，为 74.86 分；②生产经营者售后服务处理时限较长，执行情况较差，为 65.74 分；③消费纠纷案件处理平均时间较长，为 62.22 分；④消费者在部分消费过程中合法利益受到损害时难以获得合理赔偿，为 66.20 分。

与 2017 年相比，2018 年商洛市消费环境的优势主要表现为消费质量和维权指数进步较快，分别同比上升 10.96 分和 10.71 分。具体表现为：①监管部门现场检查次数的评分同比上升 35.81 分；②消费者对是否有畅通的渠道对商品（服务）提供者进行批评、监督、评价的评分同比上升 26.15 分；③生产经营者质量管理制度完整度的评价同比上升 22.89 分；④生产经营者对是否有畅通的渠道对市场监管者进行批评、监督、评价的评分同比上升 19.05 分。

四、渭南市消费环境指数分析

从区域消费环境指数排名来看，渭南市消费环境总指数位列全省第 4 名，消费环境指数排名同比不变。

从消费环境五个分项指数来看，渭南市价格放心指数位列全省第 2 名，服务放心指数位列全省第 3 名，其余三项指数在全省排名相对靠前，但质量放心指数和维权放心指数远低于市消费环境总指数。因此，渭南市应重点改善消费质量和消费维权环境。

渭南市消费环境的相对优势主要表现在：①消费者对价格公示规范程度、交易公平程度评价较高，为 93.14 分；②客户服务保障制度较为健全，服务规范较为完善，各监管部门依法履职满意度较高，为 90.57 分；③经营场所安全设施完好率较高，安全责任落实度比较好，为 90.01 分；④消费者对环境安全的评价较高，为 87.78 分。

渭南市消费环境的相对不足主要表现在：①消费者和经营者对市场监管者进行批评、监督、评价的渠道不够畅通，为 75.12 分；②商品平均质量等级较差，质量保障制度、措施不够完善，为 71.91 分；③消费者对商品（服务）的服务条款、性能特点、质量标准等知情程度较低，为 70.20 分；④生产经营者售后服务处理时限较长，执行情况较差，为 70.03 分。

五、宝鸡市消费环境指数分析

从区域消费环境指数排名来看，宝鸡市消费环境总指数位列全省第 5 名，消费环境指数排名同比下降 3 个位次。

从消费环境五个分项指数来看，宝鸡市安全放心指数位列全省第 3 名，但质量放心指数和维权放心指数均低于消费环境总指数。因此，应提高对消费质量和消费维权环境建设的重视程度。

宝鸡市消费环境的相对优势主要表现在：①安全保障制度、消防制度等较为健全，应急预案知晓率较高，安全责任落实到位，为 97.21 分；②生产经营者售前、售中、售后服务规范较为完善，监管部门依法履职情况较好，为 96.96 分；③消费者对价格公示规范程度、交易公平程度评价较高，为 92.59 分；④消费者对商品（服务）提供者进行批评、监督、评价的渠道较为畅通，为 85.54 分。

宝鸡市消费环境的相对不足主要表现在：①消费者对商品质量的评价较低，消费质量责任落实不到位，为 72.88 分；②消费者对商品（服务）的服务条款、性能特点、质量标准等知情程度较低，为 66.30 分；③消费者在部分消费过程中合法利益受到损害时难以获得合理赔偿，为 63.72 分；④消费纠纷案件处理平均时间较长，为 61.66 分。

六、韩城市消费环境指数分析

从区域消费环境指数排名来看，韩城市消费环境总指数位列全省第 6 名，消费环境指数排名同比下降 3 个位次。

从消费环境五个分项指数来看，韩城市维权放心指数、质量放心指数和服务放心指数均低于市消费环境总指数，且维权放心指数对韩城市消费环境总指数影响较大。

韩城市消费环境的相对优势主要表现在：①消费者在购买商品（服务）的过程中享受（价格、质量、计量）公平交易的权利较充分，为95.71分；②消费者对价格公示完整程度、规范程度评价较高，为94.75分；③消费者对商品（服务）提供者进行批评、监督、评价的渠道较为畅通，为94.11分；④安全保障制度、消防制度等较为健全，应急预案知晓率较高，产品、服务、消费环境安全责任落实程度较好，为92.40分。

韩城市消费环境的相对不足主要表现在：①消费者在消费过程中对商品性价比的评价较低（同等价位的商品性能较差或同等性能的商品价格较高），为73.58分；②消费者对商品（服务）服务条款、使用特点、注意事项知情度较差，为69.30分；③消费者对消费质量评价不高，质量保障制度、措施不够完善，质量责任落实不到位，为67.92分；④消费纠纷案件处理平均时间较长，为64.54分；⑤生产经营者售前、售中、售后服务规范较差，为62.34分。

七、榆林市消费环境指数分析

从区域消费环境指数排名来看，榆林市消费环境总指数位列全省第7名，消费环境指数排名同比下降一个位次。

从消费环境五个分项指数来看，榆林市安全放心指数较高，但质量放心指数、服务放心指数和维权放心指数均低于市消费环境总指数，需要着力提高。

榆林市消费环境的相对优势主要表现在：①生产经营者安全制度保障体系较完善，安全事故责任落实到位，为95.93分；②生产经营者售前、售中、售后服务规范较好，为93.81分；③消费者对价格公示规范程度评价较高，为91.76分。

榆林市消费环境的相对不足主要表现在：①商品质量标识完整度较差，

平均质量等级过低，缺陷商品处理率较差，为 75.04 分；②生产经营者价格公示完整度较差，为 72.95 分；③消费者对商品（服务）服务条款、使用特点、注意事项知情度较差，为 71.11 分；④生产经营者售后服务的执行情况较差，消费纠纷案件平均处理时间太长，为 64.89 分。

八、安康市消费环境指数分析

从区域消费环境指数排名来看，安康市消费环境总指数位列全省第 8 名，消费环境指数排名同比不变。

从消费环境五个分项指数来看，安康市除价格放心指数外，其余四项指数在全省范围内均排名靠后。虽然安康市也将消费创建工作确定为市政府“八大民生工程”之一，并搭建了创建平台，但其成效并不显著，市有关部门仍需在维权放心、质量放心方面加大工作力度。

安康市消费环境的相对优势主要表现在：①消费者及监管对象对各监管部门依法履职满意度较高，为 96.25 分；②生产经营者售前、售中、售后服务规范较好，为 96.23 分；③消费者对交易公平程度的评价较高，为 92.84 分；④消费者对价格公示规范程度的评价较高，为 87.04 分；⑤生产经营者在销售过程中权益得到有效保障，为 83.11 分。

安康市消费环境的相对不足主要表现在：①消费者在消费过程中对商品性价比的评价较低（同等价位的商品性能较差或同等性能的商品价格较高），为 68.10 分；②商品平均质量等级较差，消费者对消费环境质量评价较低，为 65.27 分；③消费者合法权益受到损害时难以获得合理赔偿，消费纠纷案件平均处理时间太长，为 61.67 分；④监管部门对生产经营场所安全设施监管力度不够，为 61.13 分。

九、铜川市消费环境指数分析

从区域消费环境指数排名来看，铜川市消费环境总指数位列全省第 9 名，消费环境指数排名同比上升 3 个位次。

从消费环境五个分项指数来看，铜川市安全放心指数和服务放心指数相对较好，质量放心指数和维权放心指数相对落后，有很大的上升空间。

铜川市消费环境的相对优势主要表现在：①安全保障制度、消防制度等较为健全，应急预案知晓率较高，产品、服务、消费环境安全责任落实程度较高，为95.59分；②消费者在购买商品（服务）的过程中享受（价格、质量、计量）公平交易的权利较充分，为95.5分；③生产经营者售前、售中、售后服务规范较好，为90.65分。

铜川市消费环境的相对不足主要表现在：①消费者对商品（服务）的服务条款、使用特点及注意事项知情度较差，为76.05分；②消费者在消费过程中对商品性价比的评价较低（同等价位的商品性能较差或同等性能的商品价格较高），为74.40分；③生产经营者质量管理制度完整度较差，缺陷商品处理情况不好，消费者对商品质量的评价较低，为74.13分；④监管部门处理消费纠纷的平均时间较长，为69.78分；⑤生产经营者售后服务处理时限较长、执行情况较差，为69.20分。

十、西咸新区消费环境指数分析

西咸新区是党的十八大后设立的第七个国家级新区，于2018年新列入调研地市。因其设区时间不长，政府各机构还不完善，人员配备尚未完全到位，故开展放心消费创建工作难度较大。从区域消费环境指数排名来看，西咸新区消费环境总指数位列全省第10名。

从消费环境五个分项指数来看，西咸新区除安全放心指数、质量放心指数排名相对居中以外，其余三个分项指数均排名靠后，尤其维权放心消费指数位列全省第13名，市有关部门需在加强整体消费环境建设的基础上，着力增强维权治理力度。

西咸新区消费环境的相对优势主要表现在：①生产经营者售前、售中、售后服务规范较好，公平交易评价较高，为93.46分；②质量管理制度完整度较高，质量责任认知率较高，为92.14分；③产品、服务、消费环境安全责任落实程度较好，为91.42分。

西咸新区消费环境的相对不足主要表现在：①消费者对商品（服务）提

供者进行批评、监督、评价的渠道不够畅通，为 70.80 分；②消费者对商品（服务）的服务条款、使用特点、注意事项知情度较差，为 63.80 分；③监管部门处理消费纠纷案件的平均时间较长，为 62.80 分；④消费者在消费过程中受到损害时难以得到合理的赔偿，且程度比较严重，为 26.98 分。

十一、咸阳市消费环境指数分析

从区域消费环境指数排名来看，咸阳市消费环境总指数位列全省第 11 名，消费环境指数排名同比不变。

从消费环境五个分项指数来看，咸阳市各指数均排名靠后，其中，服务放心指数和维权放心指数分别位列全省第 13 名和第 12 名，市有关部门需着力提升消费服务和消费维权环境。

咸阳市消费环境的相对优势主要表现在：①生产经营者安全事故责任落实到位，为 100 分；②生产经营者质量管理制度完整度较高，质量责任人明确，为 99 分；③价格公示合规程度较高，为 93.32 分。

咸阳市消费环境的相对不足主要表现在：①生产经营者服务规范较差，售后服务处理时间较长、执行情况较差，为 68.13 分；②消费者及监管对象对各监管部门依法履职的满意度较低，为 66.30 分；③消费者在部分消费过程中自主选择权、依法求偿权较差，为 65.38 分；④监管部门处理消费纠纷案件的平均时间较长，为 63.94 分。

十二、杨凌示范区消费环境指数分析

从区域消费环境指数排名来看，杨凌示范区消费环境总指数位列全省第 12 名，消费环境指数排名同比下降两个位次。

从消费环境五个分项指数来看，杨凌示范区除价格放心消费指数排名相对靠前，位列全省第 3 名，其余四项指数均排名靠后。杨凌示范区紧跟农业农村改革潮流，突破体制机制束缚，从关中腹地的一个农业小镇一跃发展成为一个具有国际影响力的农业高新科技示范区，走出了一条不寻常的发展之路。虽然杨凌示范区经济发展水平不断提高，但其整体消费环境仍有较大进步空间，尤其是消费安全和消费质量亟待进一步整顿提升。

杨凌示范区消费环境的相对优势主要表现在：①生产经营质量责任人落实到位，为 100 分；②消费者对价格公示规范程度评价较高，为 92.40 分；③消费者在购买商品（服务）的过程中享受（价格、质量、计量）公平交易的权利较充分，为 92 分；④消费者对商品（服务）提供者进行批评、监督、评价的渠道比较畅通，为 90.52 分。

杨凌示范区消费环境的相对不足主要表现在：①消费者在消费过程中对商品性价比的评价较低（同等价位的商品性能较差或同等性能的商品价格较高），为 68 分；②生产经营质量管理制度不够完善，缺陷商品处理情况较差，为 66 分；③消费者对环境安全评价较低，经营场所安保设施有效率较差，消防安全知识宣传不到位，为 64.83 分；④消费者对售后服务规范评价较差，售后服务处理时间较长、执行情况较差，为 64.20 分；⑤生产经营者合法权益无法得到有效保障，为 59.4 分。

十三、延安市消费环境指数分析

从区域消费环境指数排名来看，延安市消费环境总指数位列全省第 13 名，消费环境指数排名同比下降 4 个位次。

从消费环境五个分项指数来看，延安市各项指数均排名靠后，尤其价格放心指数排名全省最后，且质量放心指数和维权放心指数均低于市消费环境总指数。因此，市有关部门应提高对放心消费创建工作的重视程度，加大对消费环境的建设力度。

延安市消费环境的相对优势主要表现在：①生产经营者安全保障制度、措施比较完善，应急预案知晓率较高，为 98.97 分；②生产经营者价格公示规范程度较高，为 93.92 分；③消费者在消费过程中自主选择权利、公平交易权利评价较高，为 91.38 分；④消费者对商品（服务）提供者进行批评、监督、评价的渠道比较畅通，为 88.30 分。

延安市消费环境的相对不足主要表现在：①商品质量标识完整度较低，商品质量合格率较低，消费者对消费质量评价较差，为 68.19 分；②生产经营者价格公示完整度较差，为65.01分；③消费者对产品（服务）的性能特点、质量等级等知情程度较低，为63.10分；④生产经营者售后服务处理时间较长，执行情况较差，消费者受到的损害难以得到合理赔偿，为62.24分。

与2017年相比，2018年延安市消费环境的劣势主要表现为消费质量和消费价格建设水平稍有退步，分别下降了1.05分和0.18分。具体表现在：①消费者对消费质量的评价同比下降11.15分；②消费者对性价比的评价同比下降9.95分；③消费者对商品质量合格率的评价同比下降8.21分；④生产经营者价格公示完整度的评分同比下降7.02分。

第二节　陕西省消费环境指数及各市（区）排名

从2018年7月起，陕西省消费环境指数编制课题组对陕西省各市（区）的城镇和农村进行了实地调查，并进行了数据分析，形成安全放心、质量放心、价格放心、服务放心和维权放心五个分项指数和陕西省消费环境总指数，并根据不同的需要，编制了各类消费环境指数。同时，按照区域和行业进行分类，设置《陕西省区域消费环境指数及排名》《××市（区）消费环境指数》《××市（区）城区消费环境指数》《××市（区）乡镇消费环境指数》《陕西省行业消费环境指数及排名》；按照消费环境创建内容分类，分别设置安全、质量等《“五个放心”指数及排名》，以期通过消费环境指数客观反映消费环境状况，让数据给地市和行业“精准画像”，清晰地分析各市（区）、各行业在消费环境监管和治理工作中存在的问题和不足，为有针对性地开展市场整治助力，促使陕西省适应新的市场监管模式，从而倒逼其消费环境的改善。

陕西省消费环境总指数及分项指数测算结果如表7-1、图7-1所示。

表7-1　陕西省消费环境总指数及各分项指数测算结果

指数名称	2018年消费环境指数	2017年消费环境指数	指数变化
消费环境总指数	81.57	79.06	↑2.51
安全放心指数	82.49	79.76	↑2.73
质量放心指数	78.44	76.15	↑2.29

续表

指数名称	2018 年消费环境指数	2017 年消费环境指数	指数变化
价格放心指数	81.03	80.49	↑0.54
服务放心指数	79.61	79.64	↓0.03
维权放心指数	74.98	69.54	↑5.44

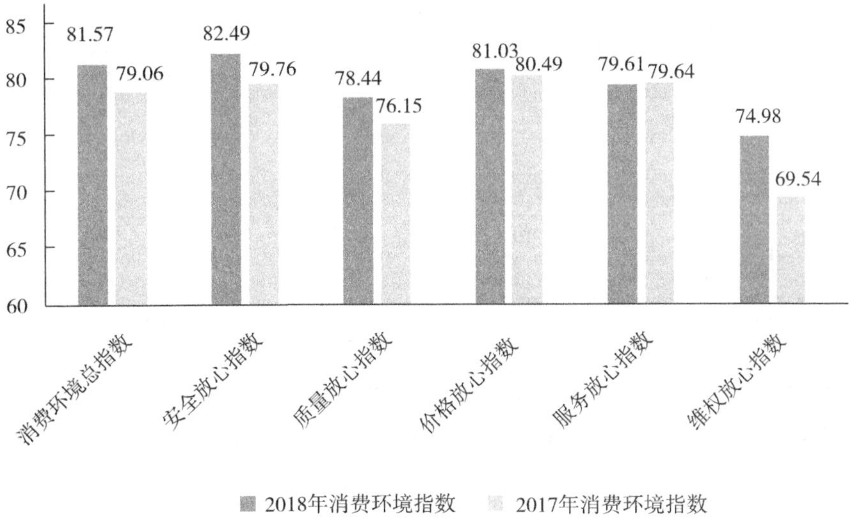

图 7-1　消费环境总指数及分项指数柱形图

表 7-1 显示，2018 年陕西省消费环境总指数为 81.57，处于优秀偏下水平，相比 2017 年，消费环境总指数提高了 2.51，说明陕西省消费环境总体状况稳中向好。从各分项指数结果看，安全放心指数值最高，价格放心指数和服务放心指数值次之，维权放心指数相对较低。相比 2017 年各分项指数值，除服务放心指数下降了 0.03 以外，其余四个分项指数均有不同程度的上升，其中上升幅度最大的是维权放心指数，同比上升了 5.44。由此可以看出，陕西省各级政府和相关部门在维权放心方面取得了很大进步。

陕西省区域消费环境总指数测算结果及排名如表 7-2、图 7-2 所示。

表 7-2 陕西省各市（区）消费环境总指数测算结果及排名

市（区）	2018 年		2017 年		名次变化
	消费环境总指数	排名	消费环境总指数	排名	
西安	83.92	1	82.43	1	—
汉中	83.24	2	78.48	5	↑3
商洛	81.45	3	77.47	7	↑4
渭南	81.15	4	78.61	4	—
宝鸡	80.29	5	80.56	2	↓3
韩城	80.21	6	79.94	3	↓3
榆林	78.59	7	77.48	6	↓1
安康	78.42	8	75.58	8	—
铜川	77.56	9	74.29	12	↑3
西咸新区	77.04	10	—	—	—
咸阳	76.91	11	74.59	11	—
杨凌	76.39	12	74.82	10	↓2
延安	75.87	13	74.85	9	↓4

由表 7-2 可知，对比 2017 年的区域消费环境指数结果可以发现，13 个市（区）比上年均有不同幅度的上升，从排名来看，汉中、商洛和铜川 3 个市（区）排名上升较快；宝鸡、韩城和延安 3 个市（区）排名相对浮动不大；西安、渭南、榆林、安康、咸阳和杨凌 6 个市（区）排名变化略有下降。

图 7-2 2018 年及 2017 年各地市消费环境总指数柱形图

对消费环境指数区间进行等距和不等距划分，结果如表 7-3 所示。

表 7-3　陕西省消费环境等级划分

消费环境指数区间	消费环境等级	消费环境指数区间	消费环境等级	等级说明
$80 \leqslant X_i \leqslant 100$	A	$92.36 \leqslant X_i \leqslant 100$	A+	优秀偏上
		$80 \leqslant X_i < 92.36$	A-	优秀偏下
$70 \leqslant X_i < 80$	B	$76.18 \leqslant X_i < 80$	B+	良好偏上
		$70 \leqslant X_i < 76.18$	B-	良好偏下
$60 \leqslant X_i < 70$	C	$66.18 \leqslant X_i < 70$	C+	中等偏上
		$60 \leqslant X_i < 66.18$	C-	中等偏下
$X_i < 60$	D	—	—	较差

基于表 7-3 的等级划分方法，对陕西省各市（区）消费环境指数进行等级划分，结果如表 7-4 所示。

表 7-4　陕西省各市（区）消费环境等级划分

消费环境等级	2018 年市（区）	2017 年市（区）
A-	西安、汉中、商洛、渭南、宝鸡、韩城	西安、宝鸡
B+	榆林、安康、铜川、西咸新区、咸阳、杨凌	韩城、渭南、汉中、榆林、商洛
B-	延安	安康、延安、杨凌、咸阳、铜川

从表 7-4 中可以看出，2018 年陕西省 13 个市（区）消费环境指数共划分为 3 个等级，其中，西安、汉中、商洛、渭南、宝鸡和韩城 6 个市（区）处于A-等级，为优秀偏下，消费环境状况最好；榆林、安康、铜川、西咸新区、咸阳和杨凌 6 个市（区）处于 B+等级，为良好偏上；延安处于 B-等级，为良好偏下，消费环境还有很大的改善空间。对比 2017 年，2018 年优秀梯队的市（区）由上年的 2 个增加到 6 个，良好偏上梯队也由上年的 5 个增加到 6 个，而良好偏下梯队由上年的 5 个下降到 1 个，陕西省区域消费环境整体水平提高。

第三节　陕西省城区和乡镇消费环境指数及排名

2018 年陕西省各市（区）消费环境调研由城区扩展到乡镇，通过计算，各城区和乡镇消费环境指数如表 7-5 所示。

表 7-5　陕西省城区和乡镇消费环境指数测算结果及排名

地区	城区			乡镇			城乡对比
	消费环境总指数	排名	等级	消费环境总指数	排名	等级	
总指数	79.62	—	B+	80.36	—	A-	↑0.74
西安	83.35	1	A-	83.57	3	A-	↑0.22
汉中	83.07	2	A-	84.07	1	A-	↑1
渭南	80.99	3	A-	80.94	5	A-	↓0.05
商洛	80.14	4	A-	83.01	4	A-	↑2.87
宝鸡	79.04	5	B+	80.72	6	A-	↑1.68
榆林	78.70	6	B+	76.73	9	B+	↓1.97
安康	78.43	7	B+	77.59	7	B+	↓0.84
延安	78.17	8	B+	75.70	10	B-	↓2.47
铜川	77.81	9	B+	84.01	2	A-	↑6.2
咸阳	76.46	10	B+	77.23	8	B+	↑0.77

由表 7-5 可知，从城区消费环境指数来看，各地市城区消费环境指数相差不大。从等级划分来看，各地市城区均处于消费环境的前两个等级，其中，西安、汉中、渭南和商洛 4 个地市的城区消费环境指数处于 A-等级，为优秀偏下；其余地市均处于 B+等级，为良好偏上。

从乡镇消费环境指数来看，各地市乡镇消费环境指数稍有差距。从等级划分来看，各地市乡镇均处于消费环境的前两个等级，其中，西安、汉中、渭南、商洛、宝鸡和铜川 6 个地市的乡镇消费环境指数处于 A-等级，为优秀偏下；其余 3 个地市均处于 B+等级，为良好偏上。

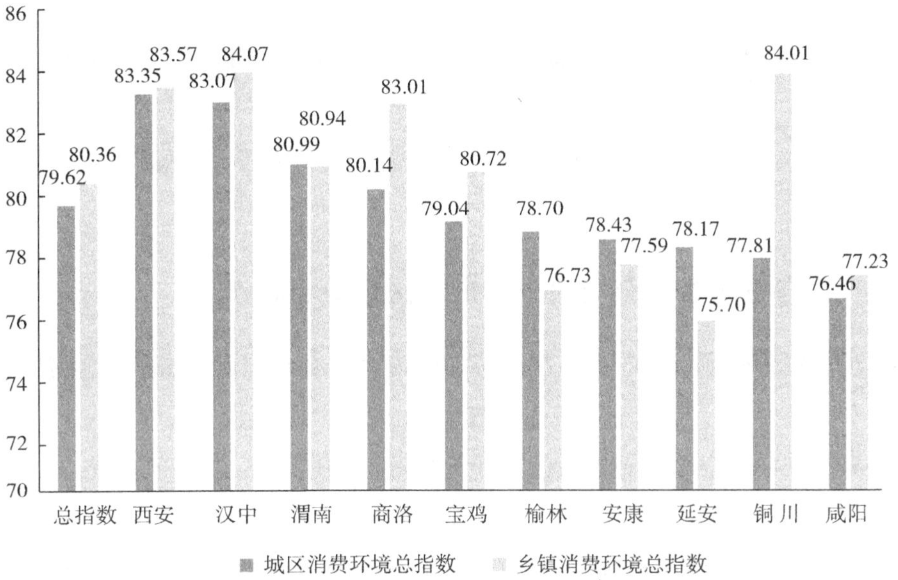

图 7-3　各地市城区及乡镇消费环境总指数柱形图

从各市（区）的城区和乡镇消费环境指数来看，西安、汉中、商洛、宝鸡、铜川和咸阳 6 个地市的城区消费环境指数小于乡镇消费环境指数；而渭南、榆林、安康、延安 4 个地市的城区消费环境指数大于乡镇消费环境指数。其中，铜川乡镇消费环境指数和城区消费环境指数相差 6. 2 分，差距较大；西安、汉中、渭南、安康和咸阳乡镇消费环境指数和城区消费环境指数差距较小；其他地市城区和乡镇消费环境指数之间差距居中。

从城区和乡镇消费环境总指数来看，乡镇比城区平均高 0. 74。按理来说，城区发展水平较好，消费环境建设较快，其消费环境总指数应高于乡镇，但事实并非如此，测算结果表明，乡镇消费环境总指数高于城区。究其原因，在于乡镇居民的幸福指数较高，对同等消费环境的感知度和满意度远高于城区居民，从而对各项测评指标的打分更高，因此出现多个市（区）的乡镇消费环境总指数高于城区的现象。

第四节　陕西省地市“五个放心”指数及排名

按照放心消费创建工作内容分类，设置了消费安全、质量、价格、服务和维权五个分项指数。

一、各分项指数等级划分的市（区）分布情况

为比较各分项指数的市（区）分布情况，将各市（区）的五个指数进行排名和等级划分，2018 年陕西省“五个放心”分项指数的市（区）分布有一定差异，其中安全放心、价格放心和服务放心的市（区）分布靠前，质量放心和维权放心的市（区）分布靠后。对比 2017 年的消费环境各分项指数分布情况，安全放心指数和价格放心指数优秀等级行业分布有较大提升。具体见表 7-6 和分项指数雷达图 7-4。

表 7-6　五个分项指数市（区）个数

等级划分		安全放心		质量放心		价格放心		服务放心		维权放心	
		2018 年	2017 年	2018 年	2017 年	2018 年	2017 年	2018 年	2017 年	2018 年	2017 年
A	A+										
	A-	10	6	3	1	8	6	6	6	1	
B	B+	3	5	6	5	5	4	5	4	3	5
	B-		1	4	6		2	2	2	8	4
C	C+									1	3
	C-										
D	D										

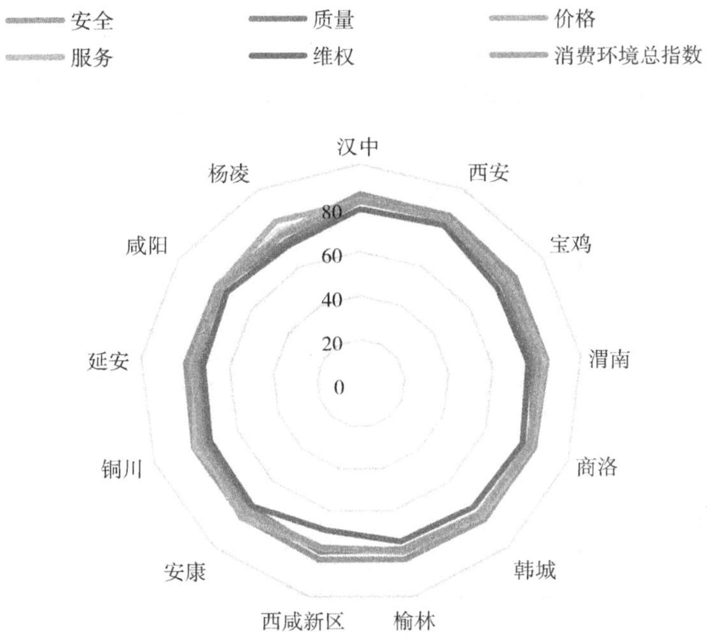

图 7-4 “五个放心”消费环境分项指数雷达图

二、各分项指数的市（区）分布具体情况

（一）各市（区）消费安全放心指数排名及等级划分

各市（区）消费安全放心指数排名及等级划分如表 7-7、图 7-5 所示。

表 7-7 消费安全放心指数排名及等级划分

市（区）	2018 年			2017 年		
	安全放心指数	排名	消费环境等级	安全放心指数	排名	消费环境等级
汉中	86.4	1	A-	79.02	8	B+
西安	86.27	2	A-	83.77	1	A-
宝鸡	84.84	3	A-	81.45	3	A-
渭南	84.51	4	A-	80.53	5	A-
商洛	83.55	5	A-	79.99	7	B+
韩城	83.51	6	A-	81.88	2	A-
榆林	82.73	7	A-	80.82	4	A-

续表

市（区）	2018 年			2017 年		
	安全放心指数	排名	消费环境等级	安全放心指数	排名	消费环境等级
西咸新区	82.42	8	A-	—	—	—
安康	81.48	9	A-	76.06	12	B-
铜川	80.92	10	A-	76.6	11	B+
延安	79.74	11	B+	77.1	10	B+
咸阳	78.94	12	B+	80.3	6	A-
杨凌	77.08	13	B+	78	9	B+

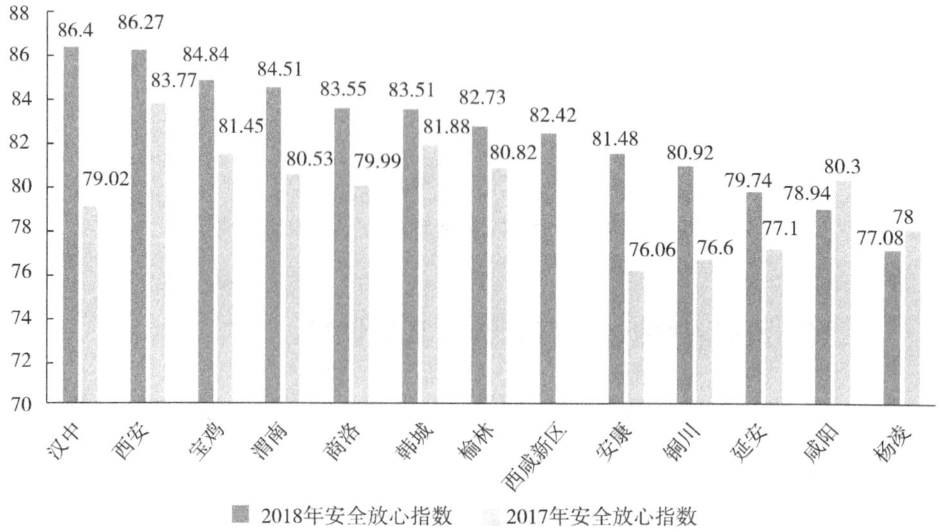

图 7-5　消费安全放心指数柱形图

表 7-7 和图 7-5 显示，2018 年，全省消费安全放心指数较高，处于消费环境等级的前两个等级。除延安、咸阳、杨凌 3 个市（区）处于 B+等级、为良好偏上以外，其余 10 个市（区）均处于 A-等级，为优秀偏下。对比 2017 年，汉中、商洛、安康和铜川四个地市安全放心指数提升较快，且都由良好等级上升到了优秀等级；咸阳安全放心等级有所下降，由上年的优秀偏下下降为 2018 年的良好偏上；其余地市变动幅度较小。

（二）各市（区）消费质量放心指数排名及等级划分

各市（区）消费质量放心指数排名及等级划分如表 7-8、图 7-6 所示。

表 7-8　消费质量放心指数排名及等级划分

市（区）	2018 年			2017 年		
	质量放心指数	排名	消费环境等级	质量放心指数	排名	消费环境等级
西安	84.05	1	A-	81.16	1	A-
汉中	83.3	2	A-	77.48	3	B+
商洛	82.35	3	A-	71.39	12	B-
韩城	79.98	4	B+	77.29	4	B+
西咸新区	79.03	5	B+	—	—	—
宝鸡	78.61	6	B+	78.67	2	B+
渭南	78.54	7	B+	75.79	7	B-
榆林	77.99	8	B+	76.88	5	B+
咸阳	77.73	9	B+	72.58	10	B-
安康	75.95	10	B-	71.83	11	B-
铜川	75	11	B-	76.21	6	B+
延安	74.32	12	B-	75.57	8	B-
杨凌	72.88	13	B-	73.77	9	B-

表 7-8 和图 7-6 显示，2018 年，全省消费质量放心指数处于中等，各地市均处于消费环境等级的前两个等级。除西安、汉中和商洛三个地市处于 A-等级、为优秀偏下以外，其余市（区）均处于 B 级等级，为良好。其中，安康、铜川、延安和杨凌 4 个地市处于 B-等级，为良好偏下，消费质量放心指数较低。对比 2017 年，汉中、商洛两个地市质量放心指数提升较快，且均由良好上升到了优秀；渭南和咸阳两个地市的消费质量放心指数也存在相应上升，由良好偏下上升到良好偏上；铜川消费质量放心指数有所下降，由去年的良好偏上下降为 2018 年的良好偏下；其余地市变动幅度较小。

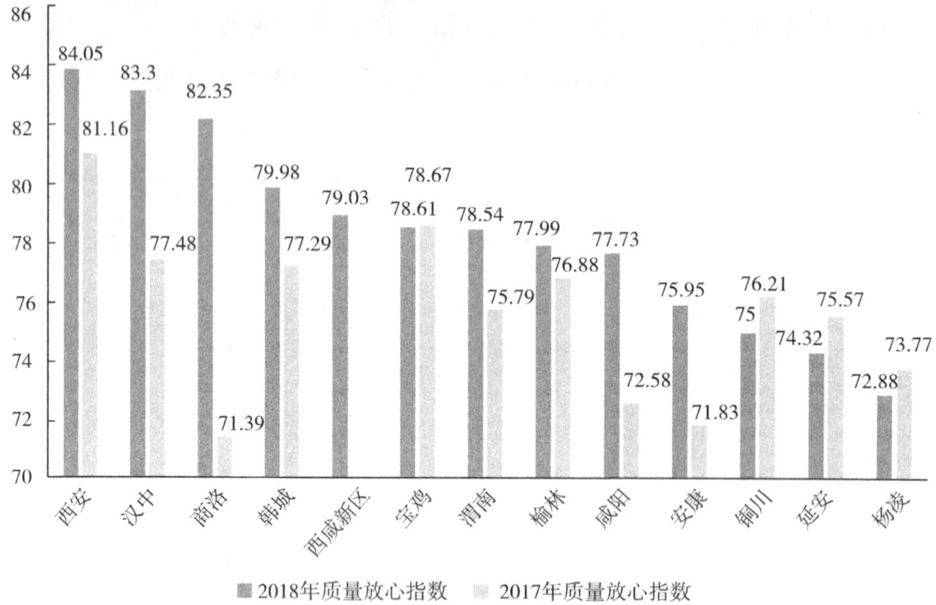

图 7-6　消费质量放心指数柱形图

（三）各市（区）消费价格放心指数排名及等级划分

各市（区）消费价格放心指数排名及等级划分如表 7-9、图 7-7 所示。

表 7-9　消费价格放心指数排名及等级划分

市（区）	2018 年			2017 年		
	价格放心指数	排名	消费环境等级	价格放心指数	排名	消费环境等级
西安	84. 35	1	A-	87. 16	1	A-
渭南	84. 03	2	A-	80. 65	5	A-
杨凌	83. 36	3	A-	75. 23	11	B-
汉中	83. 21	4	A-	80. 1	6	A-
商洛	82. 51	5	A-	83. 21	4	A-
安康	82. 01	6	A-	76. 38	10	B+
宝鸡	82	7	A-	85. 21	2	A-
韩城	81. 9	8	A-	84. 82	3	A-
榆林	79. 36	9	B+	78. 52	7	B+
铜川	78. 13	10	B+	76. 91	9	B+

续表

市（区）	2018 年			2017 年		
	价格放心指数	排名	消费环境等级	价格放心指数	排名	消费环境等级
咸阳	78.13	11	B+	74.26	12	B-
西咸新区	77.29	12	B+	—	—	—
延安	77.06	13	B+	77.24	8	B+

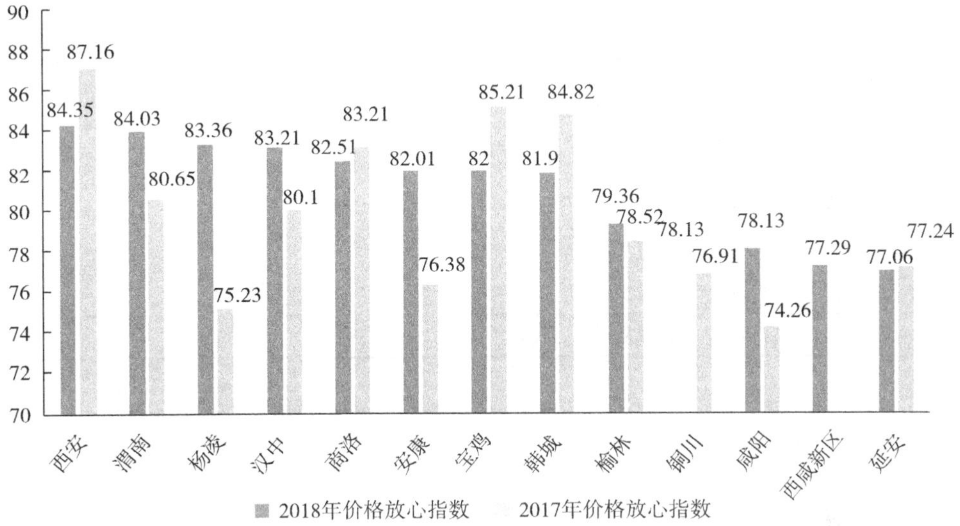

图 7-7　消费价格放心指数柱形图

表 7-9 和图 7-7 显示，2018 年，全省消费价格放心指数较高，处于消费环境的前两个等级，其中，西安、渭南、杨凌、汉中、商洛、安康、宝鸡和韩城 8 个市（区）处于 A-等级，为优秀偏下；其余 5 个市（区）均处于 B+等级，为良好偏上。对比 2017 年，杨凌和安康两个地市价格放心指数提升较快，且均由良好上升到了优秀；咸阳消费价格放心指数也有相应上升，由良好偏下上升到良好偏上；其余地市变动幅度较小。

（四）各市（区）消费服务放心指数排名及等级划分

各市（区）消费服务放心指数排名及等级划分如表 7-10、图 7-8 所示。

表 7-10　消费服务放心指数排名及等级划分

市（区）	2018 年			2017 年		
	服务放心指数	排名	消费环境等级	服务放心指数	排名	消费环境等级
汉中	83.88	1	A-	80.05	6	A-
西安	83.73	2	A-	84	1	A-
渭南	82.29	3	A-	80.51	4	A-
商洛	80.76	4	A-	80.44	5	A-
宝鸡	80.46	5	A-	82.79	3	A-
铜川	80.38	6	A-	75.02	12	B-
韩城	79.73	7	B+	83.03	2	A-
榆林	78.5	8	B+	79.37	7	B+
安康	77.91	9	B+	78.55	8	B+
杨凌	77.65	10	B+	77.51	10	B+
西咸新区	77.51	11	B+	—	—	—
延安	76.16	12	B-	76.16	11	B-
咸阳	75.99	13	B-	78.27	9	B+

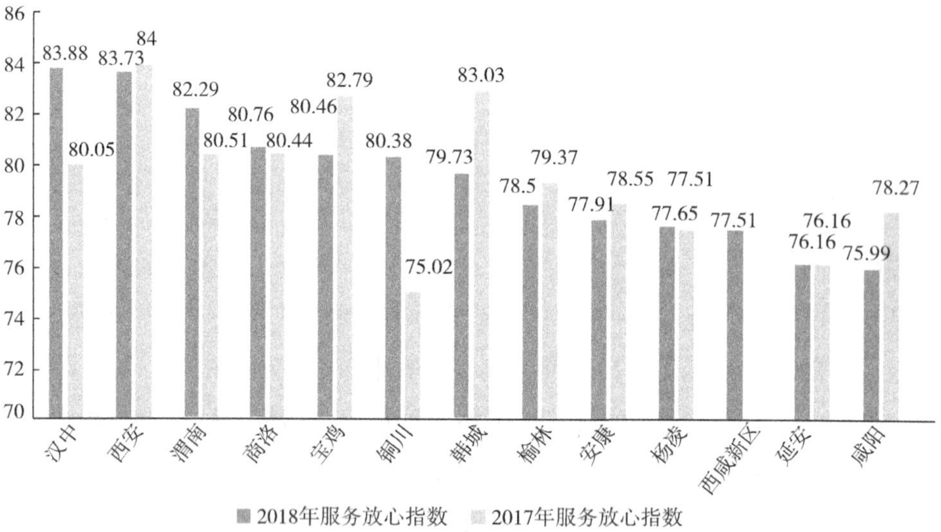

图 7-8　消费服务放心指数柱形图

表 7-10 和图 7-8 显示，2018 年，全省消费服务放心指数中等，处于消费环境的前两个等级，其中，汉中、西安、渭南、商洛、宝鸡和铜川 6 个市（区）处于 A-等级，为优秀偏下；其他 7 个市（区）均处于 B 级等级，为良好，且除延安和咸阳两个市（区）处于 B-等级、为良好偏下以外，其余均处于 B+等级，为良好偏上。对比 2017 年，铜川消费服务放心指数提升较快，由良好等级上升到了优秀等级；韩城和咸阳两个市（区）消费服务放心指数有所下降，其中，韩城由上年的优秀偏下下降到 2018 年的良好偏上，咸阳由良好偏上下降到良好偏下；其余地市变动幅度较小。

（五）各市（区）消费维权放心指数排名及等级划分

各市（区）消费维权放心指数排名及等级划分如表 7-11、图 7-9 所示。

表 7-11　消费维权放心指数排名及等级划分

市（区）	2018 年			2017 年		
	维权放心指数	排名	消费环境等级	维权放心指数	排名	消费环境等级
西安	81.2	1	A-	71.84	4	B-
汉中	79.43	2	B+	73.76	1	B-
商洛	78.06	3	B+	67.35	8	C+
渭南	76.35	4	B+	72.89	3	B-
韩城	75.95	5	B-	67.46	7	C+
宝鸡	75.52	6	B-	70.5	5	B-
安康	74.76	7	B-	73.47	2	B-
榆林	74.39	8	B-	68.41	6	C+
咸阳	73.74	9	B-	62.95	11	C-
铜川	73.37	10	B-	62.9	12	C-
延安	72.07	11	B-	64.55	10	C-
杨凌	70.99	12	B-	66.21	9	C+
西咸新区	68.95	13	C+	—	—	—

图 7-9 消费维权放心指数柱形图

表 7-11 和图 7-9 显示，2018 年，全省消费维权放心指数较低，处于消费环境的前三个等级，其中，西安处于 A-等级，为优秀偏下；西咸新区处于 C+等级，为中等偏上；其余 11 个市（区）均处于 B 级（良好），除汉中、商洛和渭南 3 个市（区）处于 B+等级、为良好偏上以外，其余处于 B-等级，为良好偏下。对比 2017 年，西安消费维权放心指数提升较快，由良好上升到了优秀；商洛、韩城、榆林、咸阳、铜川、延安和杨凌 7 个市（区）由中等上升到良好；汉中和渭南消费维权放心指数也有一定的上升，由良好偏下上升到良好偏上；其余地市变动幅度较小。

第五节 陕西省各地市消费环境指数排名分析

一、西安市消费环境指数及排名

西安市消费环境指数、排名及等级划分如表 7-12、图 7-10 所示。

表 7-12 西安市消费环境指数、排名及等级划分

指标	年份	指数	排名	等级
消费环境总指数	2018	83.92	1	A-
	2017	82.43	1	A-

续表

指标	年份	指数	排名	等级
安全放心	2018	86. 27	1	A-
	2017	83. 77	1	A-
质量放心	2018	84. 05	1	A-
	2017	81. 16	1	A-
价格放心	2018	84. 35	1	A-
	2017	87. 16	1	A-
服务放心	2018	83. 73	2	A-
	2017	84	1	A-
维权放心	2018	81. 2	1	A-
	2017	71. 84	4	B-

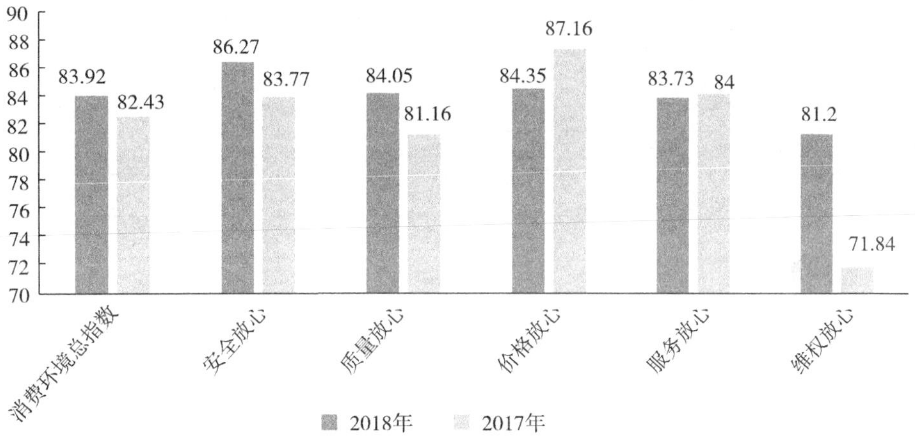

图 7-10　西安市消费环境指数柱形图

由表 7-12 和图 7-10 可以看出，2018 年西安市消费环境总指数及五个分项指数整体较高，其中，消费安全放心指数最高，维权放心指数最低，其余三个指数值相当。西安市的消费环境总指数排名第 1 位，处于 A-等级，为优秀偏下。五个分项指数中服务放心指数全省排名第 1 位，其余指数均位列全省第 1 位，且均处于 A 级。对比 2017 年，西安市除消费价格放心指数和消费服务放心指数有所下降以外，其余三项指数均有不同幅度的上升，且其中消费维权放心指数上升幅度较大，由上年的 B-等级、良好偏下上升到 A-等级、优秀偏下。

二、汉中市消费环境指数及排名

汉中市消费环境指数、排名及等级划分如表 7-13、图 7-11 所示。

表 7-13　汉中市消费环境指数、排名及等级划分

指标	年份	指数	排名	等级
消费环境总指数	2018	83.24	2	A-
	2017	78.48	5	B+
安全放心	2018	86.4	2	A-
	2017	79.02	8	B+
质量放心	2018	83.3	2	A-
	2017	77.48	3	B+
价格放心	2018	83.21	4	A-
	2017	80.1	6	A-
服务放心	2018	83.88	1	A-
	2017	80.05	6	A-
维权放心	2018	79.43	2	B+
	2017	73.76	1	B-

由表 7-13 和图 7-11 可以看出，2018 年汉中市消费环境总指数及五个分项指数整体较高，其中，消费安全放心指数最高，维权放心指数最低。汉中市的消费环境总指数排名第 2，由 2017 年的 B+等级、良好偏上上升到 2018 年的A-等级、优秀偏下。五个分项指数中，除维权放心指数处于 B+等级、为良好偏上以外，其余指数均处于 A-等级，为优秀偏下。对比 2017 年，汉中市消费环境总指数和五个分项指数均有较大的提升，且消费安全放心指数和消费质量放心指数由 B 级等级、良好上升到 2018 年的 A 级等级、优秀。

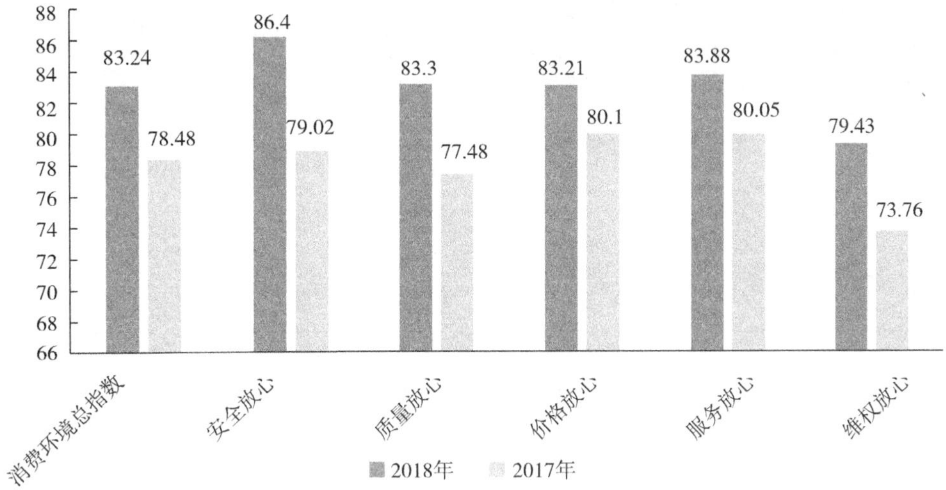

图 7-11　汉中市消费环境指数柱形图

三、商洛市消费环境指数及排名

商洛市消费环境指数、排名及等级划分如表 7-14、图 7-12 所示。

表 7-14　商洛市消费环境指数、排名及等级划分

指标	年份	指数	排名	等级
安全放心	2018	83. 55	3	A-
	2017	79. 99	7	B+
质量放心	2018	82. 35	3	A-
	2017	71. 39	12	B-
价格放心	2018	82. 51	5	A-
	2017	83. 21	4	A-
服务放心	2018	80. 76	4	A-
	2017	80. 44	5	A-
维权放心	2018	78. 06	3	B+
	2017	67. 35	8	C+
消费环境总指数	2018	81. 45	3	A-
	2017	77. 47	7	B+

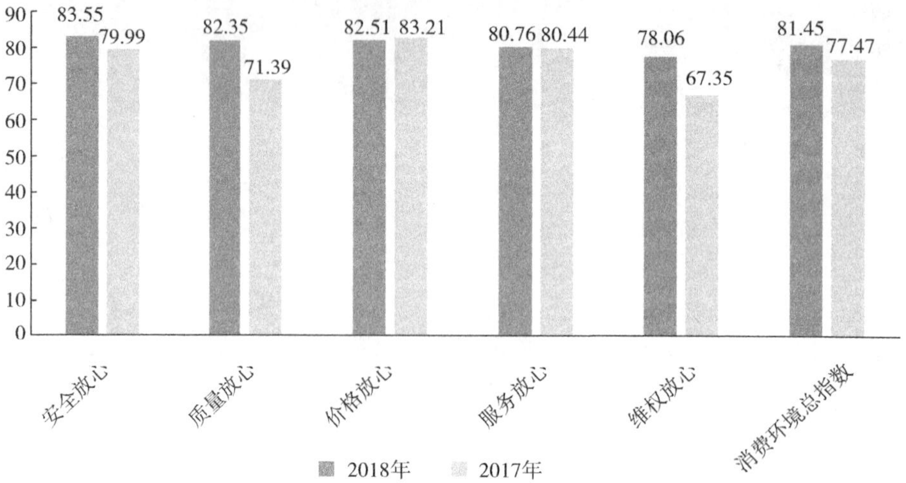

图 7-12　商洛市消费环境指数柱形图

由表 7-14 和图 7-12 可以看出，2018 年商洛市消费环境总指数及五个分项指数整体较高，其中，消费安全放心指数最高，维权放心指数最低。商洛市的消费环境总指数排名第 3 位，由上年的 B+等级、良好偏上上升到 A-等级，为优秀偏下。五个分项指数中除维权放心指数处于 B+等级、为良好偏上以外，其余指数均处于 A-等级，为优秀偏下。对比 2017 年，商洛市的消费价格放心指数有所下降，其余四项指数均有不同幅度的上升，且消费质量放心指数上升较快，由 B-等级、良好偏下上升到 A-等级、优秀偏下。

四、渭南市消费环境指数及排名

渭南市消费环境指数、排名及等级划分如表 7-15、图 7-13 所示。

表 7-15　渭南市消费环境指数、排名及等级划分

指标	年份	指数	排名	等级
安全放心	2018	84. 51	4	A-
	2017	80. 53	5	A-
质量放心	2018	78. 54	7	B+
	2017	75. 79	7	B-

续表

指标	年份	指数	排名	等级
价格放心	2018	84.03	2	A-
	2017	80.65	5	A-
服务放心	2018	82.29	4	A-
	2017	80.51	4	A-
维权放心	2018	76.35	4	B+
	2017	72.89	3	B-
消费环境总指数	2018	81.15	4	A-
	2017	78.61	4	B+

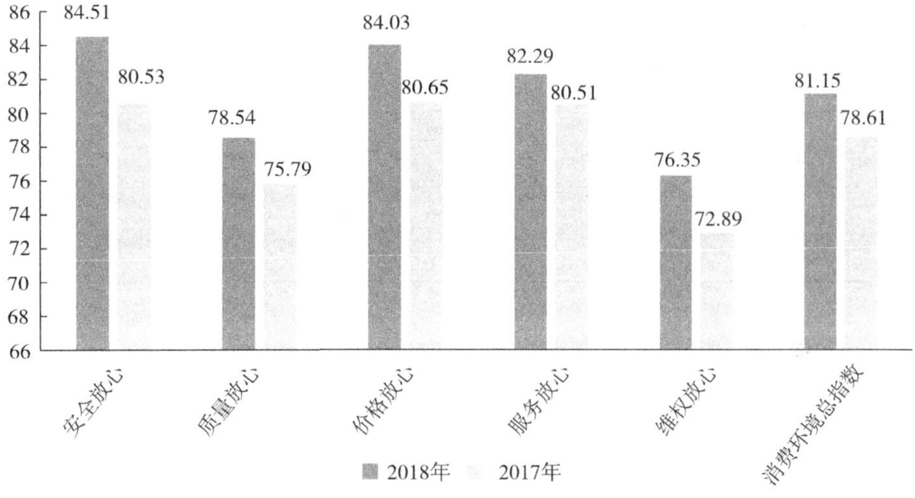

图 7-13　渭南市消费环境指数柱形图

由表 7-15 和图 7-13 可以看出，2018 年渭南市消费环境总指数及五个分项指数整体较高，其中，消费安全放心指数最高，维权放心指数最低。渭南市的消费环境总指数全省排名第 4 位，由上年的 B+等级、良好偏上上升到A-等级、优秀偏下。五个分项指数中，除质量放心指数和维权放心指数处于B+等级、良好偏上以外，其余三项指数均处于 A-等级，为优秀偏下。对比 2017 年，渭南市消费环境总指数和五个分项指数均有不同幅度的上升，且质量放心指数和维权放心指数由 B-等级、良好偏下上升到 B+等级、良好偏上。

五、宝鸡市消费环境指数及排名

宝鸡市消费环境指数、排名及等级划分如表 7-16、图 7-14 所示。

表 7-16　宝鸡市消费环境指数、排名及等级划分

指标	年份	指数	排名	等级
安全放心	2018	84. 84	3	A-
	2017	81. 45	3	A-
质量放心	2018	78. 61	6	B+
	2017	78. 67	2	B+
价格放心	2018	82. 00	7	A-
	2017	85. 21	2	A-
服务放心	2018	80. 46	5	A-
	2017	82. 79	3	A-
维权放心	2018	75. 52	6	B-
	2017	70. 50	5	B-
消费环境总指数	2018	80. 29	5	A-
	2017	80. 56	2	A-

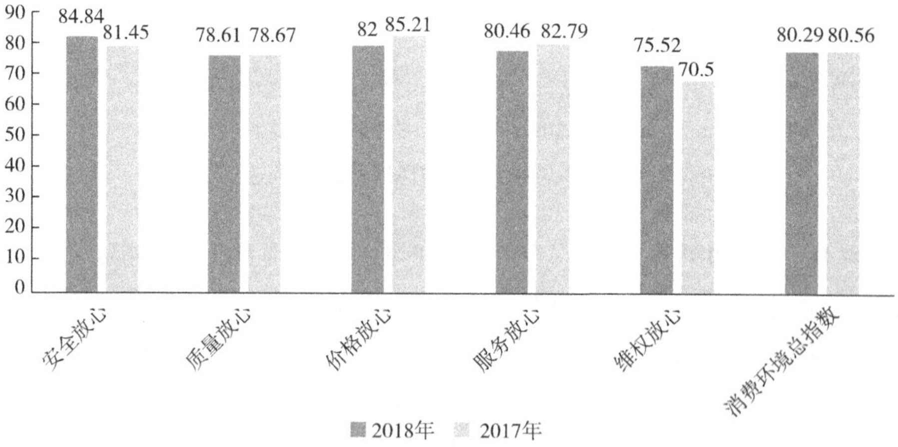

图 7-14　宝鸡市消费环境指数柱形图

由表 7-16 和图 7-14 可以看出，2018 年宝鸡市消费环境总指数及五个分项指数整体处于中等，其中，消费安全放心指数最高，维权放心指数最低。宝鸡市的消费环境总指数全省排名第 5 位，处于 A-等级，为优秀偏下。五个分项指数中，质量放心指数处于 B+等级，为良好偏上；维权放心指数处于B-等级，为良好偏下；其余指数均处于 A-等级，为优秀偏下。对比 2017 年，宝鸡市除质量放心指数、价格放心指数和服务放心指数有所下降以外，其余两项指数均有不同幅度的上升。

六、韩城市消费环境指数及排名

韩城市消费环境指数、排名及等级划分如表 7-17、图 7-15 所示。

表 7-17　韩城市消费环境指数、排名及等级划分

指标	年份	指数	排名	等级
安全放心	2018	83. 51	6	A-
	2017	81. 88	2	A-
质量放心	2018	79. 98	4	B+
	2017	77. 29	4	B+
价格放心	2018	81. 90	8	A-
	2017	84. 82	3	A-
服务放心	2018	83. 03	2	B+
	2017	83. 03	2	A-
维权放心	2018	75. 95	5	B-
	2017	67. 46	7	C+
消费环境总指数	2018	80. 21	6	A-
	2017	79. 94	3	B+

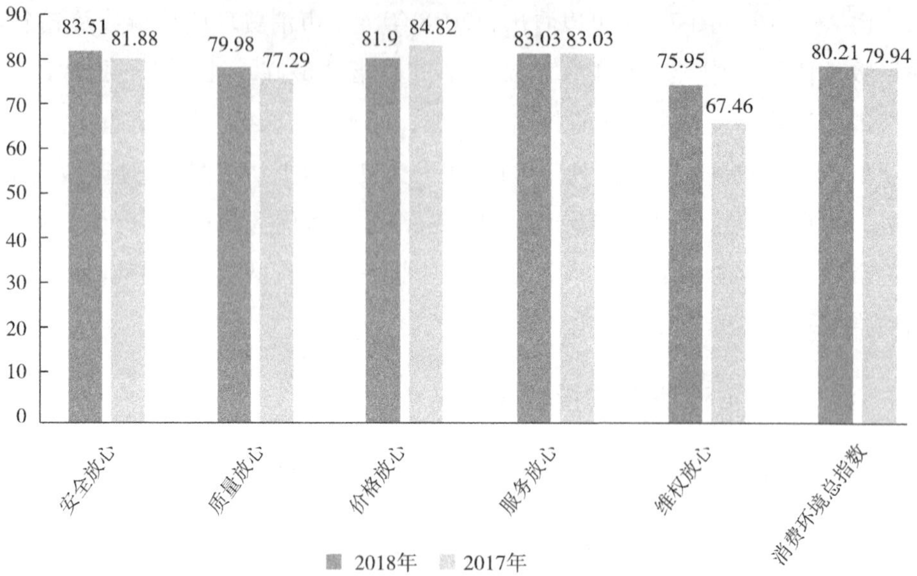

图 7-15　韩城市消费环境指数柱形图

由表 7-17 和图 7-15 可以看出，2018 年韩城市消费环境总指数及五个分项指数整体处于中等，其中，消费安全放心指数最高，维权放心指数最低。韩城市的消费环境总指数全省排名第 6 位，由上年的 B+等级、良好偏上上升到A-等级、优秀偏下。五个分项指数中，质量放心指数、服务放心指数处于 B+等级，为良好偏上；维权放心指数处于 B-等级，为良好偏下；其余两项指数均处于 A-等级，为优秀偏下。对比 2017 年，韩城市的安全放心指数、质量放心指数和维权放心指数均有不同幅度的上升，且维权放心指数由上年的 C 等级、中等上升到 B 等级、良好；价格放心指数和服务放心指数有所下降，且服务放心指数由上年的 A 等级、优秀下降到 2018 年的 B 等级、良好。

七、榆林市消费环境指数及排名

榆林市消费环境指数、排名及等级划分如表 7-18、图 7-16 所示。

表 7-18　榆林市消费环境指数、排名及等级划分

指标	年份	指数	排名	等级
安全放心	2018	82.73	7	A-
	2017	80.82	4	A-
质量放心	2018	77.99	8	B+
	2017	76.88	5	B+
价格放心	2018	79.36	9	B+
	2017	78.52	7	B+
服务放心	2018	78.50	8	B+
	2017	79.37	7	B+
维权放心	2018	74.39	8	B-
	2017	68.41	6	C+
消费环境总指数	2018	78.59	7	B+
	2017	77.48	6	B+

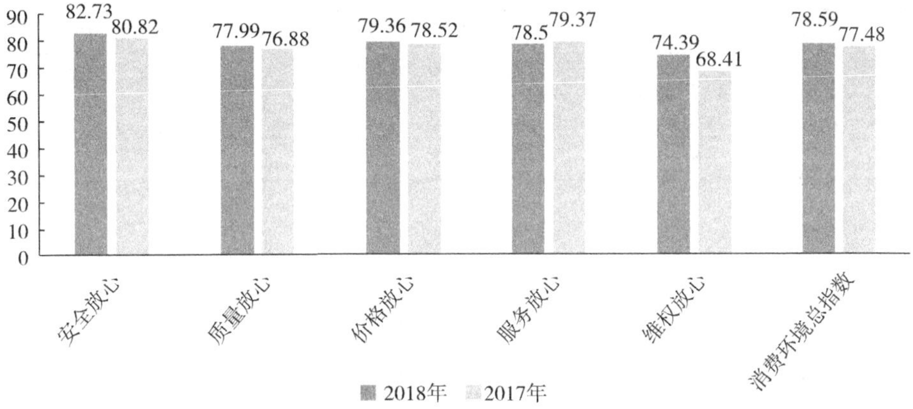

图 7-16　榆林市消费环境指数柱形图

由表 7-18 和图 7-16 可以看出，2018 年榆林市消费环境总指数及五个分项指数整体处于中等，其中，消费安全放心指数最高，维权放心指数最低。榆林市的消费环境总指数全省排名第 7 位，处于 B+等级，为良好偏上。五个分项指数中，除安全放心指数处于 A-等级、优秀偏下以外，其余四项指数均处于 B 等级，为良好。其中，维权放心指数处于 B-等级，为良好偏下；其他

处于 B+等级，为良好偏上。对比 2017 年，榆林市的服务放心指数有所下降，其余四项指数均有不同幅度的上升，且维权放心指数由上年的 C 等级、中等上升到了 B 等级、良好。

八、安康市消费环境指数及排名

安康市消费环境指数、排名及等级划分如表 7-19、图 7-17 所示。

表 7-19 安康市消费环境指数、排名及等级划分

指标	年份	指数	排名	等级
安全放心	2018	81.48	9	A-
	2017	76.06	12	B-
质量放心	2018	75.95	10	B-
	2017	71.83	11	B-
价格放心	2018	82.01	6	A-
	2017	76.38	10	B+
服务放心	2018	77.91	9	B+
	2017	78.55	8	B+
维权放心	2018	74.76	7	B-
	2017	73.47	2	B-
消费环境总指数	2018	78.42	8	B+
	2017	75.58	8	B-

由表 7-19 和图 7-17 可以看出，2018 年安康市消费环境总指数及五个分项指数整体处于中等，其中，消费价格放心指数最高，维权放心指数最低。安康市的消费环境总指数全省排名第 8 位，由上年的 B-等级、良好偏下上升到 B+等级、良好偏上。五个分项指数中，除安全放心指数和价格放心指数处于 A-等级、优秀偏下以外，其余三项指数均处于 B 等级，为良好。其中，服务放心指数处于 B+等级，为良好偏上；其他处于 B-等级，为良好偏下。对比 2017 年，安康市除服务放心指数有所下降以外，其余四项指数均有不同幅度的上升，且安全放心指数和价格放心指数由上年的 B 等级、良好上升到了 A 等级、优秀。

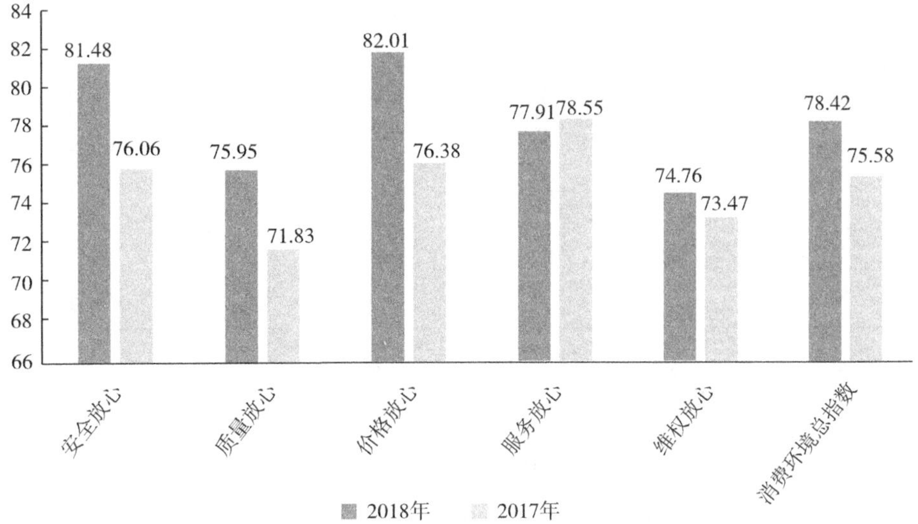

图 7-17　安康市消费环境指数柱形图

九、铜川市消费环境指数及排名

铜川市消费环境指数、排名及等级划分如表 7-20、图 7-18 所示。

表 7-20　铜川市消费环境指数、排名及等级划分

指标	年份	指数	排名	等级
安全放心	2018	80.92	10	A-
	2017	76.60	11	B+
质量放心	2018	75.00	11	B-
	2017	76.21	6	B+
价格放心	2018	78.13	11	B+
	2017	76.91	9	B+
服务放心	2018	80.38	6	A-
	2017	75.02	12	B-
维权放心	2018	73.37	10	B-
	2017	62.90	12	C-
消费环境总指数	2018	77.56	9	B+
	2017	74.29	12	B-

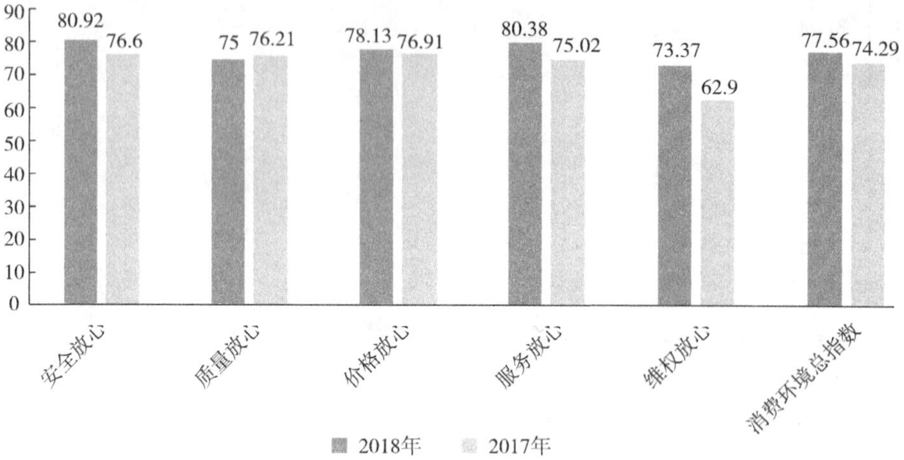

图 7-18　铜川市消费环境指数柱形图

由表 7-20 和图 7-18 可以看出，2018 年铜川市消费环境总指数及五个分项指数整体处于中等，其中，消费安全放心指数最高，维权放心指数最低。铜川市的消费环境总指数全省排名第 9 位，由上年的 B-等级、良好偏下上升到 B+等级、良好偏上。五个分项指数中，除安全放心指数和服务放心指数处于 A-等级、优秀偏下以外，其余三项指数均处于 B 等级，为良好。其中，价格放心指数处于 B+等级，为良好偏上；其他均处于 B-等级，为良好偏下。对比 2017 年，除质量放心指数有所下降以外，其余四项指数均有不同幅度的上升，其中，安全放心指数和服务放心指数由上年的 B 等级、良好上升到了 A 等级、优秀；维权放心指数由上年的 C 等级、中等上升到了 B 等级、良好。

十、西咸新区消费环境指数及排名

西咸新区消费环境指数、排名及等级划分如表 7-21、图 7-19 所示。

表 7-21　西咸新区消费环境指数、排名及等级划分

指标	年份	指数	排名	等级
安全放心	2018	82.42	8	A-
	2017	—	—	—
质量放心	2018	79.03	5	B+
	2017	—	—	—
价格放心	2018	77.29	12	B+
	2017	—	—	—
服务放心	2018	77.51	11	B+
	2017	—	—	—
维权放心	2018	68.95	13	C+
	2017	—	—	—
消费环境总指数	2018	77.04	10	B+
	2017	—	—	—

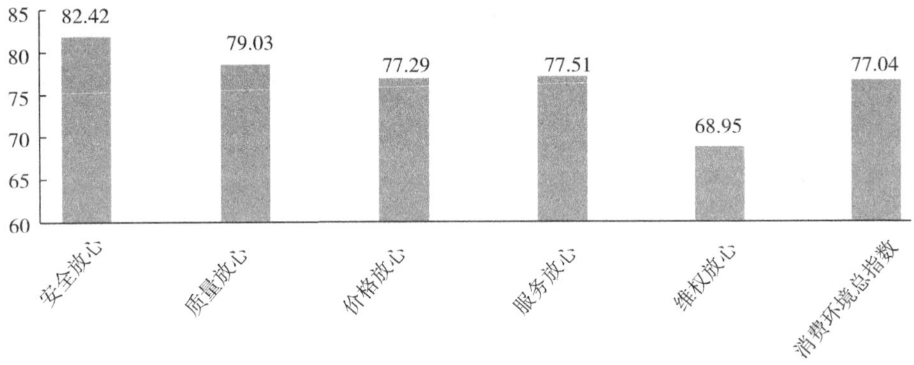

图 7-19　2018 年西咸新区消费环境指数柱形图

由表 7-21 和图 7-19 可以看出，2018 年西咸新区消费环境总指数及五个分项指数整体较差，其中，消费安全放心指数最高，维权放心指数最低。西咸新区的消费环境总指数全省排名第 10 位，处于 B+等级，为良好偏上。五个分项指数中，安全放心指数处于 A-等级，为优秀偏下；维权放心指数处于 C+等级，为中等偏上；其余指数均处于 B 等级，为良好。

十一、咸阳市消费环境指数及排名

咸阳市消费环境指数、排名及等级划分如表 7-22、图 7-20 所示。

表 7-22 咸阳市消费环境指数、排名及等级划分

指标	年份	指数	排名	等级
安全放心	2018	78.94	12	B+
	2017	80.30	6	A-
质量放心	2018	77.73	9	B+
	2017	72.58	10	B-
价格放心	2018	78.13	10	B+
	2017	74.26	12	B-
服务放心	2018	75.99	13	B-
	2017	78.27	9	B+
维权放心	2018	73.74	9	B-
	2017	62.95	11	C-
消费环境总指数	2018	76.91	11	B+
	2017	74.59	11	B-

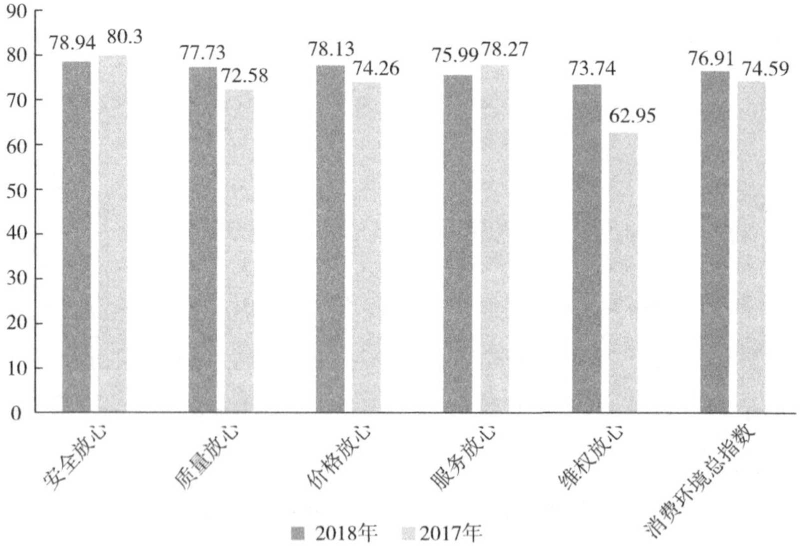

图 7-20 咸阳市消费环境指数柱形图

由表 7-22 和图 7-20 可以看出，2018 年咸阳市消费环境总指数及五个分项指数整体较差，其中，消费安全放心指数最高，维权放心指数最低。咸阳市的消费环境总指数全省排名第 11 位，由 2017 年的 B-等级、良好偏下上升到 2018 年的 B+等级、良好偏上。五个分项指数中，安全放心指数、质量放心指数和价格放心指数处于 B+等级，为良好偏上；其余指数均处于 B-等级，为良好偏下。对比 2017 年，咸阳市除安全放心指数、服务放心指数有所下降以外，其余三项指数均有不同幅度的上升。其中，质量放心指数和价格放心指数由上年的 B-等级、良好偏下上升到了 B+等级、良好偏上；维权放心指数由上年的 C 等级、中等上升到了 B 等级、良好。

十二、杨凌示范区消费环境指数及排名

杨凌示范区消费环境指数、排名及等级划分如表 7-23、图 7-21 所示。

表 7-23　杨凌示范区消费环境指数、排名及等级划分

指标	年份	指数	排名	等级
安全放心	2018	77.08	13	B+
	2017	78.00	9	B+
质量放心	2018	72.88	13	B-
	2017	73.77	9	B-
价格放心	2018	83.36	3	A-
	2017	75.23	11	B-
服务放心	2018	77.65	10	B+
	2017	77.51	10	B+
维权放心	2018	70.99	12	B-
	2017	66.21	9	C+
消费环境总指数	2018	76.39	12	B+
	2017	74.82	10	B-

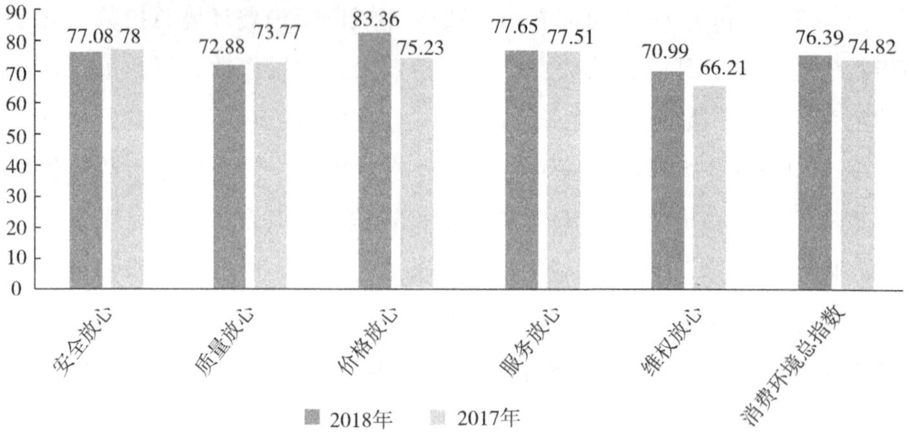

图 7-21 杨凌示范区消费环境指数柱形图

由表 7-23 和图 7-21 可以看出，2018 年杨凌示范区消费环境总指数及五个分项指数整体较差，其中，消费价格放心指数最高，维权放心指数最低。杨凌示范区的消费环境总指数全省排名第 12 位，由上年的 B-等级、良好偏下上升到 B+等级、良好偏上。五个分项指数中，除价格放心指数处于 A 级等级、优秀以外，其余四项指数均处于 B 等级，为良好。其中，安全放心指数和服务放心指数处于 B+等级，为良好偏上；其他指数均处于 B-等级，为良好偏下。对比 2017 年，杨凌示范区除安全放心指数、质量放心指数有所下降以外，其余三项指数均有不同幅度的上升，其中，价格放心指数由上年的 B 等级、良好上升到了 A 等级、优秀；维权放心指数由上年的 C 等级、中等上升到了 B 等级、良好。

十三、延安市消费环境指数及排名

延安市消费环境指数、排名及等级划分如表 7-24、图 7-22 所示。

表 7-24 延安市消费环境指数、排名及等级划分

指标	年份	指数	排名	等级
安全放心	2018	79. 74	11	B+
	2017	77. 10	10	B+

续表

指标	年份	指数	排名	等级
质量放心	2018	74.32	12	B-
	2017	75.57	8	B-
价格放心	2018	77.06	13	B+
	2017	77.24	8	B+
服务放心	2018	76.16	12	B-
	2017	76.16	11	B-
维权放心	2018	72.07	11	B-
	2017	64.55	10	C-
消费环境总指数	2018	75.87	13	B-
	2017	74.85	9	B-

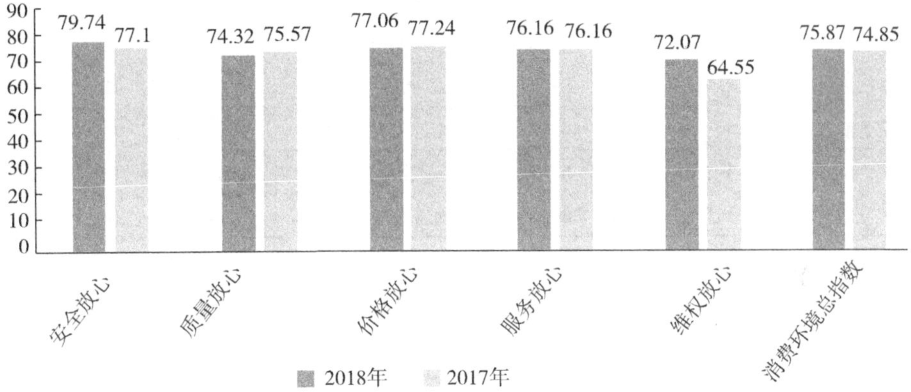

图 7-22 延安市消费环境指数柱形图

由表 7-24 和图 7-22 可以看出，2018 年延安市消费环境总指数及五个分项指数整体较差，其中，消费安全放心指数最高，维权放心指数最低。延安市的消费环境总指数全省排名第 13 位，处于 B-等级，为良好偏下。五个分项指数中，安全放心指数和价格放心指数处于 B+等级，为良好偏上；其余指数均处于 B-等级，为良好偏下。对比 2017 年，延安市除质量放心指数和价格放心指数有所下降，服务放心指数不变以外，其余两项指数均有不同幅度的上升，且维权放心指数由上年的 C 等级、中等上升到了 B 等级、良好。

第六节 主要行业消费环境指数分析

一、陕西省行业消费环境指数及排名

本指数编制主要是对电子商务和电视购物、旅游、食品药品等全省 16 个主要行业进行测算和排名，结果如表 7-25、图 7-23 所示。

表 7-25 2018 年陕西省行业消费环境总指数测算结果及排名

行业	消费环境总指数	排名	等级	行业	消费环境总指数	排名	等级
金融	81.05	1	A-	住宿餐饮	77.80	9	B+
公共服务	80.57	2	A-	文化	77.77	10	B+
旅游	79.17	3	B+	房地产	77.71	11	B+
信息消费	78.93	4	B+	电子商务和电视购物	77.42	12	B+
快递物流	78.89	5	B+	食品药品	77.42	13	B+
交通运输	78.56	6	B+	运动健身与美容美发	77.20	14	B+
教育	78.39	7	B+	商业零售	76.73	15	B+
医疗卫生	78.15	8	B+	汽车销售与维修	76.04	16	B-

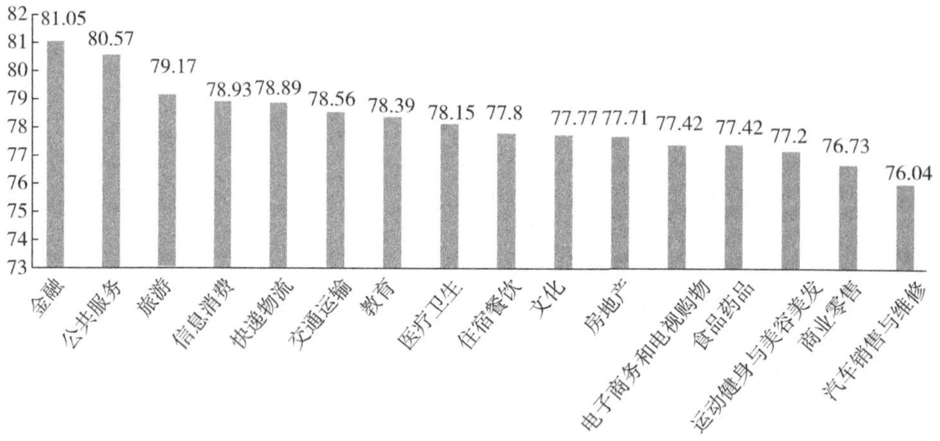

图 7-23 行业消费环境总指数柱形图

表 7-25 和图 7-23 显示，2018 年金融行业消费环境状况较好，公共服务、旅游、信息消费、快递物流和交通运输行业次之，食品药品、运动健身与美容美发、商业零售和汽车销售与维修行业相对落后。由于 2018 年调研范围扩展了公共服务、电子商务和电视购物、食品药品、运动健身与美容美发、汽车销售与维修五个与居民消费息息相关的行业，去掉了居民服务与其他服务，此外，将交通运输与物流拆分为交通运输和快递物流两个行业，将教育文化改为教育和文化两个行业，所以在对比行业的变化时需要看相对排名。与 2017 年调研的十大行业相比，金融、医疗卫生排名稍有上升；旅游、信息消费和住宿餐饮稍有下降；教育和文化划分开后教育行业稍占优势，文化行业相对较差；其余行业排名趋稳。2018 年新增行业中，公共服务排名第 2 位，其余四个行业排名分别为第 12 位、第 13 位、第 14 位、第 16 位。

在行业消费环境总指数测算结果的基础上，利用前述的等级划分方法进行分层，具体划分结果如表 7-26 所示。

表 7-26 陕西省行业消费环境等级划分

等级	2018 年	2017 年
A-	金融、公共服务	—
B+	旅游、信息消费、快递物流、交通运输、教育、医疗卫生、住宿餐饮、文化、房地产、电子商务和电视购物、食品药品、运动健身与美容美发、商业零售	旅游、信息与计算机服务
B-	汽车销售与维修	金融与保险、交通运输与物流、居民服务与其他服务、住宿餐饮、教育文化、医疗卫生
C+	—	房地产、商品零售

由表 7-26 可知，相比 2017 年的行业消费环境等级划分，2018 年行业消费环境整体趋势向好，有两个行业步入了优秀梯队，且中等梯队的行业也已变为良好，其中，良好偏上梯队由原来的两个行业增长到 2018 年的 13 个行业。从等级划分来看，金融和公共服务行业处于 A-等级，为优秀偏下；汽车销售与维修行业处于 B-等级，为良好偏下；其余行业均处于 B+等级，为良好偏上。

二、陕西省行业“五个放心”指数及排名

（一）主要行业五个分项指数测算

根据市场监管领域的行业划分（与国民经济行业分类标准不同），本次研究选择了与居民消费相关度较高的16个主要行业，对其分别进行五个分项指数的测算，结果如表7-27所示。

表7-27 行业“五个放心”指数及排名

行业	安全放心	质量放心	价格放心	服务放心	维权放心
金融	82.41	80.85	80.13	81.02	80.83
公共服务	82.19	79.99	80.16	80.44	80.08
旅游	80.25	78.59	79.92	78.69	78.40
信息消费	80.37	78.64	79.37	77.68	78.57
快递物流	80.59	78.48	79.14	79.05	77.18
交通运输	81.19	78.61	76.99	77.80	78.22
教育	79.55	78.45	77.45	78.49	77.99
医疗卫生	79.13	78.18	78.35	78.23	76.85
住宿餐饮	80.28	76.89	78.32	77.43	76.07
文化	79.72	77.68	75.63	77.76	78.07
房地产	79.05	77.41	77.08	77.83	77.17
电子商务和电视购物	78.68	77.36	76.74	77.42	76.91
食品药品	79.47	77.27	75.95	76.68	77.74
运动健身与美容美发	78.11	76.89	76.38	77.39	77.23
商业零售	78.03	76.97	76.96	75.67	76.04
汽车销售与维修	77.95	76.34	74.74	75.59	75.57

（二）行业安全放心指数及等级划分

行业安全放心指数、排名及等级划分如表7-28、图7-24所示。

表 7-28　行业消费安全放心指数、排名及等级划分

行业	安全放心指数	排名	消费环境等级
金融	82.41	1	A-
公共服务	82.19	2	A-
交通运输	81.19	3	A-
快递物流	80.59	4	A-
信息消费	80.37	5	A-
住宿餐饮	80.28	6	A-
旅游	80.25	7	A-
文化	79.72	8	B+
教育	79.55	9	B+
食品药品	79.47	10	B+
医疗卫生	79.13	11	B+
房地产	79.05	12	B+
电子商务和电视购物	78.68	13	B+
运动健身与美容美发	78.11	14	B+
商业零售	78.03	15	B+
汽车销售与维修	77.95	16	B+

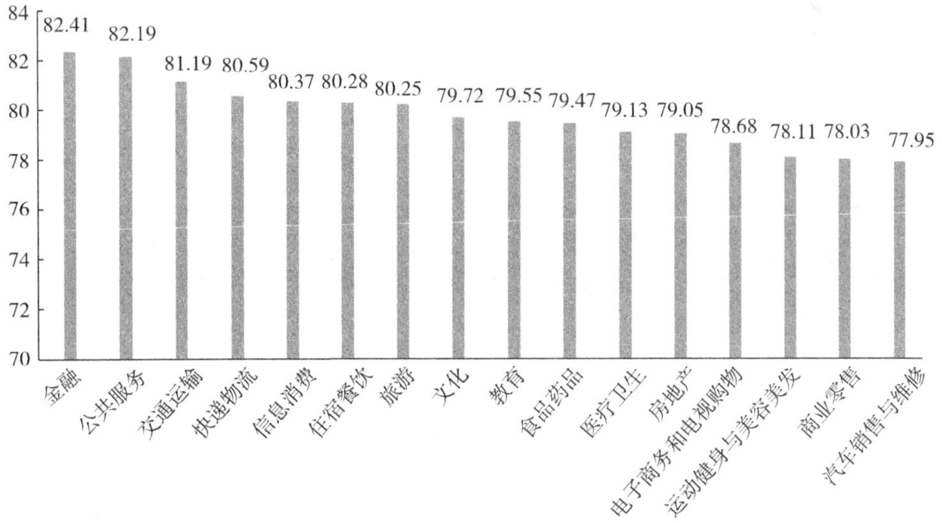

图 7-24　行业消费安全放心指数柱形图

表 7-28 和图 7-24 显示，全省 16 个行业消费安全放心指数较高且级差较小。金融、公共服务、交通运输、快递物流、信息消费、住宿餐饮和旅游 7 个行业排名靠前，处于 A-等级，为优秀偏下；其余行业均处于 B+等级，为良好偏上。

（三）行业质量放心指数及等级划分

行业质量放心指数、排名及等级划分如表 7-29、图 7-25 所示。

表 7-29　行业消费质量放心指数、排名及等级划分

行业	质量放心指数	排名	消费环境等级
金融	80.85	1	A-
公共服务	79.99	2	B+
信息消费	78.64	3	B+
交通运输	78.61	4	B+
旅游	78.59	5	B+
快递物流	78.48	6	B+
教育	78.45	7	B+
医疗卫生	78.18	8	B+
文化	77.68	9	B+
房地产	77.41	10	B+
电子商务和电视购物	77.36	11	B+
食品药品	77.27	12	B+
商业零售	76.97	13	B+
住宿餐饮	76.89	14	B+
运动健身与美容美发	76.89	15	B+
汽车销售与维修	76.34	16	B+

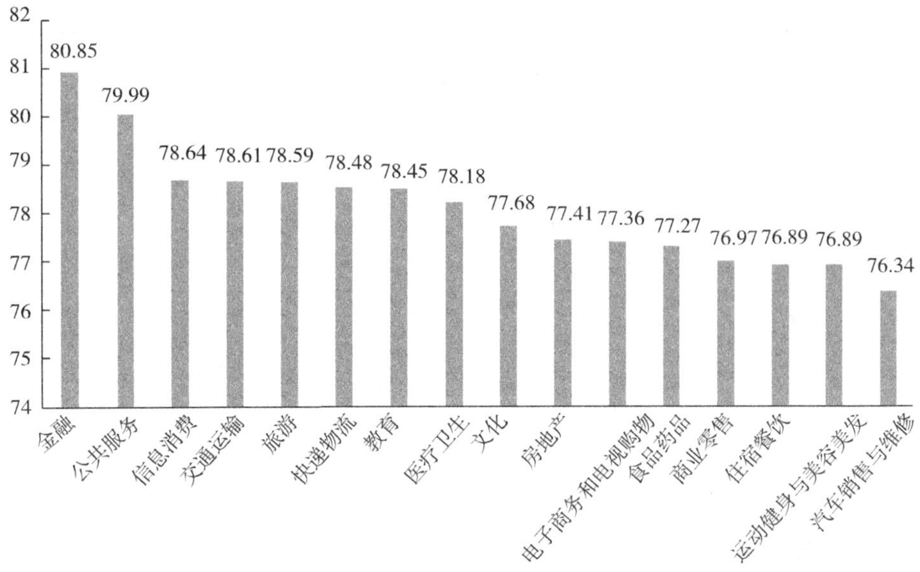

图 7-25　行业消费质量放心指数柱形图

表 7-29 和图 7-25 显示，全省 16 个行业消费质量放心指数中等，排名第 1 位的是金融行业，处于 A-等级，为优秀偏下；其余行业指数值均相差不大，均处于 B+等级，为良好偏上。

（四）行业价格放心指数及等级划分

行业价格放心指数、排名及等级划分如表 7-30、图 7-26 所示。

表 7-30　行业消费价格放心指数、排名及等级划分

行业	价格放心指数	排名	消费环境等级
公共服务	80.16	1	A-
金融	80.13	2	A-
旅游	79.92	3	B+
信息消费	79.37	4	B+
快递物流	79.14	5	B+
医疗卫生	78.35	6	B+
住宿餐饮	78.32	7	B+
教育	77.45	8	B+

续表

行业	价格放心指数	排名	消费环境等级
房地产	77.08	9	B+
交通运输	76.99	10	B+
商业零售	76.96	11	B+
电子商务和电视购物	76.74	12	B+
运动健身与美容美发	76.38	13	B+
食品药品	75.95	14	B-
文化	75.63	15	B-
汽车销售与维修	74.74	16	B-

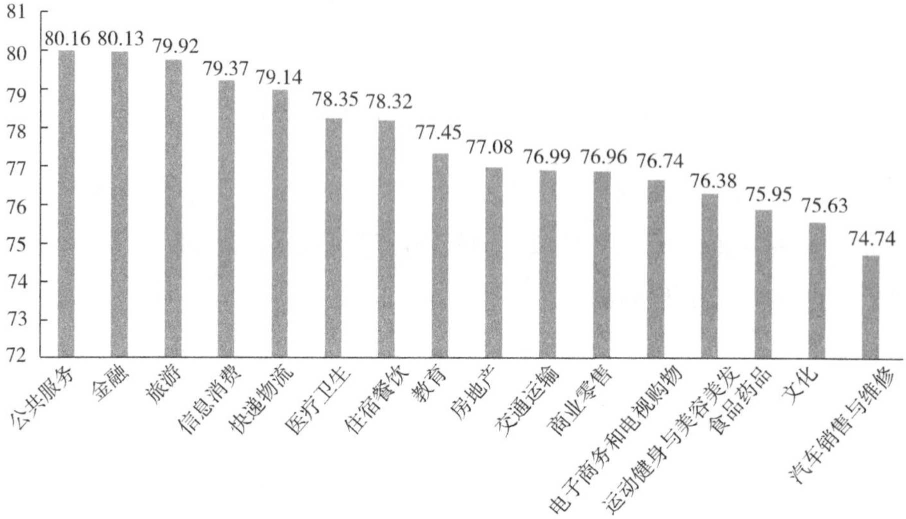

图 7-26 行业消费价格放心指数柱形图

表 7-30 和图 7-26 显示，全省 16 个行业消费价格放心指数较差，排名第 1 位、第 2 位的分别是公共服务和金融行业，均处于 A-等级，为优秀偏下；其余行业均处于 B 等级，为良好。其中，食品药品、文化和汽车销售与维修 3 个行业排在后三位，且处于 B-等级，为良好偏下。

（五）行业服务放心指数及等级划分

行业服务放心指数、排名及等级划分如表 7-31、图 7-27 所示。

表 7-31　行业消费服务放心指数、排名及等级划分

行业	服务放心指数	排名	消费环境等级
金融	81.02	1	A-
公共服务	80.44	2	A-
快递物流	79.05	3	B+
旅游	78.69	4	B+
教育	78.49	5	B+
医疗卫生	78.23	6	B+
房地产	77.83	7	B+
交通运输	77.80	8	B+
文化	77.76	9	B+
信息消费	77.68	10	B+
住宿餐饮	77.43	11	B+
电子商务和电视购物	77.42	12	B+
运动健身与美容美发	77.39	13	B+
食品药品	76.68	14	B+
商业零售	75.67	15	B-
汽车销售与维修	75.59	16	B-

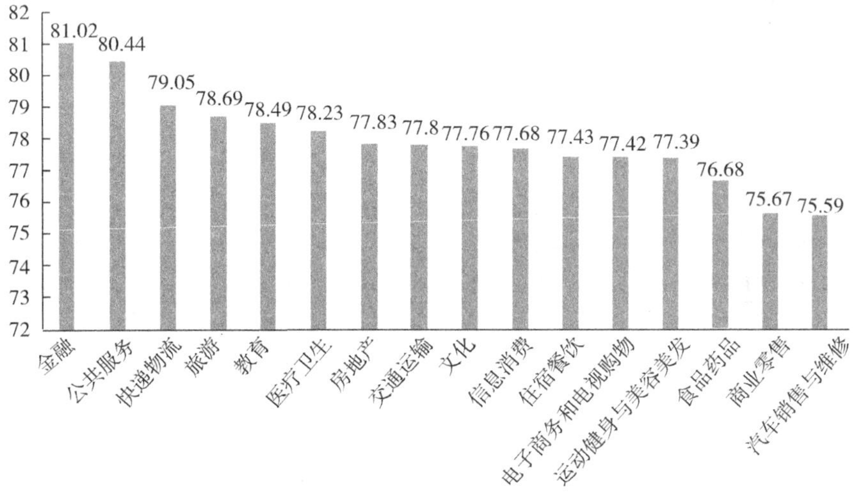

图 7-27　行业消费服务放心指数柱形图

表7-31和图7-27显示，全省16个消费服务放心指数处于中等，排名第1位、第2位的分别是金融和公共服务两个行业，处于A-等级，为优秀偏下；其余行业均处于B级等级，为良好。其中，商业零售和汽车销售与维修2个行业排在后两位，处于B-等级，为良好偏下。

（六）行业维权放心指数及等级划分

行业维权放心指数、排名及等级划分如表7-32、图7-28所示。

表7-32 行业消费维权放心指数、排名及等级划分

行业	维权放心指数	排名	消费环境等级
金融	80.83	1	A-
公共服务	80.08	2	A-
信息消费	78.57	3	B+
旅游	78.40	4	B+
交通运输	78.22	5	B+
文化	78.07	6	B+
教育	77.99	7	B+
食品药品	77.74	8	B+
运动健身与美容美发	77.23	9	B+
快递物流	77.18	10	B+
房地产	77.17	11	B+
电子商务和电视购物	76.91	12	B+
医疗卫生	76.85	13	B+
住宿餐饮	76.07	14	B-
商业零售	76.04	15	B-
汽车销售与维修	75.57	16	B-

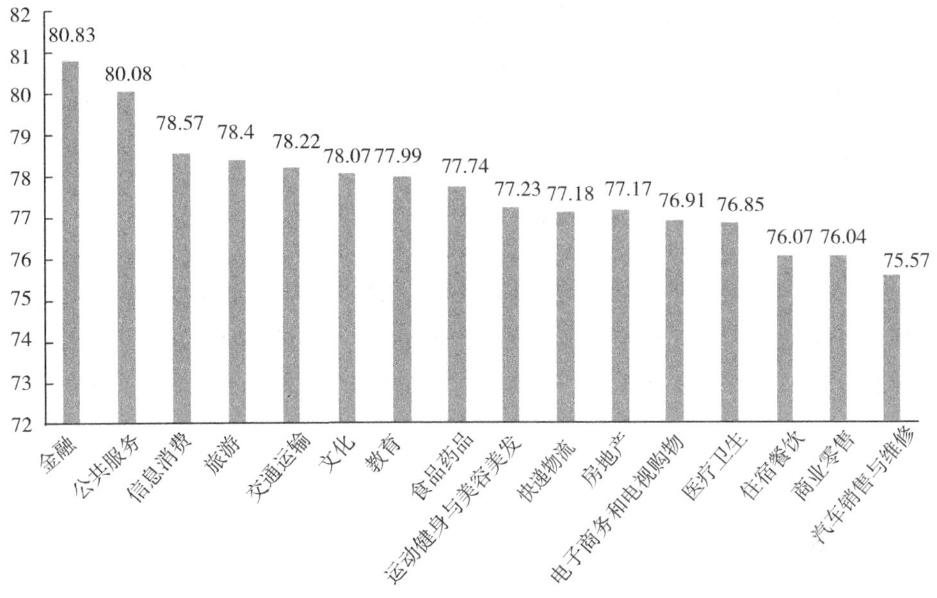

图 7-28 行业消费维权放心指数柱形图

表 7-32 和图 7-28 显示，全省 16 个行业消费维权放心指数较差，排名第 1 位、第 2 位的分别是金融和公共服务两个行业，处于 A-等级，为优秀偏下；其余行业均处于 B 等级，为良好。其中，住宿餐饮、商业零售和汽车销售与维修 3 个行业排在后三位，处于 B-等级，为良好偏下。

三、陕西省行业消费环境总指数分析与评价

2018 年陕西省积极推进供给侧结构性改革，加快推动消费转型升级，着力扩大消费需求，广大居民消费能力稳步提升，新兴消费业态保持良好发展势头，消费品市场总体保持平稳运行态势。市场运行特点表现为：消费品销售增长平稳、新兴消费规模扩大、网络零售高速增长、假日消费市场火爆、旅游市场热度攀升，等等。但与此同时，消费市场仍存在一定的问题：实体业态经营难度逐渐加大、房地产市场供需矛盾依旧、服务领域问题频发影响消费信心等，导致市场消费环境的改善情况与消费增长进度不一致。因此，陕西省要继续深入推进供给侧结构性改革，扬长补短，进一步稳定生产、强

投资、促消费，挖潜力、增动力、释放活力，确保全市经济持续平稳健康发展，更要加强放心消费创建工作，使消费环境与人民日益增长的美好生活需要相匹配。

各个行业的消费环境总指数分析与评价如下：

（一）金融行业

陕西省的金融行业消费环境非常好，与2017年指数排名相比上升了两个位次，其在安全放心、服务放心方面表现出色，在价格放心、维权放心方面表现相对较差。

进入21世纪，陕西省正在“一带一路”和“三个经济”的引领下谱写追赶超越的新篇章，而日益蓬勃的金融业正成为陕西省不可忽视的重要支撑。陕西省金融行业整体消费环境安全度高、服务规范性强，在“监管与服务并重、规范与发展并举”的理念下，各项工作取得了较好成效，但同时也存在一定的问题，主要表现在：一是资金实力相对单薄，抗风险能力较弱，影响消费安全环境；二是监管制度不完善，不良资产比例高，影响消费质量环境；三是消费者金融法制意识较弱，应着力提升社会公众金融知识水平，增强金融消费者的维权意识和自我保护力，改善金融消费维权环境。

（二）公共服务行业

陕西省公共服务行业消费环境排名第2位，该行业为2018年新增调研行业，其安全放心、价格放心指数较高，质量放心、维权放心指数较低。

公共服务行业主要指的是供气、供水、供电等一类的公共事业。为提高人民福利水平，陕西省高度重视公共服务的供给问题。随着公共服务需求结构的不断变化、需求数量的不断增长、需求主体的不断扩大，营造良好的公共服务消费环境变得日益重要。而公共服务行业仍有需要改进的地方，主要表现在：一是推进部分公共服务市场化改革，提高公共服务的精准性与有效性；二是完善公共服务供给绩效评估体制，建立公共服务问责机制，保证公共服务的消费质量和消费维权环境；三是实现公共服务信息透明化，改善社区民意沟通方式，扩大居民在公共服务行业中的参与权与监督权，提升公共服务消费维权环境。

（三）旅游业

陕西省旅游业消费环境排名第3位，指数排名相比2017年下降了两个位次，而具体指数与上年相比上升了1.25，排名稍有下降的主要原因在于新增了公共服务行业，实际上各行业的消费环境基本都在稳步改善。

2018年7月3日，陕西省政府办公厅发布了《陕西省人民政府办公厅关于促进全域旅游发展的实施意见》，2018年7月19日，北京、上海、陕西旅游发展改革委、旅游局共同签署了《北京、上海、陕西中国入境旅游枢纽合作备忘录》，西安市更是历史名城、丝绸之路起点，可见旅游业必然是陕西省关注的重中之重，也理应对消费环境予以高度重视。旅游业消费环境的不足之处主要表现在：一是旅游服务标准有待改善，应制定与陕西全域旅游发展相适应的地方标准，培育旅游标准化试点示范企业，并开展旅游服务质量测评，增强陕西旅游环境的满意度和美誉度；二是旅游公共服务体系有待健全，构建全域旅游交通体系，推进旅游基础设施建设，完善旅游信息咨询中心建设，达到真正的惠民便民，保障消费者安全，提升消费质量、消费服务环境；三是旅游相关各行业品质有待提高，旅游作为综合型高级社会消费形式，其消费环境与其他相关行业密不可分。因此，要提升旅游消费环境，必须联合交通运输、住宿餐饮、商业零售等相关行业，共同打造完整的消费体系，带动旅游全要素品质提升。

（四）信息消费行业

陕西省信息消费行业消费环境较好，指数排名相比2017年下降了两位，而具体指数与上年相比上升了2.62，其在安全放心、价格放心方面表现相对较好，在服务放心、维权放心方面表现相对较差。

信息消费作为重要的新兴消费领域，正处于快速发展的关键时期，其在交通、能源、市政、环保等各个领域的应用越来越广泛，在拉动内需、促进就业、引领产业升级方面发挥着重要作用，为社会及广大消费者提供了极大便利。但发展信息消费也面临高端和有效供给不足、部分地区消费潜力尚未充分释放、消费环境有待优化等一系列问题和挑战。消费环境可改善的方面主要表现在：一是为广大人民群众提供用得起、用得惯、用得好的信息产品和服务，让人民群众能够共享信息技术最新发展成果，切实提高人民群众的获得感和满足感；二是完善以信用为核心的全流程市场监管体系，建立完善数据与个人信息泄露公告和报告机制，推进防范打击通信信息诈骗工作，保障信息消费安全环境；三是加大对电信和互联网企业服务和违规收费行为的处置和曝光力度，切实保障用户权益，提升信息消费维权环境。

（五）快递物流行业

陕西省快递物流行业消费环境较好，指数排名相比 2017 年下降了一位，而具体指数与上年相比上升了 4.21，其安全放心指数、价格放心指数较高，质量放心指数、维权放心指数较低。

随着经济进入新常态，加之消费结构逐渐升级，快递物流行业成为中国市场需求巨大、发展空间广阔且能支撑经济社会发展的基础性、战略性产业。但目前，物流业的消费环境仍存在一些问题，亟待提升，主要表现在：一是快递物流行业成本高、效率低，阻碍物流行业发展进步，影响物流行业消费质量及消费价格；二是物流和快递业务范围多有重合，消费者常陷入维权困难的窘境，存在损毁不赔付、投诉无渠道现象，影响快递物流消费维权环境；三是快递物流领域监管体制存在一些问题，监管职能较为分散，监管部门权责交叉，需要国家有关部门对市场进行分类、制定相应的法律法规，完善消费维权环境。

（六）交通运输行业

陕西省交通运输行业消费环境居于中间等级，指数排名相比 2017 年下降了两位，而具体指数与上年相比上升了 3.88，其消费安全、消费质量环境较好，消费价格、消费服务环境较差。

交通运输业是国民经济在生产过程中连接各部门的链条和纽带。改革开放 40 年来，在省委、省政府的领导下，陕西省交通运输系统真抓实干、顽强拼搏，实现了由交通短板到竞争新优势的历史性转变，为全省经济社会持续健康发展做出了积极贡献。但交通运输消费环境仍存在需要加以改善的地方，主要表现在：一是需要修订和完善交通运输行业准入标准，严格进行经营资质条件的审查，把好市场准入关，保障乘客安全；二是需要提高经营者素质和改善经营条件，通过培训和教育，增强经营者的守法经营意识，确保消费安全、质量和服务环境；三是需要加大执法力度，规范经营行为，采取明查与暗访相结合、执法人员稽查与群众举报相结合、流动检查与站点管理相结合、处罚与教育相结合的方法，保障交通运输行业消费环境安全规范、文明有序、价格公正。

（七）教育行业

陕西省教育行业消费环境居于中间等级，指数排名与2017年相比保持不变，而具体指数与上年相比上升了5.77，其消费安全、消费质量环境较好，消费价格、消费维权环境相对较差。

教育是促进科技发展、经济繁荣、社会进步的物质力量，陕西作为科教大省，教育资源异常丰富，更应该提高对教育环境的重视程度。要想创造良好教育环境，则需要在以下方面着力改善：一是加强学校基础设施建设，关注教育师资队伍建设，努力提高学校管理水平，健全完善质量评价考核体系，全面提升教育环境整体质量；二是提高校外教育机构的监管标准，杜绝乱收费、乱招生、夸大宣传等现象，维护校内外教育的良好秩序，保护学生和家长的相关利益；三是加强新式教育的规范体制构建，对于线上线下、课内课外教育资源要进行整合规范，做到资源共享和服务规范，促进教育事业发展；四是继续改善教育资源分配不均衡问题，振兴乡村教育，推进教育脱贫、安全稳定等重点工作，全面营造良好教育环境。

（八）医疗卫生行业

陕西省医疗卫生行业消费环境居于中间等级，指数排名与2017年相比保持不变，而具体指数与上年相比上升了6.54，其消费安全指数相对较高，消费维权指数相对较低。

作为全国医药研发的科技大省，自开展“提升医疗服务水平，改善群众就医感受”工作3年以来，陕西省卫生健康行政部门、医疗机构和广大医务人员积极落实各项措施，全省医疗服务水平全面提升，2018年实时在线满意度调查显示，陕西省三级医院门诊和住院患者的总体满意度分别达到88.71%和92.02%。虽然陕西省医疗卫生消费环境建设成效显著，但仍未进入优秀等级，后续需从以下几个方面努力，以助推陕西省医疗卫生行业消费环境步入优秀等级：一是深入开展医疗卫生环境集中治理，改造基础设施，完善保洁制度，整治医疗环境，规范就医制度，为消费者提供干净整洁、舒适有序的诊疗服务环境；二是改善医疗人员服务态度，加强医务人员职业道德教育，制定并推行文明服务规范，不断提高患者满意度；三是继续缩小地区和城乡医疗服务差距，通过推进分级诊疗、医联体、医疗服务帮扶，促进医疗资源匮乏地区患者享受优质医疗资源，提升医疗消费总体获得感；四是医疗卫生行业工作人员要提高思想认识，根据行业作风建设和反腐倡廉的工作要求，坚定纠正行业不正之风，杜绝腐败，认真解决侵害人民群众健康权益的突出问题，切实整肃行业风气。

（九）住宿餐饮行业

陕西省住宿餐饮行业消费环境居于中间等级，指数排名相比2017年下降了3个位次，而具体指数与上年相比上升了4.43，其消费安全环境相对较好，消费质量、消费维权环境相对较差。

住宿餐饮是人民生活消费的基本需求，其行业服务质量十分重要，尤其是对于陕西这样的文化旅游发展大省，更应该注重住宿餐饮整体消费环境的提升。而住宿餐饮作为2018年的投诉热点之一，存在部分问题亟待解决，主要表现在：一是住宿餐饮产品和服务质量仍有很大提升空间，应建立优质服务评价体系、优质服务标识管理制度，从诚信经营、精细化管理、暖心服务、口碑评分与和谐劳动关系等维度优化住宿餐饮服务环境；二是部分地区仍存在餐饮环境卫生差、无证经营等问题，相关执法部门需加大监管力度，持续整顿治理；三是住宿餐饮维权投诉大幅增加，存在餐饮价格纠纷、房间安全问题、房间卫生问题、退房纠纷、网络预订纠纷等，需加强维权机制建设，优化消费维权环境。

（十）文化行业

陕西省文化行业消费环境指数偏低，指数排名相比 2017 年下降了 3 个位次，而具体指数与上年相比上升了 5.15，其消费安全指数较高，消费质量、消费价格指数较低。

2018 年前三季度，陕西省规模以上文化企业运行态势不断向好，总体呈现健康向上、蓬勃发展的良好局面，文化产业不仅成为市场经济条件下保增长、扩内需、调结构的重要载体，也成为促就业、惠民生的重要平台。然而文化行业消费环境仍存在一些问题，主要表现在：一是文化资源优势与产业发展的不相称，优势资源未被充分发挥，应加快推进文化与旅游的融合发展，提升文化消费质量、消费服务环境；二是文化产业融资困难，陕西省文化产业发展不具备充足稳定的资金，应加大投入力度，提升文化行业的消费品质，降低文化行业消费价格；三是文化行业存在文化产品和服务的供给与群众的文化需求结构不适应等问题，无法为消费者提供层次丰富、类型多样的文化产品，应该不断创新文化消费，加快文化创意产业发展，打造书香之城、音乐之城、博物馆之城，改善文化消费环境。

（十一）房地产行业

陕西省房地产行业消费环境指数偏低，指数排名与 2017 年相比保持不变，而具体指数与上年相比上升了 8.39，其消费安全指数较高，消费价格指数较低，五项指数比较均衡。

房地产行业自“招拍挂”制度推出后迎来快速发展的黄金十五年，现今已在社会经济中占有举足轻重的地位，从 GDP、财政、投资多个方面影响着经济发展。但房地产行业依旧存在诸多问题影响消费整体环境，主要表现在：一是房地产企业追求低成本导致全装修质量较差，交房时出现漏水、减配、设施不达标等质量问题，难以获得消费者认可；二是房地产市场秩序混乱，无证销售、虚标价格、虚假折扣促销、擅自销售抵押房屋、拒绝或变相拒绝公积金贷款等违法违规现象依旧存在；三是房地产中介行业侵害消费者权益行为常有发生，存在预收中介费且拒绝或者拖延退款、签订不公平合同、虚假宣传、违法收集并使用消费者个人信息等现象。因此，应该持续开展房地产市场整治工作，严格查处各类违法违规行为，建立房地产中介服务长效机制，进一步规范房地产市场秩序，促进房地产市场消费环境平稳健康发展。

（十二）电子商务和电视购物行业

陕西省电子商务和电视购物行业消费环境指数偏低，该行业为2018年新增调研行业之一，排2018年行业消费环境测评第12位，其安全放心、服务放心指数较高，价格放心、维权放心指数较低。

电子商务和电视购物行业突破了传统商务的障碍，无论对消费者、企业还是市场都有着巨大的吸引力和影响力，在新经济时代无疑是达到“多赢”效果的理想商业模式。但作为新型购物方式，电子商务和电视购物行业消费环境仍存在诸多不足，主要表现在：一是存在比较严重的虚假广告现象，出售产品的价格、性能等不如广告介绍等；二是消费者在收到破损产品或买到假货、伪劣产品时退货难，维权渠道处理时间长；三是新兴电商行业，如共享单车、共享汽车、共享充电宝等行业管理机制不健全，存在多收费乱收费、消费条款不透明、隐形消费、诱导消费等乱象。因此，应加强行业相关监管机制、维权机制建设，并通过新媒体传播形式为广大消费者提供更多更好的消费维权信息咨询服务。

（十三）食品药品行业

陕西省食品药品行业消费环境指数较低，该行业为2018年新增调研行业之一，排2018年行业消费环境测评第13位，其消费安全环境相对较好，消费价格、消费服务环境相对较差。

食品药品安全是重大基本民生和公共安全问题，直接关系人民群众身体健康和生命安全。但如今我国食品药品安全基础仍然薄弱，食品药品消费环境还有很多方面有待进一步整治，主要表现在：一是加强食品药品安全知识宣传引导，普及食品药品法律法规，营造健康安全消费环境；二是完善监管网络、强化监管手段，加强技术支撑体系建设，全面提高食品药品安全保障能力；三是提升食品药品从业人员素质，全面规范经营者建立健全索证索票、进销货台账登记、进货质量查验等行为，强化经营者自律意识，落实主体责任，完善食品药品行业的消费服务环境。

（十四）运动健身与美容美发行业

陕西省运动健身与美容美发行业消费环境指数偏低，该行业为2018年新增调研行业之一，排2018年行业消费环境测评第14位，其消费安全环境相对较好，消费价格、消费质量环境相对较差。

运动健身与美容美发行业属于生活性服务业，消费者对服务性行业的消费环境要求日益增长，但如今健身美发行业还存在诸多问题，主要表现在：一是健身美发行业市场需求大，消费环境无法满足消费者要求；二是健身美发从业人员结构复杂，大多数文化不高且年龄较小，素质良莠不齐，服务规范难以统一；三是企业规模普遍偏小，消费价格虚高，预付款消费盛行，缺少统一的定价标准、技术标准，导致出现纠纷多、维权难等问题。因此，陕西省需要进一步促进运动健身与美容美发行业的发展和转型升级，进行科学化、规范化管理，提升从业人员素质，提高消费服务品质，引导经营者诚信经营，强化相关部门监督管理，推动此类生活性服务向精细化和高质化转变。

（十五）商业零售行业

陕西省商业零售消费环境指数偏低，指数排名相比2017年下降了5个位次，而具体指数与上年相比上升了7.64，这是由于2018年消费环境测评新增了五个行业，实际排名较上年上升一位。其五项消费指数中除了消费安全指数以外，其他四项消费指数均偏低。

随着消费升级，人们越来越追求全方位购物体验与舒适消费环境相结合的高品质生活方式，但测算结果表明，商业零售行业在转型过程中还不能达到消费者的要求，主要表现在：一是商业零售质量管理水平较差，经营者质量管理理念落后，缺乏质量管理专业人才，且相关质量管理体系不健全；二是零售商品种类繁多，商圈范围较大，无法保证全部经营者的规范化服务，商业零售服务环境、维权环境较差；三是线上消费对线下实体零售冲击较大，线下经营者为博取短期利益而忽略了长期消费环境的建设。在新零售时代下拓展新的变革视野，寻求新的商业模式，以顾客需求为出发点，进行全面转型升级是时代要求，更是大势所趋。因此，陕西省传统商业零售应尝试融合线上线下销售渠道，走向全渠道的整合与变革。

（十六）汽车销售与维修行业

陕西省汽车销售与维修行业消费环境指数偏低，该行业为 2018 年新增调研行业之一，排 2018 年行业消费环境测评第 16 位，其五项消费环境均相对较差。

随着汽车产销量的不断增加，我国已成为世界第一汽车产销大国，与此同时，汽车消费服务中的问题也日益凸显，主要表现在：一是强制消费，包括强制搭售保险、强制代理挂牌、加价销售等；二是不公平格式合同条款，包括购车不签订书面合同、合同条款过于简单或提车后购车合同收回等；三是汽车质量问题；四是服务费用问题，包括维修保养价格不明示及不透明、配件只换不修、过度保养、不能一次性解决故障、维修人员技术水平低等问题；五是售后服务态度强硬、野蛮。综合表明汽车销售与维修行业在消费环境改善方面还有很大上升空间，需要政府各部门和社会各方面共同努力，才能开创汽车消费新局面。

第七节　基于空间计量模型的消费环境指数分析

通过对陕西 13 个地市进行综合评价，得到了各个地市的五个分项指标得分及消费环境总得分。现结合 13 个地市的空间分布因素以及陕西省 13 个地市的地域分布实际情况，在剔除西咸新区、杨凌示范区和韩城市的基础上，重点研究其余的 10 个地市，探索其空间趋势与地区差异性。探索性空间数据分析是一种具有识别功能的空间数据分析方法，主要用于探测一些变量的空间关联性和集聚现象。① 如果某一位置变量值高，其附近位置上该变量值也高，则为正空间自相关；若某一位置变量值低，其附近位置上该变量值也低，则为负空间自相关。

① 柳莎莎．消费者行为分析［J］．中外企业家，2012（1）：106-107.

一、全局空间自相关分析

为了检验 10 个地市整体的消费环境聚集特征，需要对其进行全局空间自相关分析，利用全局 Moran's I 来进行判别。全局莫兰指数是最早应用于检验空间关联性和集聚问题的探索性空间分析的指标。它能够反映整个研究区域内，各个地域单元与邻近地域单元之间的相似性。全局 Moran's I 计算公式为：

$$I = \frac{\sum_{i=1}^{n}\sum_{j=1}^{n} w_{ij}(x_i - \bar{x})(x_j - \bar{x})}{S^2 \sum_{i=1}^{n}\sum_{j=1}^{n} w_{ij}} \tag{7-1}$$

其中，$S^2 = \frac{1}{n}\sum_{i=1}^{n}(x_i - \bar{x})^2$，$n$ 为陕西消费环境研究地市总数，w_{ij} 为空间权重矩阵的元素值，x_i 为地域单元 i 的 x 变量值，$\bar{x}$ 和 S^2 分别为消费环境的平均值和方差。Moran's I 的取值范围为［-1，1］，当Moran's I 值大于 0 时，表示地市之间的消费环境存在正向的空间相关性；当 Moran's I 值小于 0 时，表示地市之间的消费环境存在负向的空间相关性；当 Moran's I 值等于 0 时，说明不存在空间相关性。在我们计算得到莫兰指数值，发现所研究样本区域存在一定的空间相关性后，并不能直接得出结论，还应进一步检验 Moran's I 的显著性，通常通过标准统计量 Z 来对空间相关性进行判别，其计算公式为：

$$Z(I) = \frac{1 - E(I)}{\sqrt{\sigma^2(I)}} \tag{7-2}$$

其中：

$$E(I) = -\frac{1}{n - 1} \tag{7-3}$$

利用 GEODA 软件，选取陕西 10 个地市的消费环境综合得分值，根据上述计算公式，可以算得全局 Moran's I。

若陕西 10 个地市消费环境不存在空间相关性，则期望值 $E(I) = -1/(10-1) = -0.111$。由计算结果可知，2018 年陕西 10 个地市的 Moran's I 值为 0.2579，大于-0.111，Z 值为 1.886，大于 1.65，P 值为 0.032，小于 0.10，通过了 0.10

的显著性水平检验，表明陕西10个地市消费环境存在显著的正向全局空间自相关关系。也就是说，陕西消费环境的空间格局特征并不是随机的，而是呈现出空间聚集状态。

二、局部空间自相关分析

全局 Moran's I 是对样本区域之间是否存在空间自相关的全局判断，它有一定的局限性。这些全局指标忽略了空间中局部区域的不稳定性，当空间异质性存在较大空间尺度时，并不能揭示局部区域的空间关联特性，甚至结果可能与全局空间关联趋势相反。① 因此，为了进一步了解消费环境在陕西10个地市局部区域的聚散情况，还需要利用局部空间自相关分析来做检验。

局部空间自相关分析可以用来检验每个地市与相邻地市之间的空间关联与差异程度，利用 GEODA 软件，实现地图对空间格局的可视化操作，从而更加直观地呈现出局部空间的空间关系。局部空间自相关分析可以采用多种指标来进行观察，通过 GEODA 软件，采用 Moran 散点图和 LISA 集聚图进行综合展示。

莫兰散点图用散点图的形式描述变量 z 与空间滞后（即该观测值周围邻近的加权平均）向量 w_z 间的相互关系，该图的横轴对应变量 z，纵轴对应空间滞后向量 w_z，它被分为四个象限，分别识别一个地区及其邻近地区的关系。② 第一象限（H-H），代表高观测值的空间单元，其相邻区域仍是高值的空间联系形式；第二象限（L-H），代表低观测值的空间单元，其相邻区域是高值的空间联系形式；第三象限（L-L），代表低观测值的空间单元，其相邻区域仍是低值的空间联系形式；第四象限（H-L），代表高观测值的空间单元，其相邻区域是低值的空间联系形式。为了便于详细地分析陕西10个地市的消费环境，对消费环境总得分采用 Moran 散点图来说明，对“五个放心”用 LISA 集聚图来表示，消费环境总得分 Moran 散点图及四象限图结果如图7-29、图7-30所示。

① 王彬．中国不同经济区域CPI的编制与应用问题探讨［D］．厦门：厦门大学，2014.

② 中共中央党校马克思主义研究所．国际社会与经济［M］．北京：中共中央党校出版社，1994.

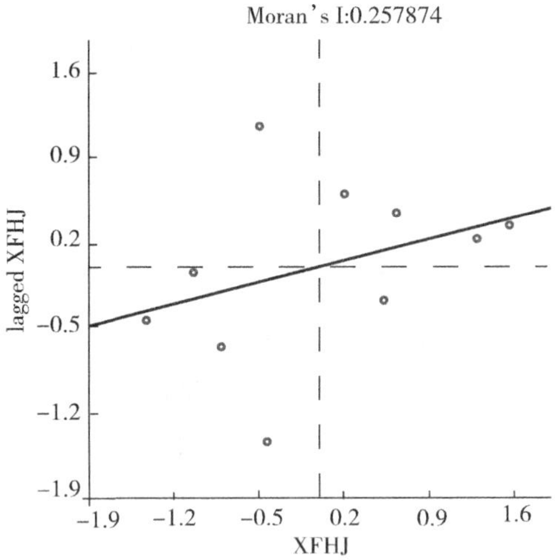

图 7-29　环境总得分 Moran 散点图

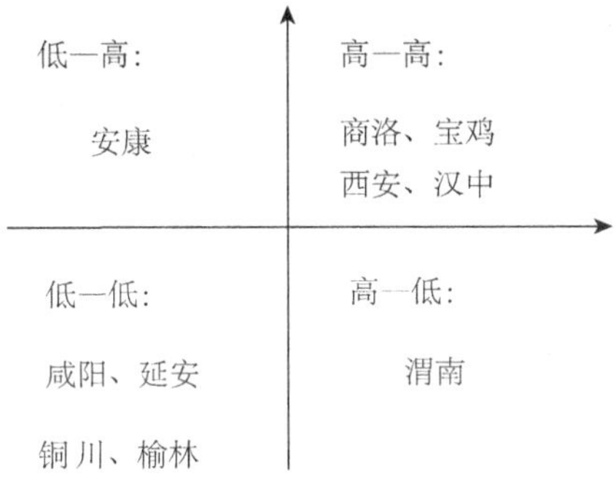

图 7-30　环境总得分 Moran 四象限图

利用 GEODA 软件算得，2018 年陕西 10 个地市消费环境 Moran's I = 0.257874，由图 7-30 可知，商洛、宝鸡、西安、汉中落在了第一象限（H-H 象限），说明这 4 个地市的消费环境得分值较高，消费环境情况良好，而且它们周围与之邻近的地市具有同样的特征表现，在空间上呈现出“高—高”的聚集状态；安康市落在了第二象限（L-H 象限），说明安康市的消费环境得分值不高，消费环境状况有待加强，但是与它邻近的地方是高得分区域，呈现“低—高”的聚集状态；咸阳、延安、铜川、榆林 4 个地市落在了第三象限（L-L 象限），说明它们各自的消费环境得分较低，消费环境状况不容乐观，且与之邻近的地市的消费环境值也低，在空间上呈现“低—低”聚集的状态；渭南落在了第四象限（H-L 象限），说明渭南市的消费环境状况较好，但与它邻近的地市消费环境状况有待提升，在空间上呈现分散状态。

为了进一步了解陕西 10 个地市各自的消费环境状况，探究各个地市在消费环境上的差异性，利用 GEODA 软件，将陕西 10 个地市的消费环境的局部关联模式可视化，由于服务放心聚集效果不明显，本书分别绘制安全放心、质量放心、价格放心、维权放心的 LISA 聚集图，下文以文字详述。

由 GEODA 软件所绘 LISA 聚集图可知，对于安全放心，延安市与附近地市呈现“低—低”聚集，渭南市与附近地市呈现“高—低”聚集，安康市与附近地市呈现“低—高”聚集。结合地图，可以直观看出，延安市的消费安全放心得分值低，与它紧邻的榆林市、咸阳市消费安全情况不容乐观；渭南的消费安全放心得分值较好，但与它紧邻的铜川市消费安全情况有待提升；安康市自身的消费安全得分值较低，与它紧邻的汉中市、商洛市、西安市的消费安全情况良好。

对于质量放心，延安市与附近地市呈现“低—低”聚集，西安市与邻近地市呈现“高—高”聚集，安康市与附近地市呈现“低—高”聚集。结合地图，可以直观看出，延安市的消费质量放心得分值低，与它紧邻的榆林市、咸阳市、渭南市、铜川市的消费质量情况有待提升；安康市的消费质量得分值不高，但与它邻近的地市消费质量情况均很良好，结合西安市与周围地市在消费质量情况上呈现出的“高—高”聚集状态，可以得出：西安、宝鸡、汉中、商洛四个市的消费质量情况都很乐观。

对于价格放心，延安市与附近地市呈现“低—低”聚集，渭南市与附近地市呈现“高—低”聚集，西安市与附近地市呈现“高—高”聚集。结合地图，可以直观看出，延安市的消费价格放心得分值较低，且与它邻近的榆林、咸阳、铜川的消费价格情况有待提升；西安市的消费价格放心得分值较高，且与它相邻的渭南、汉中、宝鸡、商洛、安康的消费价格情况都很良好。

对于维权放心，延安市与附近地市呈现“低—低”聚集，安康市与周围地市呈现“低—高”聚集，西安市与邻近地市呈现“高—高”聚集，结合地图，可以直观看出，延安市的消费维权放心得分值较低，且与它邻近的榆林市、铜川市消费维权情况有待提升，安康市的消费环境维权放心得分值不高，结合西安市与周围地市呈现出的“高—高”聚集状态，可知，西安市、汉中市、商洛市、宝鸡市的消费维权情况都很良好。咸阳市与渭南市作为与西安市和延安市都邻近的两个地市，它们的消费维权情况良好，需要继续保持。

第八节 陕西省消费环境总指数

2018年陕西省消费环境总指数为81.57，总指数在2017年消费环境总指数79.06的基础上略有提升，说明2018年的放心消费创建工作总体开展顺利，各地市市场监管部门以及放心消费创建工作单位协力合作，消费环境改善成效初显。

2017年的消费环境创建工作中，存在的主要问题有：地方对消费环境重要性认识高度不够，消费维权社会共治工作格局还未形成；消费环境净化措施力度不够，重点区域消费侵权问题突出；消费者依法维权意识淡薄，放心消费知晓率有待提升。

一、消费环境总指数增长的原因

2018年的消费环境总指数呈现增长趋势，其主要原因表现在以下几个方面：

（一）各地市对放心消费创建工作重视度普遍提升

2017年底，国家工商行政管理总局等27部门联合发布了《关于开展放心消费创建活动，营造安全放心消费环境的指导意见》后，2018年陕西省各地市积极响应，西安市、汉中市、渭南市、铜川市、咸阳市等地相关部门相继发布了《关于印发开展放心消费创建工作实施方案的通知》，将放心消费创建工作列入2018年度政府重点工作来抓，认真学习落实系列文件精神及相关会议要求，确保了创建工作平稳有序进行。

（二）消费者对放心消费创建工作认可度不断提高

在省创建办的带领下，各地市充分发挥互联网、新闻媒体、电视、报纸等的媒介作用，大力宣传消费维权法律法规，逐步推进消费维权教育工作，营造放心消费共创氛围，增强放心消费共创信心，使消费者对创建工作的知晓率和认可度稳步提升。

（三）消费维权社会共治格局初步形成

各地市普遍建立了消费者权益保护工作联席会议制度，完善了成员部门与社会各层面的横向纵向协作机制，促进了与新闻媒体和司法机构的沟通交流衔接机制，加强了各行业的引导规范机制及与消费者志愿组织的多方互动机制。逐步凝聚社会各界力量，初步形成了全社会协同共治的良好局面。

二、消费维权工作存在的问题

放心消费创建工作成绩初显，值得肯定，但工作中仍然存在一些亟待解决的问题和不足，尤其是消费维权工作，仍有很大的提升和进步空间。其中，维权方面存在如下问题：

（一）居民消费维权的自主意识淡薄

居民在消费时遭遇财产损失、强买强卖、商业欺诈、霸王条款等现象时，很少有自主维权意识。在对消费者买到缺陷商品或服务是否进行维权（投诉或申请赔偿等）的问卷调查中，仅有42%的消费者选择维权，其余消费者均选择自行承担，而61.5%的消费者选择不维权的原因是“太麻烦”，这种做法无意中助长了诈骗行为的滋生。为全面推进放心消费创建工作，消费者理应增强自主维权意识，不应因维权成本高、举证困难就放弃维权，应发现一起、举报一起、打击一起，这样才能从源头上杜绝欺诈现象。

（二）经营者消费维权的责任意识不够

有些商家遇事习惯逃避责任、推诿扯皮，不愿意主动解决问题。特别是在共享单车、互联网金融、外卖等新兴的消费领域，有关职能部门之间信息共享不充分、执法协作不够顺畅、监管机制不够完善等问题普遍存在，放心消费环境与广大消费者的期待还存在一定的差距。

（三）消费维权机制有待进一步完善

随着经济的发展，消费方式的转变，在线购物、上门服务等改变了消费者的传统消费观念，增加了消费者权利受到侵害的可能性，原本的消费维权法律、监督机制受到一定的冲击，无法完全满足对新兴科技、新兴产业的监管。所以，应联系陕西省实际情况，借鉴他省经验教训，完善消费维权机制建设。

第九节　陕西省消费环境“五个放心”分项指数分析

通过进一步对消费环境“五个放心”分项指数进行细致分析，“五个放心”分项指数中，消费安全放心指数（82.49）、消费价格放心指数（81.03）、消费服务放心指数（79.61）、消费质量放心指数（78.44）较高，处于消费环境 A-（优秀偏下）或 B+（良好偏上）消费环境等级。虽然消费维权放心指数（74.98）与其他四个分项指数相比依旧较低，拉低了陕西省消费环境的总指数水平，但是相比 2017 年的维权放心指数（69.54）已经有了显著的进步，环境等级也从 C+（中等偏上）上升至了 B-（良好偏下）。

“五个放心”指数中，除了消费服务放心指数降低了 0.03 以外，消费安全放心指数、消费价格放心指数、消费质量放心指数、消费维权放心指数分别提高了 2.73、0.54、2.29、5.44，说明陕西省放心消费环境日益改善，在安全、价格、质量、维权几方面的创建工作初见成效，消费者对于消费环境的满意度也越来越高。

尽管消费环境总体稳步提升，“五个放心”分项指数仍然反映出了一定的问题：

一、消费服务放心指数略有下降

在消费环境中经营者的服务意识比上年稍有懈怠，在促进其他四项放心指数的创建工作中，经营者也应注意自觉做好本职工作，努力提高自身服务意识，使“五项放心”全面发展、齐头并进。

二、消费维权放心指数依然最低

维权放心指数在五项指数中进步最大，可见省创建办及地方创建办在2018年的消费维权放心创建工作中齐心协力、相互协作，着实取得了一定的成效。但是在总体消费环境中，维权满意度依然较低，仍需要在以下几个方面加以改进：一是继续加强居民消费维权自主意识，通过多种方式、渠道普及消费维权法律法规，加强依法维权宣传教育，使《消费者权益保护法》《产品质量法》《食品安全法》《价格法》《广告法》《电子商务法》《疫苗管理法》《特种设备安全法》《标准化法》《陕西省消费者权益保护条例》等不再是纸上条文；二是继续提高经营者消费维权责任意识，培养企业主动思维，强化企业自律精神，健全企业监管机制，使消费维权纠纷问题在基层得以解决。

三、不断完善消费维权机制建设

联系陕西省消费环境实际情况，借鉴其他省份消费环境改善经验，不断健全消费维权工作机制，推进组织建设、社会监督、投诉调解等消费维权工作领域的进展，使消费维权事业迈上新台阶。

第十节　行业消费环境总指数特点

相比2017年，2018年在行业消费环境调研中增添了公共服务、电子商务和电视购物、食品药品、运动健身与美容美发、汽车销售与维修五个与居民消费息息相关的行业，并且去掉了居民服务与其他服务。此外，还将交通运输与物流拆分为交通运输和快递物流两个行业，将教育文化改为教育和文化两个行业，所以行业消费环境排名随之产生了相应的变动，但总体排序变化不大。

行业消费环境总指数特点为：

一、行业消费环境总体发展态势良好

比起2017年的行业消费环境总指数，2018年的行业消费环境总指数增加了4.78，总体呈稳步上升趋势。且2017年各行业消费环境等级基本居于C+（中等偏上）、B-（良好偏下）、B+（良好偏上），2018年各行业消费环境等级普遍晋升为B-（良好偏下）、B+（良好偏上）、A-（优秀偏下）。可见，放心消费创建工作在各行各业中的重视程度逐渐上升，生产经营中的消费安全、质量、价格、服务、维权管理机制逐渐完善。

二、各行业消费环境发展依旧较为均衡

与2017年各行业消费环境指数相比，2018年各行业消费环境指数差距逐渐缩小。在2018年的16个主要行业中，金融行业、公共服务行业、旅游业消费环境指数较高，运动健身与美容美发行业、商业零售行业、汽车销售与维修行业消费环境指数较低，但指数最高行业与指数最低行业仅相差5.01，且其中80%以上的行业消费环境等级都居于B+。因此，从行业消费环境角度来看，各行业管理与发展情况较为平衡，消费环境水平整体居中，仍需继续改进。

三、服务规范化行业消费环境评价较高

在2018年的16个主要行业中，金融行业、公共服务行业、旅游业消费环境表现较好，其中，金融及公共服务行业消费环境等级位于A-（优秀偏下），可见陕西省银行、证券、保险等相关金融机构服务及供气、供水、供电等公共行业服务表现较为出色，为消费者营造了良好的放心消费环境。同时，作为陕西省优势行业，旅游业在2018年也依旧得到了广大市民和监管部门的肯定。陕西是中华民族及华夏文化的重要发祥地之一，西安市更是丝绸之路的起点、历史文化名城。2018年国庆假期陕西省接待游客人数位居全国首位，可见陕西省旅游业消费环境建设的举足轻重，理应予以高度重视，继续保持稳中向好。

四、居民生活服务及维修服务消费环境有待改善

在2018年的16个主要行业中，运动健身与美容美发行业、商业零售行业、汽车销售与维修行业消费环境较差。作为与居民生活息息相关的基础性服务行业，价格不透明、强制消费、服务标准不规范等问题依旧困扰广大消费者。在当今互联网技术广泛应用、新兴产业蓬勃发展的背景下，基础服务行业更应紧跟新时代步伐，努力推动转型创新，积极营造安全放心的良好消费环境。

综上所述，2018年度的消费环境指数评测研究依据省政府印发的《陕西省开展放心消费创建工作实施方案》，通过设置1个消费环境总指数、5个分项指数、20个评测指标、77个测度点对全省13个区域及16个行业进行了评价，较为全面地反映了全省消费环境的基本现状。

从区域情况看，全省消费环境总指数总体水平接近优秀。其中，汉中、西安、商洛、渭南、宝鸡、韩城已达优秀，其他地市均已达良好水平；咸阳、杨凌、延安排名相对靠后。主要问题表现在：一是大多数消费者维权意识淡薄，在消费时遭遇财产损失、商业欺诈、霸王条款等现象时，很少有自主维权意识；同时，经营者消费维权责任意识较低，时常利用信息的不对称性，侵犯消费者的知情权，消费者权益难以保障。二是商品质量与消费服务跟不上经济发展和时代脚步，制假售假等违法行为仍然存在，相关部门整治力度仍然有待加强。三是消费维权机制与相关法律建设有待进一步完善，随着市场经济日益繁荣，不断涌现出各种新兴行业和新生事物，这就需要陕西省消费维权机制与相关法律建设跟上时代要求，与时俱进、不断完善。

从行业情况看，全省16个行业中，消费环境总指数排名前三的依次是金融、公共服务和旅游业，排名后两位的依次是商品零售和汽车销售与维修行业。主要问题表现在：一是行业监管部门立法立规相对滞后，监管制度效能不高，行业新问题、新情况频频发生，难以得到及时有效的解决；二是部分行业消费市场秩序混乱，服务环境有待提升，行业自我管理、自我规范意识不强，行业自律作用发挥不明显；三是部分行业生产经营者逐利至上，缺乏

诚信守法意识，商品质量问题屡禁不止，损害消费者的合法权益；四是行业消费者科学消费能力不足，维权意识不强，有些消费者法律知识不够，缺乏理性意识，甘愿参与有风险消费，从而导致权益受损；五是存在部分行业恶性垄断，消费需求的多样性、多变性，与管理及供应的单一性、固定性形成落差。

参考文献

[1] Combell J Y, Deaton A. Why is Consumption so Smooth [J]. Review of Economic Study, 1989, 56 (3): 357-373.

[2] Duesenberry J S. Income, Saving, and the Theory of Consumer Behavior [J]. Review of Economics & Statistics, 1949, 33 (3): 111.

[3] Flavin M A. The Adjustment of Consumption to Changing Expectation About Future Income [J]. Journal of Political Economy, 1981, 89 (5): 1020-1037.

[4] Friedman M A. A Theory of the Consumption Function [M]. Princeton: Princeton University Press, 1957.

[5] Hall R E. Stochastic implication of the Life Cycle Permanent Income Hypothesis: Theory and evidence [J]. Journal of Political Economy, 1978, 86 (6): 86.

[6] ILO, IMF, OECD, UNECE, Eurostat, and the World Bank. Consumer Price Index Manual: Theory and Practice [M]. Geneva: International Labour Office, 2004.

[7] Keynes J M. The General Theory of Employment, Interest and Money [M]. New York and London: Harcourt Brace and Co., 1936.

[8] Leland H E. Saving and Uncertainty: The Precautionary Demand for saving [J]. Quarterly Journal of Economics, 1968, 82 (3): 466-473.

[9] Modigliani F, Brumberg R. Utility Analysis and the Consumption Function: An Interpretion of Cross Section Data [C] //Kurihara K KPost-Keynesian Economicsy [M]. New Brunswick: Rutgers University Press, 1954.

[10] Zeldes S P. Optimal Consumption with Stochastic Income: Deviations

from Certainty Equivalence [J]. Quarterly Journal of Economics, 1989, 104 (2): 275-298.

[11] 蔡德容.以消费和谐促进社会和谐[J].消费经济,2007(2): 16-18.

[12] 蔡周宽.会同县烟草公司客户满意度研究[D].长沙:中南大学,2008.

[13] 陈丽芬,郭君平."十三五"消费环境和影响因素分析[J].中国经贸导刊,2016(24):52-54.

[14] 陈龙.中国居民消费价格指数(CPI)之理论与实践的若干问题研究[D].厦门:厦门大学,2012.

[15] 陈玉海.我国CPI预测数量研究[D].长沙:中南大学,2009.

[16] 邓国用.略论尹世杰消费经济思想的升华——读尹世杰教授2000年以来的三本著作[J].消费经济,2009,25(1):24-27.

[17] 杜锐,徐文智,向军.五个放心 四项机制 一个平台 一个小组[N].中国工商报,2017-07-19(002).

[18] 房爱卿.我国消费需求发展趋势和消费政策研究[M].北京:中国经济出版社,2006.

[19] 费园梅.消费环境对我国消费增长的影响研究[D].武汉:武汉大学,2017.

[20] 冯之凌.基于ACSI模型的健身教练培训顾客满意度研究[D].上海:上海体育学院,2020.

[21] 高家军.融合教育理念下残疾人高等教育政策实施效果研究[D].武汉:武汉理工大学,2016.

[22] 耿莉萍.我国微观消费环境状况及对消费者行为的影响分析[J].北京工商大学学报(社会科学版),2007(1):97-101.

[23] 郭爱君,范巧.营造和谐消费环境之社会视角分析[J].消费经济,2006(5):37-40.

[24] 郭洪伟.消费者信心指数的研究[D].北京:首都经济贸易大

学，2012.

［25］郭洪伟．基于网络大数据的消费者信心指数编制［J］．统计与信息论坛，2015，30（6）：111-112.

［26］郭洪伟．消费者信心指数的编制比较［J］．中国统计，2010（6）：51-52.

［27］国家工商总局消费者权益保护局．《工商总局等 27 部门关于开展放心消费创建活动营造安全放心消费环境的指导意见》解读［N］．中国工商报，2018-01-24（003）.

［28］贾俊平．统计学［M］．北京：中国人民大学出版社，2018：11-32.

［29］金勇进，杜子芳，蒋妍．抽样技术［M］．北京：中国人民大学出版社，2015.

［30］凯恩斯．就业、利息和货币通论［M］．北京：商务印书馆，1997.

［31］李平．对我国现行 CPI 统计方法的思考及完善意见［J］．价格理论与实践，2007（3）：56-57.

［32］李瑢．消费环境优化对消费质量的影响分析［D］．长沙：湖南大学，2009.

［33］李晓玉，常宁，陈颖．上海财经大学上海市消费者信心指数编制研究［J］．上海财经大学学报，2008（5）：73-80.

［34］李晓玉．消费者信心指数的理论背景与实际意义［J］．统计教育，2006（1）：27-29.

［35］廖颖林，张鸣芳，徐国祥．上海市消费者满意度指数编制研究［J］. 上海财经大学学报，2009，11（3）：76-83.

［36］刘湖．优化我国农村消费环境的对策思考［J］．农村经济，2006（10）：72-73.

［37］刘赛平．投资者情绪与 A 股收益影响研究［D］．长沙：长沙理工大学，2011.

［38］刘双．社会保障对农村居民消费行为的影响研究［D］．武汉：华中农业大学，2016.

［39］刘伟，朱立龙．我国居民消费影响因素分析及管理对策研究［J］．中国管理科学，2012，20（S1）：232-236.

［40］刘泽照，黄杰，陈名．丝绸之路经济带（中国段）节点城市空间差异及发展布局［J］．重庆理工大学学报（社会科学版），2015，29（5）：47-54+100.

［41］柳莎莎．消费者行为分析［J］．中外企业家，2012（1）：106-107.

［42］卢嘉瑞．优化消费环境　提高消费质量［J］．河北经贸大学学报，2006（6）：16-23.

［43］罗正清，方志刚．常用客户满意度研究模型及其优缺点分析［J］．贵州财经学院学报，2002（6）：14-17.

［44］马莉莉，费园梅，谢钦．消费环境对我国消费增长影响的实证研究——基于省际动态面板数据的系统 GMM 分析［J］．湖北社会科学，2017（2）：98-103.

［45］马歇尔．经济学原理［M］．北京：商务印书馆，1981.

［46］莫迪利安尼，等．效用分析与消费函数——对横截面资料的一个解释［C］//肯尼斯·栗原．凯恩斯学派经济学［M］．北京：商务印书馆，1964.

［47］青云．指数稳中有升　消费信心提振［N］．中国工商报，2017-06-24（002）．

［48］任栋，夏怡凡，王青华，等．四川消费者信心指数的编制与运行［J］．财经科学，2013（7）：110-116.

［49］苏会开．中国消费品的质量问题与改进路径研究［D］．北京：首都经济贸易大学，2017.

［50］孙洁．C2C 电子商务网站顾客满意度影响因素实证分析［D］．南京：南京理工大学，2012.

［51］谭楚云．快递物流企业的客户满意度实证研究［D］．苏州：苏州大学，2011.

［52］汤海霞．移动通信企业客户管理模型与方法研究［D］．南京：东

南大学，2004.

［53］汤跃跃，张毓雄．优化农村消费环境　建设和谐新农村［J］．消费经济，2006（5）：34-36+40.

［54］佟成军．消费环境对城镇居民消费增长影响的动态面板分析［J］．商业经济研究，2018（21）：34-36.

［55］谭杰．山东调查年鉴［M］．北京：中国统计出版社，2008：4-5.

［56］王彬．中国不同经济区域 CPI 的编制与应用问题探讨［D］．厦门：厦门大学，2014.

［57］王启云．保护消费者权益，关键在于强化政府部门监管［J］．消费经济，2008（4）：72-76.

［58］王启云．全面建设小康社会需要和谐消费环境［J］．消费经济，2007（6）：37-40.

［59］王元慧．营造“三大环境”让数据说话　靠数据管理［J］．中国市场监管研究，2017（8）：18-22.

［60］文苑棠．消费环境对广州城市居民消费的影响研究［J］．探求，2015（3）：6-18.

［61］西斯蒙第．政治经济学新原理［M］．北京：商务印书馆，1977.

［62］肖红叶，曾五一．统计学导论［M］．北京：科学出版社，2013.

［63］徐国祥．统计指数理论及应用［M］．北京：中国统计出版社，2009.

［64］佚名．消费者信心指数（CCI）［J］．天津经济，2009（9）：84.

［65］尹世杰．优化消费环境　弘扬和谐文化［J］．湘潭大学学报（哲学社会科学版），2007（1）：54-59.

［66］尹志宏．消费经济学［M］．北京：中国人民大学出版社，2004：10-25.

［67］约翰·梅纳德·凯恩斯．就业、利息和货币通论［M］．高鸿业，译．北京：商务印书馆，2002.

［68］张贵敏．我国城市居民体育消费环境需求探析［J］．天津体育学

院学报，2004（1）：70-72.

［69］张梦镁．老年人消费心理初步研究［D］．重庆：重庆师范大学，2017.

［70］赵云．大数据背景下长江经济带消费环境指数研究［D］．芜湖：安徽师范大学，2018.

［71］郑良玉．山东银座集团零售业态选择及发展战略研究［D］．天津：天津大学，2009.

［72］郑龙．顾客满意度测评研究及实证分析［D］．武汉：武汉理工大学，2008.

［73］中共中央党校马克思主义研究所．国际社会与经济［M］．北京：中共中央党校出版社，1994.

［74］周瑾娴．顾客满意度评定模型在现代汽车物流企业中的应用研究［D］．上海：上海交通大学，2008.

［75］周萍，李奎泉．积极开展“放心消费”创建工作　打造国际化营商环境［N］．中国工商报，2017-09-20（001）．

［76］周萍．江苏区域消费环境指数研究取得阶段性成果［N］．中国工商报，2017-06-24（002）．

［77］庄学敏．投资者教育与权益保护研究［D］．广州：暨南大学，2008.